German Language
and Culture

Student Activities Manual

VISTA®
HIGHER LEARNING

ISBN: 978-1-68004-397-6

1 2 3 4 5 6 7 8 9 PP 21 20 19 18 17 16

Table of Contents

Introduction   v

WORKBOOK

Kapitel 1   Lektion 1A   1
                  Lektion 1B   9
Kapitel 2   Lektion 2A   17
                  Lektion 2B   25
Kapitel 3   Lektion 3A   33
                  Lektion 3B   39
Kapitel 4   Lektion 4A   47
                  Lektion 4B   55
Kapitel 5   Lektion 5A   61
                  Lektion 5B   69
Kapitel 6   Lektion 6A   77
                  Lektion 6B   85
Kapitel 7   Lektion 7A   91
                  Lektion 7B   97
Kapitel 8   Lektion 8A   105
                  Lektion 8B   111
Kapitel 9   Lektion 9A   117
                  Lektion 9B   125
Kapitel 10   Lektion 10A   131
                  Lektion 10B   139
Kapitel 11   Lektion 11A   145
                  Lektion 11B   151
Kapitel 12   Lektion 12A   157
                  Lektion 12B   163

LAB MANUAL

Kapitel 1	Lektion 1A	1
	Lektion 1B	6
Kapitel 2	Lektion 2A	11
	Lektion 2B	16
Kapitel 3	Lektion 3A	21
	Lektion 3B	25
Kapitel 4	Lektion 4A	30
	Lektion 4B	35
Kapitel 5	Lektion 5A	39
	Lektion 5B	44
Kapitel 6	Lektion 6A	49
	Lektion 6B	54
Kapitel 7	Lektion 7A	58
	Lektion 7B	62
Kapitel 8	Lektion 8A	67
	Lektion 8B	71
Kapitel 9	Lektion 9A	75
	Lektion 9B	80
Kapitel 10	Lektion 10A	84
	Lektion 10B	89
Kapitel 11	Lektion 11A	93
	Lektion 11B	97
Kapitel 12	Lektion 12A	101
	Lektion 12B	105

VIDEO MANUAL

Kapitel 1	Lektion 1A	1
	Lektion 1B	2
Kapitel 2	Lektion 2A	3
	Lektion 2B	4
Kapitel 3	Lektion 3A	5
	Lektion 3B	6
Kapitel 4	Lektion 4A	7
	Lektion 4B	8
Kapitel 5	Lektion 5A	9
	Lektion 5B	10
Kapitel 6	Lektion 6A	11
	Lektion 6B	12
Kapitel 7	Lektion 7A	13
	Lektion 7B	14
Kapitel 8	Lektion 8A	15
	Lektion 8B	16
Kapitel 9	Lektion 9A	17
	Lektion 9B	18
Kapitel 10	Lektion 10A	19
	Lektion 10B	20
Kapitel 11	Lektion 11A	21
	Lektion 11B	22
Kapitel 12	Lektion 12A	23
	Lektion 12B	24

Introduction

The **SAG MAL** Workbook

Completely coordinated with the **SAG MAL**, Second Edition, textbook, the Workbook for **SAG MAL** provides additional practice of the vocabulary and grammar presented in each of the textbook's twelve units. The Workbook will also help you build your reading and writing skills in German. Icons and page references in the **Ressourcen** boxes of the **SAG MAL** textbook correlate the Workbook to your textbook, letting you know where you can find additional practice for a given vocabulary set or grammar point. Answers to the Workbook activities are located in a separate Answer Key.

Each lesson's Workbook activities focus on developing your reading and writing skills as they reinforce the vocabulary and grammar of the corresponding textbook lesson and unit. Activity formats include, but are not limited to: true/false, multiple choice, fill-in-the-blanks, sentence completion, sentence expansion, and answering questions. You will also find activities based on maps, photographs, and illustrations.

Reflecting the organization of the textbook, each Workbook unit contains two lessons, each of which features **Kontext** and **Strukturen** sections.

The **SAG MAL** Lab Manual

Completely coordinated with the **SAG MAL**, Second Edition, textbook, the Lab Manual for **SAG MAL** provides additional practice of the vocabulary and grammar presented in each of the textbook's twelve units. The Lab Manual will also help you build your listening and speaking skills in German. Icons and page references in the **Ressourcen** boxes of the **SAG MAL** textbook correlate the Lab Manual to your textbook, letting you know when additional practice is available. Answers to the Lab Manual activities are located in a separate Answer Key.

The laboratory activities are designed for use with the **SAG MAL** Lab Program MP3s on the **SAG MAL** Supersite. They focus on building your listening comprehension, speaking, and pronunciation skills in German as they reinforce the vocabulary and grammar of each textbook lesson. The Lab Manual guides you through the Lab MP3 files, providing the printed cues—direction lines, models, charts, drawings, etc.—you will need in order to follow along. You will hear statements, questions, mini-dialogues, conversations, monologues, and many other kinds of listening passages, all recorded by native German speakers. You will encounter a wide range of activities, such as listening-and-repeating exercises, listening-and-speaking practice, listening-and-writing activities, illustration-based activities, and dictations.

Each Lab Manual lesson contains a **Kontext** section that practices the active vocabulary taught in the corresponding textbook lesson. The **Aussprache und Rechtschreibung** section parallels the one found in your textbook, and, in addition, offers a dictation activity. Each laboratory lesson includes sections for each **Strukturen** section presented in the textbook.

The **SAG MAL** Video Manual

Each **SAG MAL Fotoroman** episode tells the continuing story of four college students studying in Germany. The video, shot in a variety of locations in Berlin, tells their story. The video modules contain two distinct elements. First, you will see a dramatic episode that brings the themes, vocabulary, grammar, and language functions of the corresponding textbook lesson to life. These episodes are expanded versions of the ones featured in the **Fotoroman** sections of your textbook. Each episode ends with a **Zusammenfassung** segment in which a narrator calls out key language from the video, highlighting functional vocabulary and grammatical structures used by the characters.

The video activities will guide you through the video modules, providing activities that check your comprehension while also giving you the opportunity to offer your own opinions and describe your own experiences.

We hope that you will find the **SAG MAL** Student Activities Manual to be a useful language-learning resource and that it will help you to increase your German language skills in a productive, enjoyable way.

*The **SAG MAL**, Second Edition, authors and Vista Higher Learning editorial staff*

Kapitel 1   Lektion 1A

KONTEXT

1   **Begrüßungen** For each statement or question, write an appropriate response from the list.

> Auf Wiedersehen!   Guten Abend, Katrin!   Mir geht's gut. Danke!
>
> Bitte!   Guten Tag, Frau Brenner!   Tschüss, Lukas. Bis bald!
>
> Freut mich!   Ich heiße Anna.

1. Guten Tag, Herr Schneider! _____

2. Wie geht's? _____

3. Ich heiße Lukas. Wie heißt du? _____

4. Vielen Dank! _____

5. Johannes, das ist Frau Schöller. _____

6. Bis später, Maria! _____

7. Guten Abend, Sofia! _____

8. Auf Wiedersehen! _____

2   **Was fehlt?** Complete each expression with the missing word.

1. _____ Tag!   4. _____ dann.   7. Auf _____!

2. _____ Morgen!   5. _____ klar?   8. _____ Dank!

3. _____ geht's?   6. Bitte, _____ geschehen!

3   **Förmlich oder vertraut?** Indicate whether these expressions are used in formal (**förmlich**) or informal (**vertraut**) situations. If an expression may be used in either situation, indicate both.

	förmlich	vertraut
1. Entschuldigen Sie!	○	○
2. Es tut mir leid.	○	○
3. Wie geht's?	○	○
4. Guten Abend!	○	○
5. Wie geht es Ihnen?	○	○
6. Gern geschehen!	○	○
7. Wie heißen Sie?	○	○
8. Guten Morgen!	○	○
9. Bis bald!	○	○
10. Wie heißt du?	○	○

Workbook

4 **Was passt?** Match each word or expression with its opposite.

_____ 1. Morgen   a. Bitte!
_____ 2. die Frau   b. dort
_____ 3. gut   c. Auf Wiedersehen!
_____ 4. Danke!   d. der Mann
_____ 5. Guten Tag!   e. Frau
_____ 6. das Mädchen   f. schlecht
_____ 7. hier   g. der Junge
_____ 8. Herr   h. Abend

5 **Dialog** Put the lines from this conversation in a logical order.

_____ a. Tschüss, Ben. Bis bald!
_____ b. Oh, hallo Ben!
_____ c. Bis später, Florian!
_____ d. Mir geht's gut, danke! Und wie geht es dir? Alles klar?
_____ e. Guten Tag, Florian!
_____ f. Sehr gut, danke!
_____ g. Wie geht's?

6 **Minidialoge** Write four brief conversations based on the illustration. Be sure to use appropriate forms of address.

1. **FRAU RICHTER** _____

   PAULA _____

2. **FRANZ** _____

   ANJA _____

3. **SOPHIA** _____

   JOHANNA _____

4. **ERIK** _____

   FABIAN _____

   NIKLAS _____

STRUKTUREN

1A.1 Nouns and articles

1 **Maskulinum, Femininum oder Neutrum?** Write the correct indefinite article before each noun. Then write each definite article and noun under the correct heading.

1. _____ Frau
2. _____ Junge
3. _____ Mädchen
4. _____ Mann
5. _____ Buch
6. _____ Blume
7. _____ Freundin
8. _____ Fenster
9. _____ Hemd
10. _____ Tisch
11. _____ Freund
12. _____ Studentin

Maskulinum
_____
_____
_____

Femininum
_____
_____
_____
_____

Neutrum
_____
_____
_____
_____

2 **Der, die oder das?** Write the correct definite article before each noun.

1. _____ Freund
2. _____ Universität
3. _____ Mädchen
4. _____ Tür
5. _____ Hemd
6. _____ Tag
7. _____ Buch
8. _____ Aufgabe
9. _____ Fenster
10. _____ Nacht

3 **Maskulinum, Femininum** Write the feminine forms of the masculine nouns and articles, and the masculine forms of the feminine nouns and articles.

1. der Student _____
2. die Professorin _____
3. der Freund _____
4. der Journalist _____
5. die Musikerin _____
6. der Architekt _____

4 **Was sehen Sie?** For each illustration, write the noun and its corresponding definite and indefinite article.

Beispiel

der Computer
ein Computer

1. _____

_____

2. _____

_____

3. _____

_____

4. _____

_____

5. _____

_____

6. _____

_____

5 **Wörter bilden** Write the appropriate definite article for the compound noun.

1. das Haus + die Tür = _____ Haustür

2. die Klasse + das Zimmer = _____ Klassenzimmer

3. die Schule + das Buch = _____ Schulbuch

4. das Haus + die Frau = _____ Hausfrau

5. der Morgen + die Routine = _____ Morgenroutine

6 **Neue Wörter** Combine each pair of words to create a compound noun. Write each compound noun with the appropriate article.

Beispiel

das Haus / die Aufgabe: *die Hausaufgabe*

1. die Nacht / der Tisch: _____

2. das Foto / das Album: _____

3. die Tomaten / die Suppe: _____

4. der Computer / die Maus: _____

5. die Kinder / das Buch: _____

Workbook

STRUKTUREN

1A.2 Plurals

1   **Jetzt sind Sie dran!** Give the plural form of each singular noun and article, and the singular form of each plural noun and article.

> **Beispiel**
>
> der Computer *die Computer*
> die Zimmer *das Zimmer*

1. die Studenten _____

2. der Mann _____

3. die Freundin _____

4. die Fenster _____

5. der Freund _____

6. das Kind _____

7. die Stühle _____

8. der Park _____

9. die Frauen _____

10. die Blume _____

11. die Universitäten _____

12. der Student _____

2   **Ausfüllen** Provide the definite and indefinite article for each noun. Then provide the plural of both the noun and the definite article.

	Noun	Definite article	Indefinite article	Plural
Beispiel	Apfel	*der*	*ein*	*die Äpfel*
1.	Tisch			
2.	Buch			
3.	Tochter			
4.	Mann			
5.	Aufgabe			
6.	Mädchen			

Workbook

Workbook

3 **Was ist das?** Identify each object or person and give both singular and plural forms.

der Apfel, die Äpfel

1. _____

2. _____

3. _____

4. _____

5. _____

6. _____

4 **Plural?** Complete each sentence with the plural form of the appropriate noun.

Tag

Montag und Dienstag sind *Tage*.

Auto	Junge	Universität
Buch	Mann	Zimmer
Café	Mutter	

1. _____ und Väter haben Kinder.

2. Ein Haus hat viele _____.

3. _____ servieren Kaffee.

4. Harvard und Stanford sind _____.

5. Herr Krause und Herr Mayer sind _____.

6. Die Bibel und der Koran sind _____.

7. Mädchen und _____ sind Kinder.

8. Porsche und Mercedes sind _____.

1A.3 Subject pronouns, *sein*, and the nominative case

1 Pronomen Choose the appropriate subject pronoun.

1. Das Haus ist groß. Es / Er ist auch sehr schön.

2. Der Tisch ist klein. Es / Er ist auch neu.

3. Alex und ich sind Studenten. Wir / Sie sind auch gute Freunde.

4. Die Jungen sind Deutsche. Ihr / Sie sind Touristen.

5. Der Film ist interessant. Es / Er ist auch sehr lang.

2 Was fehlt? Complete the paragraph with the correct forms of **sein**.

Guten Tag! Ich heiße Claudia. Ich (1) _____ Studentin in Berlin. Berlin (2) _____

sehr interessant und die Universität (3) _____ sehr groß. Hanna, Klara und Niklas

(4) _____ gute Freunde. Hanna und ich (5) _____ Studentinnen. Und du, (6)

_____ du auch Studentin?

3 Bilden Sie Sätze Write sentences using **sein**. Then replace the subjects with subject pronouns, where possible.

> **Beispiel**
> Anne / in Deutschland
> Anne ist in Deutschland . Sie ist in Deutschland.

1. Frau Braun / eine gute Professorin _____

_____

2. Sara und ich / Studentinnen _____

_____

3. du / intelligent _____

_____

4. Paul und Tim / Amerikaner _____

_____

5. Peter und du / sportlich _____

_____

6. Sie / sehr musikalisch, Herr Perlman! _____

_____

7. der Film / romantisch _____

_____

4 **Bilder beschreiben** Write the pronoun and the appropriate form of **sein**.

> **Beispiel**
> Sie sind im Café.

1. _____ Musiker.

2. _____ im Museum.

3. Ich und meine Freunde, _____ im Klassenzimmer.

4. Max, _____ sportlich.

5. Paula und Elias, _____ so romantisch!

6. _____ in Paris.

5 **Wie sind sie?** Write sentences about the following people and things, using a correct form of **sein** and the cues.

> **Beispiel**
> Hans ist musikalisch.

Amerikaner(in)	jung	neu
gut	konservativ	romantisch
intelligent	liberal	sportlich
interessant	musikalisch	Student(in)/Studenten

1. Ich _____.

2. Mein bester Freund _____.

3. Meine Familie und ich _____.

4. Meine Freunde _____.

5. Mein Computer _____.

6. Herr Johnny Depp, Sie _____.

Kapitel 1

Lektion 1B

KONTEXT

1 **Suchen** Find these words in the grid. They can appear backwards, forwards, vertically, or horizontally.

Bibliothek	Notiz
Fenster	Sache
Frage	Schule
Heft	Stunde
Karte	Tür
Lehrer	Unterricht
Note	Zeugnis

```
S  C  S  T  U  N  D  E  T  Ü  K  U
T  A  C  H  Ü  T  H  C  S  N  E  F
U  S  A  C  H  E  F  E  U  R  H  R
L  G  R  I  E  T  R  A  K  Ü  T  A
F  E  N  R  S  I  Z  K  Z  S  O  T
R  H  E  R  I  N  I  O  T  H  I  Ü
A  E  F  E  N  S  T  E  R  A  L  S
G  F  L  T  G  O  O  N  K  G  B  C
E  T  O  N  U  D  N  T  Ü  R  I  H
D  I  S  U  E  L  U  H  C  S  B  U
E  Z  I  T  Z  L  E  H  R  E  R  T
R  E  B  I  B  K  A  R  F  U  N  A
```

2 **Assoziationen** Choose the word on the right most closely associated with the word on the left.

_____ 1. die Prüfung

_____ 2. der Tisch

_____ 3. die Bibliothek

_____ 4. der Radiergummi

_____ 5. der Kalender

_____ 6. die Professorin

_____ 7. das Fenster

a. der Bleistift

b. die Universität

c. das Buch

d. der Stuhl

e. die Tür

f. das Ergebnis

g. der Tag

3 **Was passt nicht?** Choose the word from each group that does not belong.

1. die Schülerin, der Radiergummi, der Lehrer, die Klasse

2. das Zeugnis, die Note, das Ergebnis, das Heft

3. die Uhr, die Hausaufgabe, die Frage, das Problem

4. das Heft, die Tür, das Papier, die Notizen

5. der Professor, der Kommilitone, die Universität, die Schule

6. die Bibliothek, die Mensa, das Klassenzimmer, das Schulbuch

Workbook

4 **Im Unterricht** Write the noun and definite article that correspond to each item labeled in the illustration.

1. _____	6. _____	11. _____
2. _____	7. _____	12. _____
3. _____	8. _____	13. _____
4. _____	9. _____	14. _____
5. _____	10. _____	15. _____

5 **Was fehlt?** Complete the sentences with the words below. Not all words will be used.

Lehrbuch	Klassenkameradin	Stühle
Studenten	Universität	Tafel
Papierkorb	Notizen	

1. Wir sind _____ und Frau Ziegler ist Professorin.

2. Ich bin Schülerin. Anja ist eine _____.

3. *Sag mal* ist ein _____.

4. Hier sind die _____ für die Prüfung.

5. In der Mensa sind _____.

STRUKTUREN

1B.1 *Haben* and the accusative case

1   **Was passt zusammen?** Match each subject with the appropriate sentence completion.

1. Ihr _____

2. Du _____

3. Nina _____

4. Wir _____

5. Ich _____

a. habe eine Frage.

b. hast einen netten Professor.

c. hat einen neuen Computer.

d. habt ein Problem.

e. haben heute eine Prüfung.

2   **Nominativ oder Akkusativ?** Indicate whether the underlined phrase is in the **Nominativ** or **Akkusativ** case.

	Nominativ	Akkusativ
Beispiel Die Professorin hat <u>ein Buch</u>.	○	●
1. Hast du <u>einen Bleistift</u>?	○	○
2. Hier ist <u>ein Kuli</u>.	○	○
3. Das ist <u>ein Problem</u>.	○	○
4. Die Universität hat <u>eine gute Bibliothek</u>.	○	○
5. Das Klassenzimmer hat <u>ein Fenster</u>.	○	○
6. Sie ist <u>Lehrerin</u>.	○	○
7. Wo ist <u>der Papierkorb</u>?	○	○
8. Der Student hat <u>einen Kalender</u>.	○	○

3   **Was fehlt?** Write the correct form of **haben**.

Beispiel Daniel <u>hat</u> ein Problem.

1. _____ du die Hausaufgaben?

2. Ich _____ einen Freund.

3. _____ ihr die Notizen?

4. Wir _____ eine gute Lehrerin.

5. Tom und Moritz _____ viele Fragen.

6. _____ Sie einen Taschenrechner, Frau Neumann?

Workbook

4   Bilden Sie Sätze Write complete sentences.

> **Beispiel**
>
> ich / haben / ein Radiergummi: <u>Ich habe einen Radiergummi.</u>

1. die Studenten / haben / eine Frage

   _____

2. der Junge / haben / ein Rucksack

   _____

3. du / haben / ein Lehrbuch

   _____

4. wir / haben / eine Uhr

   _____

5. ihr / haben / ein Computer

   _____

6. der Lehrer / haben / ein Schreibtisch

   _____

5   Was haben sie? Write what each person has.

> **Beispiel**
>
> wir <u>Wir haben einen Computer.</u>

1. du _____   2. Ben _____   3. die Schüler _____

4. ihr _____   5. ich _____   6. das Klassenzimmer _____

6   Sätze ergänzen Write logical sentences describing a thing that each object, person, or place has. Use the word bank for ideas. Be sure to use the appropriate article and singular or plural form of the noun.

> **Beispiel**
>
> Der Professor <u>hat einen Schreibtisch.</u>
> Die Schulen <u>haben Klassenzimmer.</u>

die Bibliothek	das Problem	das Schulbuch
das Buch	der Radiergummi	die Uhr
der Papierkorb	der Rucksack	

1. Das Klassenzimmer _____.   4. Der Schüler _____.

2. Die Universität _____.   5. Die Bibliothek _____.

3. Die Studenten _____.   6. Der Bleistift _____.

1B.2 Word Order

1 **Fragen** Write out the questions.

> **Beispiel**
>
> Florian / haben / ein Bleistift
>
> *Hat Florian einen Bleistift?*

1. Greta / sein / Studentin _____
2. du / haben / die Notizen _____
3. das Klassenzimmer / sein / groß _____
4. wir / haben / eine Karte _____
5. Lara und Mia / haben / Schulbücher _____
6. ihr / sein / Freunde _____

2 **Was ist die Frage?** Write the question that would elicit the following statements.

1. — _____

   — Ja, ich habe einen Computer.

2. — _____

   — Ja, wir sind Studenten.

3. — _____

   — Ja, die Mensa ist gut.

4. — _____

   — Ja, die Schüler haben eine Prüfung.

5. — _____

   — Ja, ich bin romantisch.

6. — _____

   — Ja, Paul und Simon sind Freunde.

3 **Noch einmal** Rewrite each sentence. Begin with the underlined element.

> **Beispiel**
>
> Die Studenten sind <u>jetzt</u> in Berlin.
>
> *Jetzt sind die Studenten in Berlin.*

1. Ich habe heute <u>viele Hausaufgaben</u>. _____
2. Tobias hat <u>jetzt</u> Unterricht. _____
3. Wir haben <u>morgen</u> eine Prüfung. _____
4. Maria hat einen Cousin <u>in Hamburg</u> . _____

Workbook

4   **Wer hat was?**   Ask and answer the questions based on the cues. Follow the model.

> **Beispiel**
>
> die Frau / ein Foto (nein / einen Kalender)
> – *Hat die Frau ein Foto?*
> – *Nein, sie hat einen Kalender.*

1. der Student / einen Computer (nein / einen Taschenrechner)

   — _____

   — _____

2. die Studenten / Prüfungen (nein / Hausaufgaben)

   — _____

   — _____

3. der Junge / ein Heft (nein / ein Buch)

   — _____

   — _____

4. die Schülerin / einen Kuli (nein / einen Bleistift)

   — _____

   — _____

5   **Bilder beschreiben**   Write a yes-or-no question about each picture, and answer each question.

> **Beispiel**
>
> – *Hat der Professor einen Stuhl?*
> – *Nein, er hat einen Schreibtisch.*

1. — _____

   — _____

2. — _____

   — _____

3. — _____

   — _____

4. — _____

   — _____

1B.3 Numbers

1   **Telefonnummern** Write out the following telephone numbers as single digits.

> **Beispiel**
> 2390-778 _zwei drei neun null sieben sieben acht_

1. 6759-554 _____

2. 245-973 _____

3. 3120-2584 _____

4. 488-2160 _____

5. 667-923 _____

2   **Zahlen** Fill in the chart with the missing numbers, and then write out the numbers you supplied. Start at the top left, and work your way down each column.

1. _____
2. _____
3. _____
4. _____
5. _____
6. _____
7. _____
8. _____
9. _____
10. _____
11. _____
12. _____
13. _____
14. _____
15. _____

1			31	41	51	61	71	81	91
2	12	22		42	52	62	72	82	92
3	13	23	33	43	53	63	73		93
4	14	24	34	44	54	64	74	84	94
5		25	35	45	55	65	75	85	95
6	16	26	36	46	56		76	86	96
7		27	37	47	57	67		87	97
		28	38	48	58	68	78	88	98
9	19	29	39	49	59	69	79	89	99
10	20		40		60			90	

3   **Welche Zahl?** What numbers do you associate with these items? Spell out the numbers in German.

1. number of months in a year? _____
2. days in a week? _____
3. number of days in December? _____
4. seasons in a year? _____
5. number of days in February in a leap year? _____
6. number of months in a season? _____

Workbook

4 **Wie viele sind hier?** Write a full sentence saying how many of each person or thing there are.

> **Beispiel**
> 2 Studenten Hier sind zwei Studenten.

1. 3 DVDs _____
2. 11 Fenster _____
3. 2 Freundinnen _____
4. 28 Türen _____
5. 4 Hemden _____
6. 10 Tische _____
7. 84 Autos _____
8. 20 Computer _____
9. 17 Kinder _____
10. 9 Studenten _____

5 **Antworten** Ask and answer questions about what you see in the illustration. Spell out any numbers.

> **Beispiel**
> pictures
> – Sind hier Fotos?
> – Ja, hier sind drei Fotos.

1. people
   _____?
   _____.

2. computers
   _____?
   _____.

3. children
   _____?
   _____.

4. tables
   _____?
   _____.

6 **Im Zimmer** How many of the following items are there in the room where you are now? Write complete sentences beginning with **Da sind** or **Da ist**, and spell out each number.

> **Beispiel**
> Uhren Da ist eine Uhr.

1. Fenster _____ 4. Stühle _____
2. Computer _____ 5. Türen _____
3. Tische _____ 6. Bücher _____

Kapitel 2 {style="float:left"} Lektion 2A

KONTEXT

1 **Was passt nicht?** Choose the word that does not belong.

1. der Professor / der Dozent / die Lehrerin / die Studentin
2. das Zeugnis / das Diplom / der Hörsaal / der Abschluss
3. das Stipendium / das Seminar / die Vorlesung / die Veranstaltung
4. einfach / schwierig / abends / nützlich
5. die Bibliothek / der Seminarraum / der Stundenplan / die Sporthalle
6. lernen / gehen / studieren / belegen

2 **Was ist richtig?** Choose the word that best completes the sentence.

1. Julia _____ Psychologie an der Universität Tübingen.
   a. geht   b. arbeitet   c. studiert

2. Dieses Semester belegt Mert fünf _____.
   a. Tage   b. Seminare   c. Orte

3. Im Februar macht Philip den _____.
   a. Abschluss   b. Raum   c. Mittag

4. Morgens, mittags und abends gehen Johanna und Fabian in die _____.
   a. Prüfung   b. Mensa   c. Literatur

5. In der Bibliothek gibt es Tausende von _____.
   a. Dozenten   b. Büchern   c. Veranstaltungen

6. Am Wochenende _____ viele Studenten in die Sporthalle.
   a. gehen   b. belegen   c. hören

3 **Assoziationen** Match each seminar topic with its subject area.

Thema	**Seminar**
1. _____ Von Macbeth bis Harry Potter	a. Astronomie
2. _____ Mikroben und Viren	b. Geschichte
3. _____ Die Renaissance in Italien: DaVinci, Michelangelo, Donatello	c. Biologie
4. _____ Die Elemente: Atome und Protonen	d. Literatur
5. _____ Deutschland 1918–1933: Die Weimarer Republik	e. Psychologie
6. _____ Strategisches Marketing von Online-Produkten	f. Kunst
7. _____ Die Strukturen des Universums: Galaxien, Planeten und Meteoriten	g. Wirtschaft
8. _____ Freud, Jung und Lacan: Ihre Theorien und Hypothesen	h. Chemie

Workbook

4 **Auf dem Campus** Complete each sentence with a word from the list.

| belegt | geht | ist | lernt | studiert |

1. Monika _____ Architektur an der Universität München.

2. Stefanie _____ Kurse in Chinesisch.

3. Professor Habermann _____ Dozent für Politikwissenschaft.

4. Jasmin _____ in der Mittagspause in die Sporthalle.

5. Devin _____ für die Biologieprüfung.

5 **Mein Studium** Answer the questions about yourself.

1. Was belegen Sie dieses Semester?

_____

2. Was studieren Sie?

_____

3. Finden Sie Informatik langweilig oder interessant?

_____

4. Finden Sie Fremdsprachen schwierig oder einfach?

_____

5. Lernen Sie morgens, nachmittags oder abends?

_____

STRUKTUREN

2A.1 Regular verbs

1 **Verbformen** Fill in the missing verb forms.

	ich	du	er/sie/es	wir	ihr	Sie/sie
1.	begrüße					
2.		kaufst				
3.			wartet			
4.				öffnen		
5.					studiert	
6.						finden

2 **Was fehlt?** Complete the sentences.

1. Die Studenten _____ (antworten) auf die Fragen von Frau Professor Krüger.

2. Wir _____ (öffnen) das Buch auf Seite 156.

3. Ihr _____ (kommen) in den Hörsaal.

4. Lara und ich _____ (suchen) eine Antwort auf die Frage.

5. Ben _____ (gehen) am Wochenende auf Jans Party.

6. Ich _____ (wohnen) mit Erik und Nils in München.

7. Du _____ (brauchen) ein neues Notizbuch.

8. Katrin _____ (wiederholen) die neuen Wörter.

3 **Sätze bilden** Create six logical sentences by combining words from each column.

A	B	C
ich	spielen	das Problem
du	hören	800 Euro
Sie	kaufen	klassische Musik
der Computer	arbeiten	20 Stunden die Woche
das Kind	lernen	über deutsche Kultur
wir	machen	die Hausaufgaben
ihr	kosten	Fußball
die Studenten	verstehen	Kaffee bei Starbucks

1. _____

2. _____

3. _____

4. _____

5. _____

6. _____

4 **Eine E-Mail** Complete this e-mail with correctly conjugated verbs from the list.

| belegen | gehen | grüßen | heißen | sein | spielen | studieren | wohnen |

Von: martin.kaiser@deutsche-mail.de
An: lukaslein@brdpost.de
Datum: 8. September

Hallo Lukas! Wie geht's? Wie (1) _____ deine Seminare? Ich (2) _____ fünf
Seminare dieses Semester. Sie sind interessant und die Professoren sind auch sehr nett. Ich
(3) _____ mit Freunden zusammen. Der eine (4) _____ Ben, und Simon
(5) _____ Wirtschaftswissenschaften. Sie (6) _____ selten am Wochenende
auf Partys. Wir (7) _____ stundenlang Videospiele. Also dann, bis bald.
Es (8) _____ dich,
dein Martin

5 **Bilder beschreiben** Write a short sentence for each picture using the words provided.

Beispiel
Mathe lernen

Devin lernt Mathe.
Devin

| nach Athen reisen | im Computerlabor arbeiten |
| ein Buch suchen | Blumen bringen |

1. Julians
   Freundin
_____
_____

2. Felix
_____
_____

3. die Studenten
_____
_____

4. Emma
_____
_____

6 **Im Semester** Write a sentence describing what each person is doing this semester.

1. ich
_____

2. mein bester Freund / meine beste Freundin
_____

3. die Studenten im Deutschkurs
_____

Workbook

2A.2 Interrogative words

1 **Fragen und Antworten** Match each question word with a likely response.

1. Wann? _____   a. der Lehrer
2. Wo? _____   b. ein Computer
3. Wohin? _____   c. aus Holland
4. Was? _____   d. abends
5. Wie viele? _____   e. einfach
6. Woher? _____   f. nach Frankfurt
7. Wie? _____   g. im Hörsaal B
8. Wer? _____   h. zwölf

2 **Wer, wen oder was?** Complete each question with **wer**, **wen**, or **was**, depending on the answer provided.

1. —_____ ist das? —Das ist mein Freund!

2. —_____ sucht sie? —Sie sucht ein Buch über Österreich.

3. —_____ kommt? —Meine Familie kommt.

4. —_____ fragst du? —Ich frage meine Professorin.

5. —_____ macht ihr? —Wir machen nichts.

6. —_____ hört er? —Er hört die Kinder auf dem Kinderspielplatz.

3 **Was sind die Fragen?** Complete the conversation logically with questions from the word bank. Not all questions will be used.

Wann kommen sie?	Woher kommst du?
Wie geht's?	Woher kommen sie?
Wie heißen sie?	Wohin gehen sie?
Wie viele Seminare belegst du?	Wo ist Zweikirchen?

LISA Hallo, Simon! (1) _____

SIMON Hey, Lisa! Danke, es geht mir gut.

LISA (2) _____

SIMON Also, ich belege fünf Seminare. Zwei in Geschichte und Literatur, und drei in Naturwissenschaften. Das Seminar in Literatur mache ich mit zwei Freunden zusammen.

LISA (3) _____

SIMON Sie heißen Jonas und Ben.

LISA (4) _____

SIMON Jonas kommt aus Zweikirchen. Ben kommt aus Zürich

LISA Hmm? Zweikirchen? (5) _____

SIMON Das ist in der Schweiz.

Workbook

4 **Ein Interview** Fill in the missing question words in the interview.

warum   was   welche   wie   wie viele   woher

TOBIAS (1) _____ heißt du?
SILKE Ich heiße Silke.

TOBIAS (2) _____ kommst du?
SILKE Ich komme aus Hamburg.

TOBIAS (3) _____ studierst du?
SILKE Ich studiere Fremdsprachen.

TOBIAS (4) _____ studierst du Sprachen?
SILKE Fremdsprachen sind sehr interessant und nützlich.

TOBIAS (5) _____ Fächer findest du nicht so nützlich?
SILKE Ich finde Mathematik langweilich und nutzlos.

TOBIAS (6) _____ Seminare belegst du dieses Semester?
SILKE Ich belege vier Seminare dieses Semester.

5 **Sätze bilden** Write questions using the cues.

1. reisen / du / nach England / wann

_____

2. machen / ihr / am Wochenende / was

_____

3. Seminare / belegen / Silvia / wie viele

_____

4. finden / du / die neue Studentin / wie

_____

5. gehen / er / in die Bibliothek / warum

_____

6. brauchen / wir / für den Deutschunterricht / welches Buch

_____

7. sein / die Mensa / wo

_____

6 **Interviewfragen** Write five questions to ask a visiting German student at your school.

1. _____

2. _____

3. _____

4. _____

5. _____

2A.3 Talking about time and dates

1 **Wie spät ist es?** Write the time according to each clock. Then write what time it will be in fifteen minutes. Use complete sentences.

Beispiel

> Es ist zwanzig nach eins. [or] Es ist ein Uhr zwanzig.
> In 15 Minuten ist es fünfundzwanzig Minuten vor zwei. [or]
> In 15 Minuten ist es ein Uhr fünfunddreißig.

1. _____
   _____

2. _____
   _____

3. _____
   _____

4. _____
   _____

5. _____
   _____

6. _____
   _____

2 **Was fehlt?** Complete each sentence with words from the list.

Dienstag	Tag
Freitag	Woche
Monate	Wochenende

1. Ein _____ hat vierundzwanzig Stunden.
2. Samstag und Sonntag sind das _____.
3. Vor dem Samstag kommt der _____.
4. Eine _____ hat sieben Tage.
5. Nach dem Montag kommt der _____.
6. Ein Jahr hat zwölf _____.

Kapitel 2 Workbook Activities   **23**

Workbook

3 **Welches Datum?** Use complete sentences to state the date.

> **Beispiel**
>
> Silvester: 31.12.
> **Es ist der einunddreißigste Dezember.**

1. Valentinstag: 14.2.

_____

2. amerikanischer Unabhängigkeitstag: 4.7.

_____

3. Halloween: 31.10.

_____

4. Weihnachten: 25.12.

_____

5. Neujahrstag: 1.1.

_____

6. Tag der deutschen Einheit: 3.10.

_____

4 **Uwes Woche** Look at Uwe's planner and answer the questions in complete sentences.

Mo 4.04.	Di 5.04.	Mi 6.04.	Do 7.04.	Fr 8.04.	Sa 9.04.	So 10.04.
14.30 Uhr Tennis mit Michael	Prüfung in Mathe	Geburtstags-karte und CD für Mama kaufen	Mama—Geburtstag 10.00 ins Café mit Karin	Deutschtest	WOCHENENDE!	Physik lernen

1. An welchem Tag und um wie viel Uhr spielt Uwe Tennis?

_____

2. Wann hat Mama Geburtstag?

_____

3. Was macht Uwe am Mittwoch?

_____

4. An welchen Tagen hat er Prüfungen?

_____

5. Was macht Uwe am Wochenende?

_____

6. Wohin geht Uwe am Donnerstag?

_____

Kapitel 2   Lektion 2B

KONTEXT

1   **Assoziationen** Which activity do you associate with each location?

Orte	Aktivitäten
1. _____ der Berg	a. tanzen
2. _____ der Park	b. essen gehen
3. _____ die Disko	c. schwimmen
4. _____ das Restaurant	d. Fußball spielen
5. _____ das Stadion	e. Ski fahren
6. _____ das Schwimmbad	f. spazieren gehen

2   **Was fehlt?** Complete each sentence with a word from the list.

> Fußballspiel   singt   Tennisball
> Hobbys   Stadion   kocht
> klettern   Strand

1. Der Fußballclub Bayern München spielt heute im neuen _____.
2. Ein reguläres _____ dauert (*lasts*) 90 Minuten.
3. Viele Studenten gehen im März an den _____ in Mexiko.
4. Ein _____ ist kleiner als ein Basketball.
5. Auf Mount Everest zu _____ ist nicht so einfach.
6. Nils _____ am Wochenende Karaoke.
7. Kiara _____ Spaghetti.
8. Ich lerne so viel, ich habe keine Zeit für _____.

3   **Das mache ich (nicht) gern** Using the lesson vocabulary, list five activities that you like to do and five that you don't like to do. Use complete sentences.

Beispiel
gern: Ich fahre gern Fahrrad.
nicht gern: Ich gehe nicht gern angeln.

gern	nicht gern
1. _____	1. _____
2. _____	2. _____
3. _____	3. _____
4. _____	4. _____
5. _____	5. _____

Workbook

4   **Welches Programm?** Match the people with the TV programs they are most likely to watch. Not all TV programs will be used.

1. Die Hobbys von Anna sind Pilates und Tennis. Sie sieht ___ .

2. Paul spielt Fußball in einer Mannschaft. Er sieht ___ .

3. Herr und Frau Mayer reisen gern und oft. Sie sehen ___ .

4. Murat fährt Fahrrad. Er sieht ___ .

5. Johanna kocht gern für ihre Freunde. Sie sieht ___ .

6. Professor Weber schreibt einen Artikel über Akupunktur. Er sieht ___ .

a. 13:00 (Sat1) Tour de France

b. 13:45 (ARD) Floridas Strände: Von Pensacola bis Key West

c. 14:00 (ZDF) Medizin: gestern und heute

d. 14:45 (ZDF) Entschuldigen Sie (Serie)

e. 15:00 (ARD) Fußballspiel Borussia Dortmund–1. FC Nürnberg

f. 15:15 (ZDF) Im Frankfurter Zoo (Journal)

g. 16:00 (ZDF) John McEnroe: Sein Leben auf dem Tennisplatz

h. 17:30 (ARD) Rockballaden der 80er

i. 17:30 (Sat1) Salatsoßen: schnell und einfach (Kochsendung)

j. 18:00 (Sat1) Das Haus im Wald (Drama)

5   **Was machen sie?** State what the people are doing.

Beispiel

angeln gehen
Manfred und Sven *gehen angeln.*

Fußball spielen	reiten
Hausaufgaben machen	tanzen
Musik hören	

1. Katharina _____
_____ .

2. Jan und Antonia _____
_____ .

3. Moritz _____
_____ .

4. Lukas _____
_____ .

5. Yusuf _____
_____ .

STRUKTUREN

2B.1 Stem-changing verbs

1 **Was fehlt?** Choose the appropriate verb.

1. Die Studenten _____ (essen / fallen) in der Mensa.

2. Lena _____ (wird / sieht) nächsten Monat einundzwanzig.

3. Kurt _____ (spricht / wäscht) das Auto.

4. Du _____ (liest / läufst) Bücher über amerikanische Geschichte.

5. Wir _____ (schlafen / nehmen) das schwarze Fahrrad.

6. Ich _____ (vergesse / gebe) das Eishockeyspiel.

7. Ihr _____ (tragt / trefft) die Freunde im Café.

8. Nicole _____ (isst / hilft) gern Äpfel.

2 **Bilder beschreiben** Describe each illustration with the correct verb form.

essen	fangen	nehmen
fahren	laufen	treffen

1. Manfred _____ einen Fisch.

2. Sabine, Anja, Thea und Anne _____ mittags zusammen.

3. Dana _____ den Bus zur Schule.

4. Erik und Florian _____ Professor Aydin.

5. Elisabeth _____ im Sommer Wasserski.

6. Stefan _____ nachmittags acht Kilometer.

Workbook

3   **Sätze bilden** Write complete sentences using the cues. Pay attention to the verb conjugation.

1. Mia / fahren / nach Düsseldorf

   _____

2. Emil / lesen / ein Buch

   _____

3. meine Freunde und ich / sehen / einen Film

   _____

4. ich / schlafen / acht Stunden pro Tag

   _____

5. ihr / nehmen / den Bus

   _____

6. du / sprechen / immer zu laut

   _____

7. Dr. Hartmann / geben / heute / einen Test

   _____

4   **Gretas Tag** Complete the sentences about Greta's day. Follow the model.

> **Beispiel**
>
> den Bus nehmen
> Um 10:30 Uhr _nimmt sie den Bus._

1. mit Anja essen

   Um 12:00 Uhr: _____

2. mit Professor Bauer sprechen

   Um 13:30 Uhr: _____

3. im Park laufen

   Um 14:00 Uhr: _____

4. Nina treffen

   Um 16:00 Uhr: _____

5. Fahrrad fahren

   Um 18:00 Uhr: _____

6. einen Film sehen

   Um 20:00 Uhr: _____

7. E-Mails lesen

   Um 22:00 Uhr: _____

Workbook

Name _____ Datum _____

2B.2 Present tense used as future

1 **Am oder im?** Complete the sentences with either **am** or **im**.

1. _____ Herbst gehe ich wandern.

2. _____ Freitag haben wir eine Prüfung in Physik.

3. Meine Familie fährt _____ Sommer an den Strand.

4. _____ Nachmittag macht Jutta Hausaufgaben.

5. Ihren Abschluss macht Inge _____ Mai.

6. Hast du Geburtstag _____ Dezember?

2 **Eine normale Woche** Use elements from the word bank to complete each statement about what the people will do when. Follow the example and pay careful attention to word order.

um 16 Uhr lesen

morgen nach Hause fahren

am Wochenende schlafen

heute Abend Hausaufgaben machen

~~am Mittwoch arbeiten~~

am Freitagnachmittag Filme sehen

Beispiel

Frau Arslan <u>arbeitet am Mittwoch.</u>

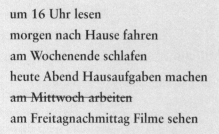

1. Jonas _____.

2. Maria _____.

3. Herr Müller _____.

4. Annika _____.

5. Paul _____.

Workbook

3 **Sätze bilden** Write complete sentences using the present tense as future.

1. ich / gehen / am Wochenende / in die Disko

_____

2. Daniel / fahren / im Dezember / zum Skifahren in die Alpen

_____

3. du / treffen / heute Nachmittag / Freunde im Café

_____

4. meine Freundin / belegen / nächtes Semester / drei Seminare

_____

5. die Uni / werden / in zwei Jahren / hundert Jahre alt

_____

6. die Studenten / essen / am Abend / in der Mensa

_____

4 **Persönliche Fragen** Answer the questions in complete sentences.

1. Was machen Sie heute Nachmittag?

_____

2. Welche Pläne haben Sie für das Wochenende?

_____

3. Wen treffen Sie heute?

_____

4. Welche Seminare belegen Sie nächstes Semester?

_____

5. Was machen Sie nächsten Sommer?

_____

6. Wann machen Sie den Uniabschluss?

_____

7. Was machen Sie morgen Abend?

_____

8. Wann fahren Sie nach Hause?

_____

Workbook

2B.3 Negation

1   **Doch** Rewrite each sentence in the affirmative using **doch**.

1. Max fängt den Ball nicht.

   _____

2. In der Mensa gibt es kein gutes Essen.

   _____

3. Efe Öztürk spielt nicht in der deutschen Nationalmannschaft.

   _____

4. Du fährst nächsten Winter nicht in die Berge.

   _____

5. Ich habe keine Angst.

   _____

6. Die Studenten verstehen die Testfragen nicht.

   _____

2   **Nicht so!** Negate the statements, using **nicht** or **kein-**.

> **Beispiel**
> Ich arbeite 20 Stunden pro Woche.
> Ich arbeite nicht 20 Stunden pro Woche.

1. Du schläfst viel.

   _____

2. Wir kaufen das Auto.

   _____

3. Ihr reist nächsten Sommer nach Amerika.

   _____

4. Julian schreibt am Montag eine Prüfung.

   _____

5. Anja isst Bratwürste.

   _____

6. Herr Fischer nimmt Medikamente für sein Asthma.

   _____

7. Klaus geht es gut.

   _____

3 **Das stimmt nicht** Correct the statements using phrases from the word bank.

Beispiel

Das ist ein Rucksack.
Nein, das ist kein Rucksack. Das ist ein Buch.

ein Buch kaufen
Fahrrad fahren
einen Film sehen
Pizza essen

1. Hans und Greta machen Hausaufgaben.

_____

2. Herr Hartmann fährt Auto.

_____

3. Manfred und Herbert essen Spaghetti.

_____

4. Frau Bürant kauft einen Rucksack.

_____

4 **Das habe ich nicht** Choose eight items and state that you do not own them. Write complete sentences.

Maskulinum	Femininum	Neutrum	Plural
Dachshund	Buskarte	Aquarium	Bleistifte
Fußball	Couch	Fahrrad	Blumen
Job	CD	Fotoalbum	Bücher
Papierkorb	Freizeit	Hobby	Freunde
Porsche	Jeans	Monopoly-Spiel	Kinder
Rucksack	Katze	Skateboard	Poster
Tennisball	Rolex-Uhr	Talent	Probleme
Tablet-Computer		Wörterbuch	Skier

1. _____
2. _____
3. _____
4. _____
5. _____
6. _____
7. _____
8. _____

Kapitel 3

Lektion 3A

KONTEXT

1 **Was passt zusammen?** Match the words on the right with the appropriate word pairs.

1. _____ Vater und Mutter   a. Geschwister

2. _____ Brüder und Schwestern   b. Paar

3. _____ Oma und Opa   c. Großeltern

4. _____ Sohn und Tochter   d. Eltern

5. _____ Mann und Frau   e. Kinder

2 **Pauls Fotoalbum** Match each statement with the picture it describes.

A   B   C   D   E   F

_____ 1. Hier sind mein Onkel Stefan und seine Frau Monika. Mein Cousin Erik hat eine Katze.

_____ 2. Hier sind meine Großeltern. Sie wohnen in Hamburg.

_____ 3. Hier ist meine Schwester. Sie ist 15 Jahre alt. Der Junge ist ihr Freund Julius.

_____ 4. Hier sind mein Cousin und meine Cousine, Frank und Stefanie. Sie sind Studenten an der Universität in Tübingen.

_____ 5. Das ist mein Bruder, Fabian. Er ist zwei Jahre alt.

_____ 6. Hier ist meine Oma Anna. Sie ist Witwe.

3 **Gegenteile** Write the opposite of each word.

Beispiel

Vater ___Mutter___

1. Tante _____

2. Bruder _____

3. Mann _____

4. Tochter _____

5. Nichte _____

6. Enkelsohn _____

    Kapitel 3 Workbook Activities   **33**

Workbook

4 **Stammbaum** Use the clues to complete Antonia's family tree. Then, write five more sentences about the relationships between these people.

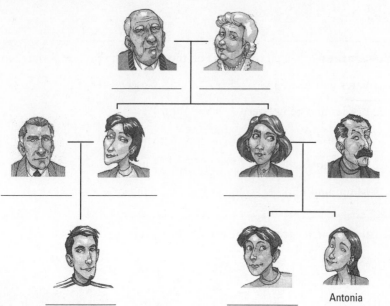

Antonia

a. Anna ist Antonias Mutter.

b. Yusuf und Anna haben einen Sohn und eine Tochter.

c. Antonias Bruder heißt Emil.

d. Andrea ist Annas Schwester.

e. Anna ist Michaels Schwägerin.

f. Erik und Emil sind Cousins.

g. Antonia ist Peters Enkeltochter.

h. Elke ist Yusufs Schwiegermutter.

1. _____

2. _____

3. _____

4. _____

5. _____

5 **Meine Familie** Describe your family by answering the questions.

1. Wie heißen Ihre Großeltern?

_____

2. Haben Sie Geschwister? Wie alt sind sie?

_____

3. Wo wohnen Ihre Eltern?

_____

4. Wie viele Cousins und Cousinen haben Sie?

_____

5. Haben Sie Nichten oder Neffen? Wie alt sind sie?

_____

6. Haben Sie Haustiere?

_____

STRUKTUREN

3A.1 Possessive adjectives

1 **Familien vorstellen** Emma is introducing her family. Choose the correct possessive adjectives.

1. Hier siehst du (meine / meinen) Tante Maria.
2. Hier ist (mein / meinen) Bruder Nils.
3. Ich sehe (mein / meinen) Cousin Tobias dort.
4. Aber wo ist (seine / ihre) Schwester?
5. Ich sehe meine Cousine Eva nicht, aber (seine / ihre) Freundin Greta ist hier.
6. Tobias, sind (deine / deinen) Eltern hier?
7. Hier sind (mein / meine) Geschwister, Annika und Simon.
8. Ah, und hier ist (unsere / unser) Vater.
9. (Mein / Meine) Onkel Uwe ist heute nicht hier.

2 **Das Fotoalbum** Julia is showing Sebastian her digital photo album. Fill in the correct possessive adjective that corresponds to each subject pronoun.

Beispiel

Hier siehst du ___seine___ (er) Schwester.

JULIA Hier sind (1) _____ (ich) Schwester Nina und (2) _____ (sie) Mann Philip.

SEBASTIAN Und ist das (3) _____ (er) Vater?

JULIA Ja, das ist Ninas Schwiegervater, Peter.

SEBASTIAN Aber wo ist (4) _____ (ihr) Bruder Max?

JULIA Er ist nicht im Foto. Er wohnt in den USA. (5) _____ (er) Freundin studiert dort.

SEBASTIAN Ich verstehe. Ist das (6) _____ (du) Tante?

JULIA Nein, das ist Philips Stiefmutter. Sie ist nicht (7) _____ (ich) Tante, aber ich finde sie nett.

SEBASTIAN Wo wohnen (8) _____ (ihr) Großeltern, Julia?

JULIA (9) _____ (wir) Großeltern wohnen in Berlin.

SEBASTIAN Hast du auch Verwandte in Bonn?

JULIA Ja, (10) _____ (ich) Onkel wohnt in Bonn. (11) _____ (er) Frau ist Professorin an der Uni. (12) _____ (sie) Fach ist Physik. (13) _____ (sie, *pl.*) Sohn ist 16.

3 **Auf dem Familientreffen** Complete the sentences to explain how the people in the photos are related to each other.

> **Beispiel**
> —Wie heißt der Junge neben (*next to*) Lina?
> —Ach, du meinst _____ihren_____ Sohn, Niklas.

—Und wer ist das junge Mädchen neben Niklas?

—Da siehst du (1) _____ Stiefschwester, Mira.

—Wer ist der Mann?

—Das ist (2) _____ Vater, Kenan.

—Ach, so. Ist Lina deine Cousine?

—Richtig. Sie ist (3) _____ Cousine.

—Wer spielt dort? Deine Schwester?

—Ja, da siehst du (4) _____ Schwester Maria und

(5) _____ Kinder.

—Wie heißen die Kinder?

—(6) _____ Neffe heißt Niklas und

(7) _____ Schwester heißt Greta.

—Ich sehe (8) _____ Vater nicht.

—Nein, Maria und (9) _____ Mann sind geschieden.

4 **Weitere Informationen** Give additional information about each person mentioned. Use possessive adjectives.

> **Beispiel**
> David studiert an der Uni. _____Sein Fach ist Biologie._____

1. Lisas Brüder heißen Daniel und Tim. _____

2. Peter und Jürgen haben einen Hund. _____

3. Ich lerne Deutsch. _____

4. Du hast viele Freunde. _____

5. Wir kaufen einen Computer. _____

6. Die Eltern wohnen in Marburg. _____

7. Meine Freunde und ich spielen morgen Fußball. _____

8. Der Professor hat zwei Töchter. _____

3A.2 Descriptive adjectives and adjective agreement

1 **Kategorien** Sort the adjectives into categories. Some words may fit more than one category.

alt	großartig	interessant	ledig	schwierig
einfach	hässlich	jung	nützlich	rothaarig
fit	hübsch	langweilig	nutzlos	verlobt

positiv	negativ	neutral

2 **Ein Gespräch** An older relative is reflecting on things that are changing or staying the same. Write sentences using the appropriate verb forms and the correct form of the adjective after **werden** or **bleiben**.

> **Beispiel**
> die Literatur / werden / langweilig
> *Die Literatur wird langweilig.*

1. Kunst / bleiben / schön

_____

2. das Studium / werden / einfach

_____

3. die Computer / werden / klein

_____

4. meine Enkelkinder / werden / groß

_____

5. die Filme / werden / lang

_____

6. der Park / bleiben / hübsch

_____

7. meine Katze / bleiben / schlank

_____

8. das Leben / bleiben / großartig

_____

Workbook

3 **Wer ist das?** Complete the conversation.

1. Wer ist der _____ (dunkelhaarig) Junge?

2. Das ist mein _____ (klein) Bruder, Ben.

3. Siehst du den _____ (gut aussehend) Mann?

4. Ja, das ist unser _____ (großartig) Onkel.

5. Wie heißt das _____ (braunhaarig) Mädchen?

6. Das ist Anna. Sie ist deine _____ (klein) Cousine.

7. Wer sind die _____ (dünn) Zwillinge?

8. Sie sind unsere _____ (sportlich) Neffen.

4 **Interessante Leute** Describe the people in each picture using adjectives preceded by an **ein-** or **der-** word. Use complete sentences.

1. _____   3. _____

2. _____   4. _____

5 **Gefunden** Write short descriptions of these animals that are up for adoption at the animal shelter.

Beispiel

Alter, langhaariger, brauner Hund. Braune Augen.

1.   2.   3.   4.

1. _____

2. _____

3. _____

4. _____

Kapitel 3

KONTEXT

1 **Gegenteile** Indicate the adjective with the opposite meaning.

> **Beispiel**
> Maria ist eine interessante Frau. Sie hat einen _____ Mann.
> a. langweiligen   b. intelligenten

1. Claudia ist eine stolze Frau. Sie hat einen _____ Sohn.
   a. bescheidenen   b. fleißigen

2. Lena ist ein gieriges Mädchen. Sie hat eine _____ Schwester.
   a. schnelle   b. großzügige

3. Fabian ist ein naives Kind. Er hat eine _____ Mutter.
   a. eifersüchtige   b. intelligente

4. Karin ist eine starke Frau. Sie hat einen _____ Mann.
   a. schwachen   b. mutigen

5. Uwe ist ein fleißiger Mann. Er hat eine _____ Tochter.
   a. neugierige   b. faule

6. Emil ist ein trauriger Junge. Er hat eine _____ Oma.
   a. gierige   b. glückliche

7. Christa ist eine gemeine Frau. Sie hat einen _____ Bruder.
   a. netten   b. egoistischen

8. Jasmin ist ein lustiges Mädchen. Sie hat einen _____ Vater.
   a. müden   b. ernsten

2 **Stars** Choose four well-known people and describe each of them with at least two adjectives.

> **Beispiel**
> Oprah Winfrey ist eine tolle Frau. Sie ist großzügig und freundlich.

1. _____

   _____

2. _____

   _____

3. _____

   _____

4. _____

   _____

Workbook

3 **Gesucht** Complete the profiles for an online dating site.

> **Beispiel**

Name: David Müller

Alter: 29

Größe: 190 cm.

Arbeit: Journalist

Beschreibung: Ich bin groß, schlank, bescheiden und neugierig.

Interessen: Ich fahre Fahrrad und reise gern.

Meine ideale Partnerin: *Eine nette und intelligente Frau. Sie findet Kunst und Film interessant.*

Name: Marie Bauer

Alter: 28

Größe: 168 cm.

Arbeit: Rechtsanwältin

Beschreibung: Ich bin schüchtern, aber freundlich.

Interessen: Ich schwimme gern und fahre gern Ski.

Mein idealer Partner: _____

_____

Name: Thomas Hartmann

Alter: 39

Größe: 180 cm.

Arbeit: Chemiker

Beschreibung: Ich bin intelligent und lustig.

Interessen: Ich koche gern und habe viel Zeit für meine Freunde.

Meine ideale Partnerin: _____

_____

Name: Paula Neumann

Alter: 22

Größe: 161 cm.

Arbeit: Studentin

Beschreibung: Ich bin arm aber fleißig.

Interessen: Ich lache gern. Ich gehe oft in die Disko.

Mein idealer Partner: _____

Name: Klaus Zimmermann

Alter: 53

Größe: 174 cm.

Arbeit: Architekt

Beschreibung: Ich bin dynamisch und mutig.

Interessen: Musik, Kunst und Mathe sind Hobbys.

Meine ideale Partnerin: _____

_____

Workbook

STRUKTUREN

3B.1 Modals

1 **Welche Form passt?** Indicate the correct form of each modal verb.

1. Wir _____ Dienstagnachmittag Tennis spielen.
   a. kann   b. könnt   c. können

2. Morgen habe ich eine Prüfung. Ich _____ lernen.
   a. muss   b. müsst   c. musst

3. Renate _____ eine Englischvorlesung belegen.
   a. will   b. wollen   c. wollt

4. Hier _____ ihr schwimmen.
   a. darf   b. dürfen   c. dürft

5. Bernd und ich _____ nach Berlin reisen.
   a. will   b. wollt   c. wollen

6. Ihr _____ in der Bibliothek warten.
   a. musst   b. müsst   c. muss

7. Murat _____ gut Englisch und Deutsch sprechen.
   a. kann   b. kannst   c. könnt

8. Du _____ nicht klettern gehen!
   a. dürft   b. darfst   c. darf

2 **Ein Gespräch** Complete the conversation with the appropriate modal verb forms.

JULIAN Am Wochenende (1) _____ (sollen) das Wetter schön sein.
(2) _____ (wollen) wir mit Paul und Alexandra Samstagnachmittag
im Park klettern gehen?

KLARA Okay, aber ich (3) _____ (müssen) noch ein Buch für
meine Literaturvorlesung lesen. Das (4) _____ (dürfen) ich
nicht vergessen.

JULIAN Ist es ein sehr langes Buch? (5) _____ (müssen) du
stundenlang lesen?

KLARA Nein, aber es ist ein schwieriges Buch, und ich (6) _____ (können)
es nicht gut verstehen. Ich (7) _____ (wollen) also nicht
beim Klettern müde werden.

JULIAN Kein Problem. Wir (8) _____ (können) im Park spazieren gehen,
anstatt zu klettern. (9) _____ (sollen) ich auch für später einen
Tisch im Restaurant reservieren?

KLARA Gute Idee. Wir (10) _____ (dürfen) aber nicht zu lange bleiben.

JULIAN Ja, natürlich. Wir gehen nur essen und du (11) _____ (können)
dann abends dein Buch lesen.

Workbook

3 **Was passt zusammen?** Create seven logical sentences using elements from each column.

ich	dürfen	angeln gehen
du	müssen	Mathematik studieren
er/sie	sollen	die Eltern fragen
wir	wollen	für die Prüfung lernen
Sie	können	einen neuen Rucksack kaufen
ihr		gut Tennis spielen

1. _____
2. _____
3. _____
4. _____
5. _____
6. _____
7. _____

4 **Sehr gut** Use the verb **können** to describe what these people can do.

Beispiel

Der Musiker kann singen.

1. Die Journalistin _____.   4. Meine Nichte _____.

2. Die Geschäftsleute _____.   5. Ich _____.

3. Der Rechtsanwalt _____.   6. Ihr _____.

5 **Arbeit und Freizeit** Using modal verbs, describe four things you need to do and four things you want to do. Use activities from the list or your own ideas.

Beispiel

Ich muss am Donnerstag in die Bibliothek gehen. Ich will am Wochenende angeln gehen.

ein (Physik)seminar belegen	in die Bibliothek gehen	schlafen
Hausaufgaben machen	heiraten	schreiben
Fahrrad fahren	laufen	spazieren gehen

1. _____
2. _____
3. _____
4. _____

3B.2 Prepositions with the accusative

1 **Ergänzen Sie** Complete the sentences with the appropriate form of **der**, **die**, or **das**.

1. Der Hund darf nicht durch _____ Bibliothek laufen!

2. Ich kann nicht ohne _____ guten Kuli schreiben.

3. Tim, du musst um _____ Stadion fahren.

4. Lara wirft den Ball gegen _____ Tür.

5. Wer lernt für _____ Informatikprüfung?

6. Die Kinder dürfen ohne _____ Eltern Volleyball spielen.

7. Die Straße geht _____ Fluss entlang.

8. Der Lehrer bringt neue Stifte für _____ Schüler und Schülerinnen.

2 **An der Uni** Complete this account of Alexandra and Michaela's life at the university with the accusative prepositions **bis**, **durch**, **entlang**, **für**, **gegen**, **ohne**, and **um**.

Am Morgen joggen Alexandra und Michaela (1) _____ die Universität. Sie wollen

(2) _____ 11 Uhr laufen. Erst laufen sie die Collegestraße (3) _____.

Dann gehen sie in das Fußballstadion und laufen fünfmal (4) _____ das Spielfeld.

(5) _____ Mittag wollen sie in die Mensa gehen (6) _____ 1 Uhr hat Alexandra

eine Literaturvorlesung. Michaela belegt die Vorlesung nicht. Sie geht in die Bibliothek. Sie

schreibt ein Referat (7) _____ ihr Architekturseminar. Sie bleibt (8) _____

6 Uhr in der Bibliothek. Dann geben die zwei Studentinnen eine Party (9) _____ ihre

Volleyballmannschaft. Die Mannschaft hat nächste Woche ein Spiel (10) _____ eine sehr

gute Mannschaft. (11) _____ Mitternacht gehen sie schlafen.

3 **Pro** In which sentences would it be possible to use **pro**? Indicate the correct preposition.

1. Der Ingenieur arbeitet 35 Stunden (pro / gegen) Woche.

2. Wie kannst du (pro / ohne) Lehrbuch lernen?

3. Sophia kann nicht (bis / pro) Montag kommen.

4. Moritz reitet zwei Stunden (für / pro) Tag.

5. Ich will (bis / pro) Mittag schlafen.

6. Kann das Auto 200 Kilometer (um / pro) Stunde fahren?

7. Die Taxifahrt kostet 3 Euro (pro / bis) Kilometer.

Workbook

Workbook

4 **An der Uni** These students are preparing for an exam. Write a short dialogue using the phrases provided.

für die Informatikprüfung lernen	um 8 Uhr beginnen
bis Montag haben	ohne den Computer
durch das Wochenende arbeiten	etwas gegen den Professor haben

PAULA _____

KATHARINA _____

TIM _____

PAULA _____

KATHARINA _____

TIM _____

5 **Slogans** Write an advertising slogan for each product. Use accusative prepositions with adjectives and nouns.

Beispiel

Schnell durch den schönen Wald!

1. _____

   _____

3. _____

   _____

2. _____

   _____

4. _____

   _____

3B.3 The imperative

1 **Ergänzen Sie** Choose the appropriate verb form to complete each sentence.

1. Papa, _____ bitte nicht.
   a. singt   b. singe   c. singen

2. Paul, _____ mutig.
   a. sei   b. seien   c. seid

3. Mira, _____ ein Bonbon.
   a. nimm   b. nehmt   c. nehmen

4. Herr Zimmermann, _____ Sie nicht so nervös.
   a. sei   b. seien   c. seid

5. Alexandra und Julia, _____ nicht Fahrrad.
   a. fahr   b. fahren   c. fahrt

6. Jasmin, _____ das Buch.
   a. lesen   b. lest   c. lies

7. Frau Weber, _____ Sie nicht so schnell, bitte.
   a. sprechen   b. sprecht   c. sprich

8. Moritz, _____ auf die Frage.
   a. antworten   b. antworte   c. antwortet

2 **In der Familie** Matthias and Kerstin are speaking with their children. Turn each statement into an informal command.

> **Beispiel**
> Nils, du darfst nicht allein campen gehen.
> Nils, *gehe nicht allein campen.*

1. Lisa, du sollst deine Bleistifte nicht vergessen.

   _____

2. Nils und Lisa, ihr sollt morgen trainieren.

   _____

3. Nils, du darfst nicht in der Schule schlafen.

   _____

4. Lisa und Nils, ihr dürft eure Rucksäcke nicht vergessen.

   _____

5. Wir können keine Katze adoptieren.

   _____

6. Ihr müsst eine E-mail an die Großeltern schreiben.

   _____

7. Im Sommer sollen wir nach Italien reisen.

   _____

8. Nils, du sollst nicht alles so ernst nehmen.

   _____

Workbook

3 **Sei bitte fleißig** Tell each person what to do, using the imperative form of **sein**, an adjective, and **bitte**.

> Paula, du arbeitest nicht.
> Paula, sei bitte fleißig.

1. Herr und Frau Schäfer, Sie sind so gierig. Sie helfen Ihren Freunden nicht.

   _____

2. Jan, du bist so traurig. Du lächelst nicht.

   _____

3. Frau Richter, Sie sind so neugierig.

   _____

4. Felix und Mia, ihr sagt kein gutes Wort und seid sehr gemein.

   _____

4 **Verboten!** Write formal imperatives based on the text on the signs.

> **Essen in der Pause verboten!**
> Essen Sie nicht in der Pause!

1. **Schwimmen verboten!**

   _____

2. **Wandern im Wald verboten!**

   _____

3. **SPRECHEN IN DER VORLESUNG VERBOTEN!**

   _____

4. **Laufen am Strand verboten!**

   _____

5 **Mein kleiner Neffe** Your nephew is too young to read. Tell him what the signs in **Aktivität 4** say, using the informal imperative.

> Iss nicht in der Pause!

1. _____

2. _____

3. _____

4. _____

Kapitel 4   **Lektion 4A**

KONTEXT

1 **Wo kauft man was?** Match the foods with the place where you would buy them.

    1. Garnelen, Thunfisch, Meeresfrüchte _____   a. der Markt

    2. Ananas, Himbeeren, Melonen _____   b. die Bäckerei

    3. Brot, Brötchen _____   c. das Fischgeschäft

    4. Rindfleisch, Schinken, Hähnchen _____   d. das Feinkostgeschäft

    5. Olivenöl, Pasta _____   e. die Metzgerei

2 **Lebensmittel** Write the article and name for each food item.

1. _____

2. _____

3. _____

4. _____

5. _____

6. _____

3 **Was passt?** Complete each list with an item from the word bank that belongs to the same category as the first two items.

das Brot	der Käse
die Aubergine	die Meeresfrüchte
die Ananas	der Schinken

    1. die Artischocke, die grünen Bohnen, _____

    2. die Butter, der Joghurt, _____

    3. das Schweinefleish, das Würstchen, _____

    4. die Erdbeeren, die Birne, _____

    5. die Pasta, das Brötchen, _____

    6. der Thunfisch, die Garnelen, _____

      Kapitel 4 Workbook Activities |

4   **Im Geschäft** Complete each sentence with the appropriate shopping place.

> in der Konditorei   auf dem Markt
>
> beim Bäcker   im Fischgeschäft
>
> in der Metzgerei

1. Marie kauft Brot _____.

2. Erik kauft Garnelen _____.

3. Simon und Martine kaufen gehacktes Rindfleisch _____.

4. David kauft Kuchen _____.

5. Emma kauft Trauben und Ananas _____.

5   **Einkaufen gehen** You're having a potluck dinner with four friends. State what each person is bringing, what ingredients each needs to buy, and where to buy them. Include words and phrases from the word bank.

> Fischsuppe   Pfirsichtorte
>
> Gemüse   Spaghetti
>
> Käseplatte   Brot und Brötchen
>
> Olivenöl   Zutaten für ...

Beispiel

> Lisa bringt den Salat. Sie kauft Salat, Tomaten und grüne Paprika auf dem Markt.

1. _____

2. _____

3. _____

4. _____

5. _____

6. _____

6   **Gern essen** Complete the sentences by indicating one thing that each person likes to eat and one thing they do not like to eat.

Beispiel

> Meine Schwester isst gern Käse, aber nicht gern Thunfisch.

1. Ich _____.

2. Meine Mutter und mein Vater _____.

3. Mein Bruder und ich _____.

4. Meine Freundin _____.

5. Mein Onkel _____.

Workbook

STRUKTUREN

4A.1 Adverbs

1 **Gegenteile** Match each adverb with its opposite.

1. oft _____   a. abends
2. hier _____   b. nie
3. morgens _____   c. morgen
4. heute _____   d. zusammen
5. immer _____   e. selten
6. allein _____   f. dort

2 **Was fehlt?** Choose the best adverb to complete each sentence.

allein	überall
drüben	wirklich
leider	zu Hause
täglich	zusammen

1. Ich kann _____ nicht vorbeikommen. Ich bin heute krank.

2. Brauchst du Hilfe? Nein, danke, ich kann das _____.

3. Ich habe viele Hausaufgaben. Ich bleibe heute Abend _____.

4. Sie kann _____ gut tanzen.

5. Ich trinke _____ nur eine Tasse Kaffee.

6. Wer ist das _____ im Fischgeschäft?

7. Heute um 12 Uhr essen wir _____ in der Mensa.

8. Den neuen Bestseller findet man _____.

3 **Wie oft?** Complete each statement with an adverb that has roughly the same meaning as the expression in parentheses.

Beispiel

Ich laufe *abends*. (jeden Abend)

1. Läufst du _____? (jeden Morgen)

2. Wir gehen _____ einkaufen. (jeden Tag)

3. Ich esse _____ Kuchen. (nicht oft)

4. Ihr geht _____ ins Theater. (jeden Samstag)

5. Hanna liest _____ Zeitung. (sehr oft)

6. Die Brötchen sind _____ groß. (relativ)

Name ______________________ Datum ______________________

4 Mein Lieblingsrestaurant

Mein Lieblingsrestaurant Complete Daniel's description of his favorite restaurant.

allein	selten	wirklich	woanders	zu Hause

Meistens esse ich (1) __________. Ich gehe nur (2) __________ ins Restaurant. Mein Lieblingsrestaurant ist ein (3) __________ gutes spanisches Restaurant. Ich mag eigentlich nur dort essen und fast nie (4) __________. Ich gehe nur mit Freunden dorthin. Ich esse nicht gern (5) __________.

5 Wie?

Wie? Describe each activity using an adverb.

Beispiel

Jan und Klara fahren zusammen Fahrrad.

Jan und Klara

1. Paula

2. Tom

3. Lara

1. ____
2. ____
3. ____

6 Mein Kalender

Mein Kalender Write down an activity for each day of the week, using appropriate adverbs. Choose from the list or supply your own activities.

Beispiel

Montag: Am Montag gehe ich bestimmt einkaufen.

eine Geburtstagstorte kaufen	Fußball spielen	mit Freunden Fahrrad fahren
einen guten Film sehen	Hausausfgaben machen	spazieren gehen
einkaufen gehen	im Restaurant essen	Thunfischsalat machen

Montag: ____

Dienstag: ____

Mittwoch: ____

Donnerstag: ____

Freitag: ____

Samstag: ____

Sonntag: ____

4A.2 The modal *mögen*

1 **Was essen Sie gern?** Complete each sentence with the correct form of **mögen**.

1. Ich _____ Thunfisch.

2. Meine Schwester Anna _____ Schnitzel mit Kartoffeln.

3. _____ ihr Schokolade?

4. Meine Eltern _____ Kaffee mit Schlag.

5. Hanna, _____ du Schinken?

6. Wir _____ Marmelade.

7. Herr Yilmaz, _____ Sie grüne Bohnen?

2 **In der Konditorei** Complete the conversation with the correct forms of **möchten**.

MICHAELA Was (1) _____ ihr bestellen?

JONAS Ich (2) _____ nur einen Kaffee. (3) _____ ihr etwas zum Essen?

MICHAELA Ich glaube, wir (4) _____ Apfelkuchen.

JONAS (5) _____ ihr auch Kaffee?

TOBIAS Ja, bitte. Und was (6) _____ du trinken, Michaela?

MICHAELA Ich (7) _____ ein Mineralwasser.

JONAS Und was (8) _____ wir heute Abend machen?

3 **Was mögen sie?** Use **mögen** to state what foods these people like.

Beispiel

Felix, Brot mit Thunfisch
Felix mag Brot mit Thunfisch.

1. meine Großeltern, Zwiebeln und Knoblauch: _____

2. meine Schwester, Garnelen: _____

3. wir, Joghurt mit Himbeeren: _____

4. ihr, Pasta mit Olivenöl: _____

5. du, grüne Bohnen: _____

6. ich, Eier: _____

7. Sie, Kartoffelsalat: _____

Workbook

4 **Was möchten wir machen?** Use forms of **möchten** to state what you and your friends would like to do this evening.

> **Beispiel**
>
> Simon / in die Konditorei gehen
> *Simon möchte in die Konditorei gehen.*

1. ich / in der Bibliothek lernen _____.

2. Jana / einen Film sehen _____.

3. Ben und ich / im Restaurant essen _____.

4. Sara und Max / zusammen kochen _____.

5. wir alle / in der Disko tanzen _____.

5 **Mögen Sie das?** Write whether or not you like each food item shown. Name a similar food that you do or don't like.

> **Beispiel**
>
> Ich mag Kekse. Ich mag Kuchen nicht.

1. _____

   _____

2. _____

   _____

3. _____

   _____

4. _____

   _____

4A.3 Separable and inseparable prefix verbs

1 **Verben** Indicate whether each verb has a separable or inseparable prefix.

	separable	inseparable			separable	inseparable
1. wiederholen	○	○		6. anrufen	○	○
2. mitbringen	○	○		7. verkaufen	○	○
3. einschlafen	○	○		8. ausgehen	○	○
4. bezahlen	○	○		9. mitkommen	○	○
5. überlegen	○	○		10. vorstellen	○	○

2 **Sätze schreiben** Write sentences with the elements provided. Pay attention to whether the prefix is separable or inseparable.

> **Beispiel**
>
> Nina / ihren Freund Moritz / besuchen
> Nina besucht ihren Freund Moritz.

1. ich / beim Bäcker / einkaufen

   _____

2. wir / Greta / heute Abend / anrufen

   _____

3. was / du / bestellen?

   _____

4. ich / morgen / zurückkommen

   _____

3 **Modalverben** Restate each sentence with the modal verb in parentheses.

> **Beispiel**
>
> Wir kaufen morgen ein. (müssen)
> Wir müssen morgen einkaufen.

1. Ich komme bald zurück. (sollen)

   _____

2. Greta schaut dem Kind zu. (möchten)

   _____

3. Ihr bestellt die Erdbeertorte. (sollen)

   _____

4. Ich rufe Anja morgen an. (wollen)

   _____

5. Wiederholen Sie den Satz? (können)

   _____

4 **Was machen sie?** Describe what the people are doing.

> **Beispiel**
>
> Herr und Frau Wolf gehen heute Abend aus.

seine Freundin anrufen	die Hausaufgaben erklären	Herr und Frau Wolf
früh aufstehen	Blumen mitbringen	
in der Konditorei einkaufen		

1. Emil

_____

_____

2. Tim

_____

_____

3. Julian

_____

_____

4. Paul

_____

_____

5. Mira

_____

_____

5 **Michaelas Party** Michaela's family is throwing her a birthday party. Write four sentences describing what each person does to prepare for the party. Use verbs with separable and inseparable prefixes in your statements.

> **Beispiel**
>
> Tante Maria und Onkel Peter bringen eine Erdbeertorte mit.

1. _____

2. _____

3. _____

4. _____

Workbook

Kapitel 4

KONTEXT

Lektion 4B

Workbook

1   **Auf dem Tisch** Label the six items indicated in this picture. Be sure to include definite articles.

1. _____
2. _____
3. _____
4. _____
5. _____
6. _____

2   **Was passt nicht?** Identify the item in each group that does not belong.

1. die Milch, der Saft, das Glas, der Tee

2. die Serviette, das Trinkgeld, die Tischdecke, das Besteck

3. das Abendessen, der Snack, das Mittagessen, die Kellnerin

4. das Messer, das Salz, der Pfeffer, der Zucker

5. der Teelöffel, die Gabel, der Esslöffel, der Teller

6. das Gericht, auf Diät sein, die Hauptspeise, der erste Gang

3   **Im Restaurant** Complete the dialogue between Annika and the waiter.

Vorspeise	einen Löffel	eine Serviette
ein Glas	Mineralwasser	einen Teller

KELLNER Guten Abend. Möchten Sie zuerst etwas zum Trinken?

ANNIKA Ja, bitte! Ich möchte (1) _____ Traubensaft und (2) _____.

KELLNER Sehr gut! Und was wollen Sie als (3) _____?

ANNIKA _____ (4) Tagessuppe.

KELLNER (*Bringt das Essen.*) Bitte sehr.

ANNIKA Herr Kellner, ich habe kein Besteck. Ich brauche (5) _____.

KELLNER Aber sicher! Sie brauchen auch (6) _____. Ich bringe beides sofort.

4   **Wie schmeckt's?** Use an adjective to describe how each food tastes.

Beispiel

Der Kuchen ist lecker.

fade	leicht	scharf	süß
lecker	salzig	schwer	

1.

2.

3.

4.

5.

1. _____

2. _____

3. _____

4. _____

5. _____

5   **Lieblingsgerichte** Write two foods that you like to eat at each meal.

Beispiel

Frühstück: Zum Frühstück mag ich Eier und Käse.

Frühstück: _____

Mittagessen: _____

Snack: _____

Abendessen: _____

STRUKTUREN

4B.1 The dative

1 **Was fehlt?** Fill in the blanks with the dative form of the definite articles.

1. Florian gibt _____ Professorin seine Hausaufgabe.

2. Maria hilft _____ Kind.

3. Sophia bestellt _____ Kindern das Essen.

4. Die Lehrerin zeigt _____ Schüler das Buch.

5. Nils dankt _____ Studentin.

2 **Pluralformen** Change the dative object in each sentence from the singular form to the plural.

> **Beispiel**
>
> Wir zeigen unserem alten Freund das neue Haus.
> Wir zeigen <u>unseren alten Freunden</u> das neue Haus.

1. Tim gibt dem armen Mann das Brot. Tim gibt _____ das Brot.

2. Ich bringe meiner neuen Lehrerin die Hausaufgaben. Ich bringe _____ die Hausaufgaben.

3. Wir helfen unserem netten Onkel. Wir helfen _____ .

4. Sie danken dem lieben Kind. Sie danken _____ .

5. Jasmin kauft ihrer kleinen Schwester ein Eis. Jasmin kauft _____ ein Eis.

3 **Possessivpronomen** Write complete sentences with the elements given.

> **Beispiel**
>
> was / anbieten / Sie / Ihre Familie zum Essen / ?
> <u>Was bieten Sie Ihrer Familie zum Essen an?</u>

1. ich / bringen / meine Mutter / Blumen

   _____

2. Sebastian / zeigen / sein Freund Ben / ein Fotoalbum

   _____

3. Lara und Mia / empfehlen / ihre Cousine / der neue Film

   _____

4. wir / danken / unser Großvater / für den Kuchen

   _____

5. Sarah / helfen / unsere Tante / im Garten

   _____

6. geben / ihr / eure Kinder / Bananen / ?

   _____

Workbook

Workbook

4 **Einkaufen** You and your family are buying gifts for your relatives. Write a sentence about what you buy for each of them.

> mein sportlicher Bruder
> Wir kaufen meinem sportlichen Bruder ein Fahrrad.

1. meine schöne Tante Jutta

2. meine intelligenten Großeltern

3. mein lieber Onkel Karl

4. meine kleine Cousine

1. _____

2. _____

3. _____

4. _____

5 **Was passt zusammen?** Use an element from each column to create six logical sentences.

A	B	C	D
du	bringen	die schöne Dame	für die Blumen
ich	danken	ihr Lehrer	ein Geschenk
wir	empfehlen	das kleine Mädchen	mit den Hausaufgaben
Heike und Jörg	geben	meine alte Mutter	die Rechnung
der Kellner	helfen	der Onkel und die Tante	der Saft
die Architektin	zeigen	deine jüngere Schwester	die Tagessuppe

1. _____

2. _____

3. _____

4. _____

5. _____

6. _____

4B.2 Prepositions with the dative

1 *Nach oder zu?* Mark the correct preposition.

1. Nächste Woche fahre ich (nach / zu) Frankreich.

2. Katrin geht jeden Mittwoch (nach / zu) ihrem Italienischunterricht.

3. Jörg geht morgens (nach / zu) der Bäckerei.

4. Gabriele muss schnell (nach / zu) Hause laufen. Ihre Tochter ist krank.

5. Sabine und Marion gehen jetzt (nach / zu) der Universität.

6. Hürrem wohnt bei den Eltern (nach / zu) Hause.

2 **Ergänzen Sie** Complete the sentences with the appropriate form of **der**, **die**, or **das**.

1. Niemand (*no one*) mag Auberginen außer _____ alten Mann.

2. Ich gehe mit _____ englischen Studentin ins Theater.

3. Nach _____ Arbeit schreibt Bernd einen Essay für das Kunstseminar.

4. Claudia versteht nichts von _____ Theorie.

5. Jens und Monika kommen aus _____ Supermarkt.

6. Der Hund spielt oft mit _____ Ball.

7. Kaufst du die Brötchen bei _____ Bäcker oder im Supermarkt?

8. Der Kellner kommt mit _____ Besteck.

3 **Was fehlt?** Complete each sentence with the most logical dative preposition.

aus	bei	nach	von
außer	mit	seit	zu

1. _____ dem chinesischen Restaurant ist nichts geöffnet.

2. Ich gehe _____ meiner kleinen Schwester _____ Hause.

3. Greta möchte _____ ihrer Tante in Kiel wohnen.

4. Christian bekommt ein neues Fahrrad _____ seiner großzügigen Oma.

5. Barbara wohnt schon _____ einem Jahr in Düsseldorf.

6. Die Kinder kommen heute früh _____ der Schule.

7. Wir fahren morgen _____ dem Auto nach Augsburg.

8. Wann gehst du _____ deinem Deutschkurs?

9. _____ zwei Wochen Ferien kommen die Eltern zurück.

10. Mias Vater kommt _____ den USA.

4 Alltagsleben Complete this account of Jana's daily routine with the dative prepositions **aus, außer, bei, mit, nach,** and **zu.**

Jana steht jeden Morgen um acht auf. Sie isst ein gutes Frühstück (1) _____ ihrem Bruder Niklas. Danach gehen sie zur Schule. (2) _____ der Schule macht Jana immer Hausaufgaben (3) _____ ihrer guten Freundin Sophie. Beide kommen (4) _____ Mannheim. Sie finden alle Fächer gut (5) _____ Geschichte. Geschichte finden sie langweilig. (6) _____ dem Schultag fährt Jana (7) _____ Hause und geht (8) _____ dem Hund spazieren.

5 Fragen über Fragen Answer the questions about yourself.

1. Seit wann lernen Sie Deutsch?
   _____

2. Welche Fächer haben Sie außer Deutsch?
   _____

3. Mit wem lernen Sie gern?
   _____

4. Wo wohnen Sie?
   _____

5. Aus welchem Land kommen Sie?
   _____

6. Möchten Sie nach Afrika reisen?
   _____

6 Ein kurzer Lebenslauf Write a six-sentence autobiography using prepositions that take the dative. Some suggestions: where your grandparents come from, where your parents come from, how long you've lived someplace, whom you study or eat lunch with, and so on.

1. _____
2. _____
3. _____
4. _____
5. _____
6. _____

Kapitel 5

Lektion 5A

KONTEXT

1   **Was ist richtig?** Choose the word that best completes each sentence.

1. Andrea gibt Hans einen _____ zum Geburtstag.
   a. Abschluss   b. Jahrestag   c. Kuss

2. Der _____ gibt eine Party.
   a. Gast   b. Gastgeber   c. Architekt

3. Die Gäste _____ bis spät in die Nacht.
   a. feiern   b. bekommen   c. schenken

4. Ritas _____ ist ein Rucksack.
   a. Ballon   b. Geschenk   c. Freundschaft

5. Die _____ sind seit vier Stunden verheiratet.
   a. Gastgeber   b. Gäste   c. Frischvermählten

6. Die Familie _____ viele Gäste zum Silvesterabend _____.
   a. stößt ... an   b. lädt ... ein   c. kauft ... ein

2   **Assoziationen** Match each description with the corresponding event.

Beschreibung

1. _____ Das Baby ist eine Stunde alt.

2. _____ Die Großeltern sind 45 Jahre verheiratet.

3. _____ Nach 40 Jahren arbeitet Frau Schwarz nicht mehr (*no longer*).

4. _____ Mia bekommt Ballons und ein Geschenk.

5. _____ Um Mitternacht gibt Matthias seiner Frau einen Kuss.

6. _____ Die Familie feiert am 25. und 26. Dezember.

Anlass

a. der Geburtstag

b. Weihnachten

c. Silvester

d. der Jahrestag

e. in Rente gehen

f. die Geburt

3   **Wir feiern** Complete each sentence with a word from the list.

bekommen	in Rente gehen
einladen	den Abschluss machen
keinen Spaß haben	überraschen

1. Der Gastgeber _____ seine Freunde _____.

2. „Die Party _____ mich sehr", sagt Hanna an ihrem Geburtstag.

3. Opa ist jetzt 65 und er _____.

4. Onkel Philip _____ an der Party _____. Er ist müde und will schlafen.

5. Johanna _____ an der Universität Mainz _____.

6. Der junge Mann _____ viele Geschenke zum Geburtstag.

Workbook

4 **Fragen** Answer the questions about yourself using complete sentences.

1. Wann haben Sie Geburtstag?
_____

2. Feiern Sie am 24. oder 25. Dezember Weihnachten?
_____

3. An welchem Tag feiern Ihre Eltern den Jahrestag ihrer Hochzeit?
_____

4. Wer gibt am Wochenende eine Party?
_____

5. Wie feiern Sie Silvester?
_____

6. Mögen Sie Kuchen und Torten?
_____

5 **Beschreiben Sie** Describe the pictures using complete sentences. Be creative.

1.   2.   3.   4.

1. _____
_____
_____

2. _____
_____
_____

3. _____
_____
_____

4. _____
_____

STRUKTUREN

5A.1 The *Perfekt* (Part 1)

1 **Infinitiv** Write the infinitive form of each past participle.

1. Wir haben Vater mit einem schönen Geschenk überrascht. _____

2. Haben Sie die Professorin eingeladen, Frau Neumann? _____

3. Ich habe viel Torte gegessen. _____

4. Ihr habt Apfelsaft getrunken. _____

5. Schön! Du hast dem Baby drei Ballons gebracht. _____

6. Es hat leider am Silvesterabend geregnet. _____

2 **Was fehlt?** Complete the sentences with the **Perfekt** forms of the verbs provided.

1. Ich _____ die Sängerin gern _____. (hören)

2. Du _____ der Gastgeberin _____. (helfen)

3. Wir _____ unseren Freunden eine Karte _____. (schreiben)

4. Anna _____ an Fabians Kuss _____. (denken)

5. Ihr _____ Alex mit Ballons und Geschenken _____. (gratulieren)

6. Lukas und Katharina _____ ein neues Haus _____. (finden)

3 **Bilden Sie Sätze** Create six logical sentences in the **Perfekt** with one element from each column.

A	B	C
du	seinen Hund Simon	arbeiten
Herr Müller	mit deiner Cousine	lernen
ich	an meinem Geburtstag	nennen
ihr	unsere Freunde in der Stadt	öffnen
Lina und Tim	die Hochzeitskarte	sprechen
wir	für die Deutschprüfung	treffen

1. _____
2. _____
3. _____
4. _____
5. _____
6. _____

Workbook

4 **Eine E-Mail** Complete the email with the correct **Perfekt** forms of the words in the list.

essen	haben	schlafen
feiern	öffnen	schreiben
geben	schenken	tanzen

Von: lina.martin@deutsche-mail.de
An: margretchen@brdpost.de
Datum: 8. September

Liebe Margret,

hallo, wie geht's? Du (1) _____ mir so eine nette Geburtstagskarte _____!
Vielen Dank!! Ich (2) _____ sie an meinem Geburtstag _____. Meine
Freunde (3) _____ eine Party für mich _____. Wir (4) _____ bei
Christian _____. Wir (5) _____ zu guter Musik _____.
Später (6) _____ wir einen leckeren Kuchen _____. Wir
(7) _____ viel Spaß _____. Am nächsten Morgen (8) _____ ich
lange _____. Eine schöne Party.

Bis bald!

Lina

P.S. Meine Tante (9) _____ mir ein Essen in einem feinen Restaurant _____.

5 **Beschreiben Sie** Write a sentence in the **Perfekt** for each picture using the words provided.

> **Beispiel**
>
> kein Glück in der Liebe haben
> Klara
> *Klara hat kein Glück in der Liebe gehabt.*

Klara

ein Geschenk bringen	ihre Hochzeit feiern
einen Literaturabschluss machen	Kuchen und Torten kaufen

1. Ben, Emma   2. Julius   3. die Frischvermählten   4. Anna

1. _____

2. _____

3. _____

4. _____

5A.2 Accusative pronouns

1 **Verbinden Sie** Match each question with a likely response.

1. _____ Hast du Jutta zur Hochzeit eingeladen?
2. _____ Wo soll ich das Fleisch kaufen?
3. _____ Wohin müssen die Freunde die Karten schicken?
4. _____ Ist die Party für mich?
5. _____ Wer ruft den Gastgeber an?
6. _____ Geht Ali ohne uns auf die Party?

a. Sie müssen sie nach Düsseldorf schicken.
b. Viele Gäste rufen ihn an.
c. Ja, er geht ohne euch.
d. Ja, ich habe sie eingeladen.
e. Ja, sie ist für dich.
f. Du sollst es bei Schröder kaufen.

2 **Eine Einladung** Complete the conversation with the pronouns in the list. You may use some words more than once.

dich   euch   mich
es   ihn   sie

MATTHIAS Wie heißt du? Ich kenne (1) _____.

ANITA Ich heiße Anita. Du kennst _____?

MATTHIAS Ja. Ich heiße Matthias. Ich habe (3) _____ und meinen Freund Holger in der Bibliothek getroffen. Ich kenne (4) _____ von der Filmvorlesung.

ANITA Ja, wir haben eine Prüfung gehabt. (5) _____ war (*was*) am Mittwoch und wir haben am Dienstag in der Bibliothek Mathe gelernt.

MATTHIAS Holger hat von der Dozentin gesprochen. Er findet (6) _____ sehr gut.

ANITA Er hat recht. Ohne (7) _____ ist Mathematik langweilig.

MATTHIAS Dann habe ich (8) _____ auch in der Mensa gesehen.

ANITA Wirklich? Ich finde das Essen da nicht so gut. Wie findest du (9) _____?

MATTHIAS Nicht sehr gut. Wo isst du gern?

ANITA Zu Hause. Ich gehe auch mit Freunden zum Italiener. Isst du auch gern da?

MATTHIAS Ja, sehr gern.

ANITA Gut. Das nächste Mal (*next time*) rufe ich (10) _____ an.

3 **Minidialoge** Restate the second line of each dialogue with an accusative pronoun.

1. —Wen siehst du da?
   —Ich sehe meinen Freund!
   —Ich sehe _____!

2. —Was sucht sie?
   —Sie sucht ihr Buch über Deutschland.
   —Sie sucht _____.

3. —Wen ladet ihr ein?
   —Wir laden unsere große Familie ein.
   —Wir laden _____ ein.

4. —Wen fragt sie?
   —Sie fragt mich und meine sieben Geschwister.
   —Sie fragt _____.

5. —Für wen kaufen die Kinder Geschenke?
   —Die Kinder kaufen Geschenke für mich und meine Frau.
   —Sie kaufen sie für _____.

6. —Wen brauchst du, mein Kind?
   —Ich brauche meine Mutti! Ich brauche
   _____, Mutti!

Workbook

4 **Aussagen** Make a statement about each object and substitute a pronoun for the object.

> ohne den Rucksack / meine Bücher nicht tragen
> *Ohne ihn kann ich meine Bücher nicht tragen.*

1. das Eis / bestellen

2. das Mineralwasser / kalt trinken

3. die Birnen / auf dem Markt kaufen

4. ohne den Kuli / nicht schreiben

5. ohne das Fahrrad / nicht zur Schule fahren

6. die Tomate / nicht ohne Salz essen

1. _____
2. _____
3. _____
4. _____
5. _____
6. _____

5 **Die Großmutter** Your grandmother is talking about her life. Ask follow-up questions for her statements. Use pronouns for the direct objects.

Beispiel

> 1955 habe ich Konrad Adenauer kennen gelernt.
> *Wo hast du ihn kennen gelernt?*

1. 1960 habe ich die Beatles gehört.

   _____

2. 1965 habe ich Marlene Dietrich gesehen.

   _____

3. 1970 habe ich die ersten Artischocken gegessen.

   _____

4. 1985 habe ich „Kassandra" von Christa Wolf gelesen.

   _____

5. 1990 habe ich ein Buch geschrieben.

   _____

5A.3 Dative pronouns

1   **Dativpronomen erkennen** Identify the dative pronoun in each sentence.

1. Die Gäste geben ihm ein Geschenk. _____
2. Ich gratuliere euch zur Hochzeit. _____
3. Sie bringen ihr die Hausaufgaben. _____
4. Der Gastgeber dankt ihnen. _____
5. Kann ich Ihnen helfen, Herr Neumann? _____
6. Mir gefällt der Film nicht. _____
7. Der kleine Hund folgt dir in den Garten. _____
8. Mutti, kaufst du uns bitte einen neuen Ball? _____

2   **Dativpronomen** Substitute a dative pronoun for each word in parentheses.

1. Wir öffnen _____ die Tür. (dem Hund)
2. Der kleine Willi gibt _____ einen Kuss. (seiner Mutter)
3. Die Gastgeberin gibt _____ Ballons. (den Gästen)
4. Wie gefällt _____ diese Hochzeitsfeier? (Mia und Maria)
5. Papa muss _____ ein Schulbuch kaufen. (meinem kleinen Bruder)
6. Warum antwortet er _____ nicht? (du)
7. Was macht Hanna mit _____? (den Geschenken)
8. Die kleine Katze will _____ in das Feinkostgeschäft folgen. (Frau Wagner)

3   **Nominativ, Akkusativ, Dativ** Answer the questions with pronouns wherever possible.

> **Beispiel**
> Schmeckt der Fisch dem Vater?
> Ja, *er schmeckt ihm.*

1. Gibt Julia ihrem Bruder den Keks?

   _____

2. Schreiben wir unserer Tante?

   _____

3. Gratulieren Sie den Frischvermählten?

   _____

4. Korrigiert die Professorin dir die Prüfung?

   _____

5. Hat die Köchin uns Meeresfrüchte gekocht?

4 **Bilder beschreiben** Write a short description of each picture. Replace the word in parentheses with a dative pronoun.

> **Beispiel**
> ich / zeigen / (meinen Eltern) / die schlechten Noten
> *Ich zeige ihnen die schlechten Noten.*

1. Paula / geben / (dem Verkäufer) / das Geld

   _____

2. der Verkäufer / danken / (Paula)

   _____

3. Jasmin / zeigen / (ihren Freunden) / das Fotoalbum

   _____

4. (dem Professor) / gefallen / das Buch

   _____

5 **Schreiben Sie** Answer the questions using dative pronouns.

> **Beispiel**
> Gehst du mit deiner Freundin ins Café, Lukas?
> *Ja, ich gehe mit ihr ins Café.*

1. Gefällt euch das neue Restaurant, Fabian und Erik?

   _____

2. Bringt dir dein Freund das Geschenk, Lara?

   _____

3. Wohnen Ihre Kinder bei Ihnen, Herr Atatürk?

   _____

4. Glaubst du uns, Alexander?

   _____

5. Kauft ihr mir ein neues Fahrrad, Vati und Mutti?

   _____

6. Kann ich dir helfen, Philip?

   _____

Kapitel 5

Lektion 5B

KONTEXT

1 **Was passt nicht?** Indicate the item in each group that doesn't belong.

1. die Baumwolle, das Leder, der Tisch
2. die Socke, die Brille, die Unterwäsche
3. einfarbig, gestreift, fleißig
4. das Papier, der Handschuh, der Mantel
5. braun, blau, kurzärmlig
6. die Seide, das Sweatshirt, die Jeans

2 **Welche Farbe?** State the color commonly associated with each item.

1. Pfeffer ist _____.
2. Papier ist _____.
3. Schokolade ist _____.
4. Das Gras ist _____.
5. Der Ozean ist _____.
6. Der Apfel ist _____.
7. Die Banane ist _____.

3 **Was trägt sie?** Join the sentences to describe what Johanna wears for each activity.

 1. 2.  3.  4.

1. Zum Laufen trägt Johanna _____
2. Zur Arbeit trägt sie _____
3. Im Café trägt sie _____
4. Zum Tanzen trägt sie _____

a. ein Kleid aus Seide und braune Schuhe.
b. eine Hose, eine Bluse und schwarze Stiefel.
c. Jeans und ein T-Shirt.
d. ein Trägerhemd und eine kurze Hose.

4 Was tragen Sie? In complete sentences, describe what you might wear on each occasion.

Beispiel

bei der Arbeit:
Ich trage einen Pullover und einen Rock.

1. zur Universität: _____

_____

2. am Strand: _____

_____

3. zum Wandern in den Alpen: _____

_____

4. zur Party: _____

_____

5. zum Fußballspiel: _____

_____

6. zum Konzert: _____

_____

5 Einkaufen Read Alexandra's description of her taste in clothing. Then choose four articles of clothing for her to buy, and explain your choices.

Hallo, ich bin Alexandra. Ich gehe nicht gern an den Strand, aber ich mag den Winter. Ich trage gern elegante Kleidung, besonders gern mag ich Jeans. Ich bezahle nicht gern mehr als €100 für ein Kleidungsstück. Ich mag alle Farben außer Schwarz, Lila und Rosa.

	Farben im Angebot
Handschuhe und Schal €10,50	blau, braun, gelb, grau, grün, lila, orange, rosa, rot, schwarz, weiß
Lederjacke €95,99	
Halskette €220,00	
Skistiefel €65,00	
Jeans €59,99	
Hemd €45,50	
T-Shirt €19,99	

_____

_____

_____

_____

_____

_____

Workbook

STRUKTUREN

5B.1 The *Perfekt* (Part 2)

1   *Haben* oder *sein*? Indicate which verbs take **haben** and which take **sein** in the **Perfekt**.

	haben	sein
1. bleiben	○	○
2. tragen	○	○
3. fahren	○	○
4. essen	○	○
5. fallen	○	○
6. lernen	○	○
7. schreiben	○	○
8. gehen	○	○
9. kommen	○	○
10. feiern	○	○

2   **Was fehlt?** Complete each sentence with the correct form of the **haben** or **sein**.

1. Emma _____ nach der Party nach Hause gegangen.

2. _____ du heute schon deine Hausaufgaben gemacht?

3. Der schwarze Anzug _____ nicht viel gekostet.

4. _____ ihr im Sommer viel gereist?

5. Mein Bruder _____ mir grüne Handschuhe geschenkt.

6. _____ du ohne Brille ins Kino gegangen?

7. Julian _____ gestern eine kleine Katze bekommen.

8. Nein! Ich _____ das gestreifte Kleid nicht gekauft.

3   **Eine Postkarte** Complete Simon's postcard with the correct forms of the **Partizip**.

Lieber Philip!

Meine Schwester und ich sind für zwei Wochen nach Berlin (1) _____ (reisen). Die Zeit hier ist toll (2) _____ (sein). Letzte Woche haben wir ein Museum (3) _____ (besuchen). Wir sind lange dort (4) _____ (bleiben). Besonders schön habe ich die ägyptischen Statuen (5) _____ (finden). Die Stadt ist sehr schön und interessant (6) _____ (werden). Abends sind wir natürlich in einen großartigen Club (7) _____ (gehen). Wir haben hier in Berlin viel Spaß (8) _____ (haben).

Bis bald!

Dein Simon

4 **Eine Antwort** Complete Philip's answer to Simon with the correct forms of **haben** and **sein** and the correct **Partizip**.

Lieber Simon!

Gestern (1) _____ ich deine Karte aus Berlin _____ (lesen).
Vielen Dank dafür! Ich hoffe, du (2) _____ viel Spaß _____
(haben). Wie (3) _____ ihr denn nach Berlin _____ (fahren)?
Mit dem Auto? Und wo (4) _____ ihr _____ (schlafen)? Im
Hotel? Bei Freunden? (5) _____ ihr viel _____ (sehen)?

Bis nächste Woche!

Dein Philip

5 **Alles schon passiert** Rewrite these sentences in the **Perfekt**.

> **Beispiel**
> Meine Freundin adoptiert zwei Katzen.
> **Meine Freundin hat zwei Katzen adoptiert.**

1. Der Baum wächst schnell.

_____

2. Ihr reist zusammen nach Berlin.

_____

3. David reitet oft am Wochenende.

_____

4. Lina schläft den ganzen Nachmittag.

_____

5. Du lernst in der Bibliothek, nicht?

_____

6. Ich kaufe die tollen Schuhe.

_____

6 **Letztes Jahr** Write four sentences describing something you did last year. Your sentences should include verbs that take **sein** and verbs that take **haben**.

1. _____
2. _____
3. _____
4. _____

Workbook

5B.2 *Wissen* and *kennen*

1 ***Wissen* oder *kennen*?** Indicate for each sentence whether **wissen** or **kennen** is appropriate.

1. (Weißt / Kennst) du die Uhrzeit?

2. (Weißt / Kennst) du meine Schwester?

3. Ich (weiß / kenne) Berlin ganz gut.

4. Wir (wissen / kennen) nicht, wie er heißt.

5. Aber er (weiß / kennt) meine Probleme sehr genau.

6. Ich habe im Wörterbuch die Antwort gefunden. Jetzt (weiß / kenne) ich es!

2 **Welches Verb?** Decide whether each context requires **wissen** or **kennen**, and complete the sentence with the correct form of the verb.

1. Ich _____ seinen Namen nicht.

2. Fabian _____ unser Land gut.

3. Michael _____ die Antwort nicht.

4. Yusuf _____ Sara schon seit drei Jahren.

5. Wir _____ die Telefonnummer nicht.

6. _____ du den Gastgeber?

7. _____ ihr die Musik von Beethoven?

8. _____ du schon das neue Videospiel?

3 **Informationen finden** State whether the facts, people, and places belong with **kennen** or **wissen**.

die Adresse von Dilara	Maries Eltern
das Anne Frank Haus in Amsterdam	viel über Mode
ihren Familiennamen nicht	ein gutes chinesisches Restaurant
deine Freundin nicht	die Uhrzeit
die Antwort	Wien gut

Ich kenne...

1. _____

2. _____

3. _____

4. _____

5. _____

Ich weiß...

1. _____

2. _____

3. _____

4. _____

5. _____

Workbook

4   **Was passt zusammen?** Describe what these people know or don't know in complete sentences using **kennen** or **wissen** and the phrases provided. Follow the example.

> **Beispiel**
> viel über Schach
> Pauls Opa
> *Pauls Opa weiß viel über Schach.*

die Stadt nicht gut   viele gute Rezepte.
viel über deutsche Rockmusik   eine gute Eisdiele

1. Moritz   2. Maria und Lena   3. Stefan   4. Hanna und Dana

1. _____

2. _____

3. _____

4. _____

5   **Gespräche** Complete each conversation with the appropriate present-tense forms of **wissen** or **kennen**.

KLARA   Hallo Jana, wie geht es dir?

JANA   Hallo Klara! Gut, und wie geht's dir so?

KLARA   Danke, auch gut. Sag mal, (1) _____ du einen guten Friseur?

JANA   Ja, ich (2) _____ einen sehr guten Friseur.

KLARA   (3) _____ du auch die Adresse?

JANA   Ja klar, (4) _____ ich sie: Gutenbergstraße 8.

MAX   Hallo Sara, na wie geht's dir heute?

SARA   Hi Max! Ganz gut, und dir?

MAX   Danke, es geht mir gut. (5) _____ du die neue Studentin Megan?

SARA   Ja, ich (6) _____ sie. Warum fragst du?

MAX   Ich soll sie anrufen. (7) _____ du ihre Telefonnummer?

SARA   Leider (8) _____ ich sie nicht. (9) _____ du ihren Freund Jeffrey? Er (10) _____ die Nummer bestimmt.

MAX   Ja, er ist in meinem Englischseminar. Ich frage ihn.

Workbook

5B.3 Two-way prepositions

1 **Was ist richtig?** Choose the correct articles and/or pronouns.

1. Wir wohnen über (einer / eine) Schule.
2. Der warme Mantel hängt an (die / der) Tür.
3. Ich lege das gestreifte Kleid auf (den / dem) Stuhl.
4. Unter (den / dem) Tisch liegt meine Katze.
5. Die Verkäuferin hängt das blaue Kleid zwischen (die / den) Mäntel und die Blusen.
6. Philip trägt immer ein T-Shirt über (sein / seinem) Pullover.
7. Hanna schläft immer mit (ihr / ihrem) Hund.
8. Frau Yilmaz braucht einen Hut und geht in (ein / einem) Geschäft.
9. Die schwarze Katze sitzt gern auf (meine / meiner) weißen Jacke.
10. Bist du am Sonntag in (ein / einem) Konzert gegangen?

2 **Was passt?** Complete each sentence with the correct form of the appropriate verb from the list.

> hängen   liegen   sitzen   stellen
> legen   setzen   stehen

Lara (1) _____ die Vase auf den Tisch. Die Vase (2) _____ auf dem Tisch.

Er (3) _____ den Mantel in den Schrank. Der Mantel (4) _____ im Schrank.

Moritz (5) _____ die Katze auf die Couch. Die Katze (6) _____ auf der Couch.

Du (7) _____ den Rock auf den Stuhl. Der Rock (8) _____ auf dem Stuhl.

3 **Kurz gesagt** Replace the two-way prepositions and definite articles with common contractions.

1. Jasmin und Niklas waren gestern _____ (in dem) Konzert. Sie sind mit Freunden _____ (in das) Konzert gegangen.
2. Meine Mutter stellt die Tasche _____ (an das) Regal. Die Tasche steht _____ (an dem) Regal.
3. Paula legt die Wurst _____ (auf das) Brötchen.
4. _____ (An dem) Sonntag gehen wir _____ (in das) Hardrock-Café.
5. _____ (In dem) Sommer gehen viele Leute gern schwimmen.

4 **Mein neues Zimmer** Choose the logical prepositions to complete Ben's description of his room.

(1) _____ (An / In / Zwischen) meinem neuen Zimmer gibt es viel Platz. Meine Gitarre stelle ich

gleich (2) _____ (an / auf / über) die Wand. (3) _____ (Vor / Zwischen / In) das Fenster stelle

ich mein neues Fahrrad. (4) _____ (Auf / Unter / Neben) das Fahrrad stelle ich einen Stuhl.

(5) _____ (In / Vor / Auf) dem Stuhl ist schon ein Papierkorb. Meine große Vase steht (6) _____

(zwischen / über / in) Stuhl und Papierkorb. Der Schreibtisch steht auch (7) _____ (am / im / vor)

Zimmer. (8) _____ (Zwischen / Über / Unter) dem Schreibtisch schläft die Katze. (9) _____

(In / Über / Unter) dem Schreibtisch hängt eine blaue Lampe. Ein Foto von meiner Freundin steht immer

(10) _____ (hinter / auf / unter) dem Schreibtisch. Das Bett steht (11) _____ (neben / in / auf)

der Tür. (12) _____ (Zwischen / Auf / Über) dem Bett liegt mein Buch.

5 **Was fehlt?** Provide the definite articles in the accusative or dative.

1. Die Band spielt heute Abend in _____ Konzert.

2. Wir gehen morgen in _____ Konditorei.

3. Sie suchen Herrn Hartmann? Er sitzt dort drüben auf _____ Stuhl zwischen

   _____ Professoren.

4. Alexandra und Greta warten schon lange in _____ Restaurant.

5. Frau Peters fährt das Auto vor _____ Schule. Ihre Kinder warten schon in

   _____ Sporthalle.

6. Die Schüler legen das Geld auf _____ Schreibtisch.

7. Ich habe die Eier neben _____ Kartoffeln gelegt.

8. Er hat das Buch auf _____ Tisch gelegt. Es liegt jetzt auf _____

   Tisch neben _____ Vase.

6 **Wo machen wir was?** Answer with complete sentences.

1. Wohin können wir Pizza essen gehen?
   _____

2. Wo wandern Sie gern?
   _____

3. Wohin gehen die Studenten zum Mittagessen?
   _____

4. Wo kann ich einen heißen Kaffee kaufen?
   _____

5. Wohin sollen die Gäste ihre Autos stellen?
   _____

6. Wo lernen Sie Fremdsprachen?

Workbook

Kapitel 6

Lektion 6A

KONTEXT

1 **Möbel oder Zimmer?** Sort the words into categories.

das Arbeitszimmer	der Dachboden	der Keller	das Schlafzimmer
das Badezimmer	der Esstisch	die Kommode	der Schreibtisch
das Bett	das Esszimmer	die Küche	der Sessel
das Bild	der Flur	die Lampe	das Sofa
das Bücherregal	die Garage	der Nachttisch	das Wohnzimmer

Möbel	Zimmer

2 **Was passt?** Match the words in the left column with the description of what happens there.

1. _____ die Küche
2. _____ das Badezimmer
3. _____ das Schlafzimmer
4. _____ die Garage
5. _____ das Wohnzimmer
6. _____ das Esszimmer
7. _____ das Arbeitszimmer

a. Da schlafe ich.
b. Dort macht Opa das Abendessen.
c. Dort parke ich das Auto.
d. Hier arbeite ich am Computer.
e. Hier gehe ich in die Badewanne.
f. Hier ist unser Fernseher.
g. Wir essen hier zusammen.

3 **Was ist das?** Choose the word that best describes the picture.

| die Badewanne | das Bücherregal | die Kommode | der Schreibtisch | der Teppich |
| das Bett | der Esstisch | die Lampe | das Sofa | der Vorhang |

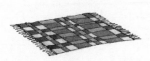

1. _____ 2. _____ 3. _____ 4. _____

5. _____ 6. _____ 7. _____ 8. _____

Workbook

4 **Das Haus** Name the objects in the picture below.

1. _____

2. _____

3. _____

4. _____

5. _____

6. _____

7. _____

8. _____

9. _____

5 **Schreiben** Name five things you have in your room and five things you don't.

> **Beispiel**
>
> In meinem Zimmer habe ich ein Bett, einen Tisch, eine Lampe,...
> In meinem Zimmer habe ich keinen Esstisch, keine Badewanne,...

_____

_____

_____

_____

_____

_____

Name _____   Datum _____

STRUKTUREN

6A.1 The *Präteritum*

1 Präsens oder Präteritum? Choose the correct tense.

	Präsens	Präteritum
1. Wir waren zusammen in Berlin.	○	○
2. Tante Maria schenkte mir Blumen zum Geburtstag.	○	○
3. Sie warten auf unseren Professor.	○	○
4. Er geht zum Fußballspiel.	○	○
5. Klara mochte das neue Kleid.	○	○
6. Großvater kochte uns ein leckeres Abendessen.	○	○
7. Ich fahre am Dienstag nach Mainz.	○	○
8. Hattest du am Montag frei?	○	○

2 Was fehlt? Fill in the missing verb forms in the **Präteritum**.

	1. lachen	2. kaufen	3. sehen	4. bringen	5. mieten	6. bleiben
ich				brachte		
du		kauftest				
er/sie/es						blieb
wir	lachten					
ihr					mietetet	
Sie/sie			sahen			

3 Bilden Sie Sätze Write sentences in the **Präteritum**.

> **Beispiel**
> ich / sein / in der Küche
> **Ich war in der Küche.**

1. Anna / kennen / meinen Onkel / sehr gut

_____

2. die Vorhänge / kosten / zu viel

_____

3. Jan / sitzen / auf dem Sofa

_____

4. ihr / wollen / nach Hause

_____

5. du / machen / deine Hausaufgaben / zu spät

_____

6. die Familie / reisen / nach Paris

_____

Workbook

4 **Was ist passiert?** Rewrite the sentences using the **Präteritum**.

> **Beispiel**
> Anna geht die Treppe hinauf.
> *Anna ging die Treppe hinauf.*

1. Tim sieht Sara vor dem Haus.

   _____

2. Wir können den großen Schrank nicht ins Zimmer stellen.

   _____

3. Du spielst mit den Katzen von Familie Heuser.

   _____

4. Die neue Wohnung gefällt mir sehr.

   _____

5. Ich studiere Deutsch.

   _____

6. Die Teller fallen auf den Boden.

   _____

5 **Bilder beschreiben** Describe the activities using the **Präteritum**.

> **Beispiel**
> das Kind / fahren / mit dem Fahrrad
> *Das Kind fuhr mit dem Fahrrad.*

1. die Frau / laufen / früh am Morgen

2. Frau Zimmermann / lesen / ein Buch

3. sie / tanzen / zusammen in der Disko

4. die Bäckerin / backen / Pizza

5. Tobias / trinken / Wasser aus der Flasche

1. _____
2. _____
3. _____
4. _____
5. _____

Workbook

6A.2 *Da-, wo-, hin-,* and *her-*compounds

1   **Was passt?** Choose the appropriate compound to complete the sentence.

1. (Woher / Daher) kommst du?
2. Was steht vor dem Fenster? Das Bücherregal steht (davor / wovor).
3. Die Kinder sind sehr ruhig. (Damit / Womit) spielen sie?
4. Der Hund ist im Garten, aber Max lässt ihn (herein / heraus).
5. Opa kommt die Treppe vom ersten Stock ins Erdgeschoss (herauf / herunter).
6. (Wohin / Woher) gehen wir am Wochenende, nach Zürich?

2   **Fragen** Use **wo**-compounds to write questions about the underlined part of each sentence.

> **Beispiel**
> Die Vase steht *dort auf dem Tisch.*
> *Wo steht die Vase?*

    ~~wo~~   wofür   wohin   womit   woraus   worüber

1. Tobias geht <u>in den Keller.</u>

    _____

2. Opa Peter spricht mit seiner Enkeltochter <u>über das Wetter.</u>

    _____

3. Mutter hat einen Nachtisch <u>aus Schokolade</u> gemacht.

    _____

4. Greta braucht ein neues Kleid <u>für den Strand.</u>

    _____

5. Am Wochenende muss Lisa <u>mit dem Bus</u> fahren.

    _____

3   **Antworten** Answer each question with a **da**-compound or a prepositional phrase.

> **Beispiel**
> Sitzt der Vater auf dem Sofa?
> *Ja, der Vater sitzt darauf.*

1. Schreibt der Junge am Computer?

    _____

2. Sitzt das Mädchen neben ihrem Vater?

    _____

3. Liegen die Fotos unter dem Tisch?

    _____

4. Liegen die Fotos auf dem Tisch?

    _____

5. Spricht der Junge mit seiner Schwester?

    _____

Workbook

4 **Fragen und Antworten** Match the questions on the left with the answers on the right.

1. Worüber spricht die Lehrerin?
2. Woher kommt Emma?
3. Wohin geht ihr jetzt?
4. Kommt David herunter?
5. Wofür dankt die Frau ihrem Mann?

a. _____ Nein, er geht hinauf.
b. _____ Sie spricht über die Schweiz.
c. _____ Sie dankt ihm für die Geburtstagskarte.
d. _____ Wir gehen jetzt in den Park.
e. _____ Sie kommt aus England.

5 **Der Detektiv** Complete this dialogue between a detective and a witness. Not all words will be used.

dafür	damit	davor
dagegen	danach	wohin
dahin	darüber	womit

DETEKTIV Wo waren Sie am Freitagabend, Frau Meyer?
FRAU MEYER Am Freitagnachmittag bin ich ins Konzert gegangen.
DETEKTIV (1) _____ sind Sie vor dem Konzert gegangen?
FRAU MEYER Vor dem Konzert? (2) _____ war ich im Restaurant.
DETEKTIV Und (3) _____? Was haben sie nach dem Konzert gemacht?
FRAU MEYER Ich bin nach Hause gefahren.
DETEKTIV Sind Sie sicher? Sie sind nicht in die Kneipe gegangen?
FRAU MEYER Ganz sicher nicht! Ich gehe nicht (4) _____.
DETEKTIV (5) _____ sind Sie nach Hause gefahren? Mit dem Auto?
FRAU MEYER Nein, (6) _____ bin ich nicht gefahren. Ich bin mit dem Fahrrad gefahren.
DETEKTIV Ihre Antworten haben mir sehr geholfen. Ich danke Ihnen (7) _____.

6 **Ein Interview** Choose a famous person, write five questions to ask that person, and create responses.

Beispiel
Frage: Frau J.K. Rowling, woher kommen Sie?
Antwort: Ich komme aus Gloucestershire in England.

1. Frage: _____
   Antwort: _____
2. Frage: _____
   Antwort: _____
3. Frage: _____
   Antwort: _____
4. Frage: _____
   Antwort: _____
5. Frage: _____
   Antwort: _____

6A.3 Coordinating conjunctions

1   **Was passt?** Select the most logical coordinating conjunction.

1. Auf dem Balkon las ich ein Buch, (aber / denn) dort war es schön und warm.

2. Anna ist meine Nachbarin (und / oder) eine gute Freundin.

3. Die Wohnung gefällt uns, (sondern / aber) sie ist sehr klein.

4. Sie können Kaffee (und / oder) Tee zum Frühstück trinken.

5. Ich brachte einen Regenschirm mit, (und / denn) es hat stark geregnet.

6. Am Sonntag sind wir nicht spazieren gegangen, (sondern / aber) ans Meer gefahren.

7. Sie wollte das Stück Kuchen nicht nehmen, (sondern / denn) sie ist auf Diät.

2   **Was fehlt?** Choose the appropriate coordinating conjunction from the list.

> aber   denn   oder   sondern   und

1. Sie kaufte keinen Sessel, _____ einen Tisch für ihr Wohnzimmer.

2. Wir wollen heute Abend auf die Party gehen, _____ morgen müssen wir früh aufstehen.

3. Am Tag studiert er an der Universität _____ am Abend arbeitet er im Lebensmittelgeschäft.

4. Er ist müde und geht früh ins Bett, _____ er hat seit dem frühen Morgen gearbeitet.

5. Wir können die Kommode in dein Zimmer _____ in mein Zimmer stellen.

3   **Ergänzen Sie** Complete each sentence with a logical conjunction and a statement from the list.

> Die Großeltern kommen zu Besuch.   Es will mit den anderen Kindern im Garten spielen.
> Er will meinen Geburtstag feiern.   ~~Übermorgen ist Wochenende.~~
> Es ist schon dunkel.   Wir können Tennis spielen.

Beispiel

Heute ist Donnerstag *und übermorgen ist Wochenende.*

1. Es ist erst 18 Uhr, _____.

2. Nächste Woche ist Weihnachten, _____.

3. Das Kind will nicht hineinkommen, _____.

4. Max kommt mit mir ins Restaurant, _____.

5. Wir können einkaufen gehen, _____.

    Kapitel 6 Workbook Activities   **83**

Workbook

Workbook

4 **Im Wohnzimmer** Use the image to complete the sentences with logical coordinating conjunctions: **aber, denn, oder, sondern, und.**

Martin   Sophia   Johanna   Manfred   Bello   Tobias

1. Martin sitzt auf dem Sofa neben Sophia _____ spielt mit dem Hund Bello.

2. Tobias kann das Buch in seiner Hand _____ das Buch auf dem Boden lesen.

3. Opa Manfred braucht eine Brille, _____ seine Augen sind müde.

4. Sophia spricht mit Johanna, _____ Martin hört nicht zu.

5. Tobias sitzt nicht auf dem Sofa, _____ auf dem Boden.

5 **So wohne ich** Describe your home using a coordinating conjunction in each sentence.

Beispiel

Wir wohnen nicht in einem Haus, sondern in einer Wohnung. Ich habe eine große Lampe im Wohnzimmer und eine kleine Lampe im Schlafzimmer.

_____

_____

_____

_____

_____

6 **Sätze schreiben** Use the vocabulary from the chapter to write sentences about your life at home. Use a coordinating conjunction in each sentence.

Beispiel

Ich koche gern in der Küche, aber mein Mann kocht auch.
Abends lese ich ein Buch auf dem Sofa, denn im Bett werde ich müde.

1. _____

2. _____

3. _____

4. _____

5. _____

Kapitel 6

Lektion 6B

1 **Hausarbeiten** Indicate whether each sentence is **logisch** or **unlogisch**.

	logisch	unlogisch
1. Julia fegt mit einem Besen.	○	○
2. Sebastian putzte das Geschirr.	○	○
3. Sie trockneten die Bettdecken im Herd.	○	○
4. Er deckt den Tisch zum Mittagessen.	○	○
5. Sie wischt die Fenster mit dem Staubsauger ab.	○	○
6. Wir waschen die Wäsche in der Waschmaschine.	○	○

2 **Oma kommt zu Besuch** Choose the appliance that fits the task.

1. _____ Erst backen wir einen Kuchen für Oma.   a. die Spülmaschine

2. _____ Dann kochen wir den Kaffee.   b. der Kühlschrank

3. _____ Wir decken den Tisch damit.   c. der Ofen

4. _____ Das Geschirr ist jetzt schmutzig.   d. die Kaffeemaschine

5. _____ Wir stellen die Milch dorthin.   e. das Geschirr

3 **Was passt zusammen?** Match each word with its description, and then write a sentence with that word.

> **Beispiel**
>
> _a_ Was müssen wir tun? Hier ist ein Saustall!
> Wir müssen aufräumen.

_____ 1. Ich mache den Boden mit einem Besen sauber.   a. aufräumen

_____ 2. Lena hat das Bügeleisen.   b. bügeln

_____ 3. Ben braucht saubere Wäsche.   c. fegen

_____ 4. Nils will den Teppich saubermachen.   d. staubsaugen

_____ 5. Greta stellt die sauberen Teller in den Schrank.   e. wegräumen

       f. waschen

1. _____

2. _____

3. _____

4. _____

5. _____

Workbook

4 **Was fehlt?** Complete the dialogue in which Frau Müller interviews a cleaning service. Not all words will be used.

entfernen	schmutzig	waschen
fegen	spülen	Waschmaschine
Kühlschrank	Spülmaschine	wischen
sauber	Staubsauger	

FRAU MÜLLER Guten Tag! Ich möchte Ihnen ein paar Fragen stellen. Haben Sie schon mal eine (1) _____ für das Geschirr benutzt?

REINIGUNGSKRAFT Oh ja! Aber ich (2) _____ das Porzellan immer in der Spüle.

FRAU MÜLLER Benutzen Sie einen (3) _____ oder einen Besen für den Boden?

REINIGUNGSKRAFT Wenn er nicht sehr (4) _____ ist, benutze ich einen Besen.

FRAU MÜLLER Wie (5) _____ Sie Staub?

REINIGUNGSKRAFT Ich (6) _____ Staub mit einem Staubtuch (*cloth*).

5 **Was machen sie?** Write a sentence describing each of these household chores.

Beispiel
Er fegt den Boden.

1.

2.

3.

1. _____
2. _____
3. _____

6 **Dialog** Write a short dialogue in which you and your roommate discuss how to divide up the housework.

_____
_____
_____
_____
_____
_____

STRUKTUREN

6B.1 *Perfekt* versus *Präteritum*

1 **Perfekt oder Präteritum?** Indicate if the verb in each sentence is in **Perfekt** or **Präteritum**.

	Perfekt	Präteritum
1. Ich musste den Müll rausbringen.	○	○
2. Habt ihr Fußball gespielt?	○	○
3. Daniel hat mir alles aufgeschrieben.	○	○
4. Er arbeitete am Nachmittag in der Garage.	○	○
5. Der Hund rannte im Park herum.	○	○
6. Sie waren am Wochenende in Luzern.	○	○
7. Erik putzte die Wohnung.	○	○
8. Anna hat den Staubsauger in den Keller getragen.	○	○

2 **Was fehlt?** Complete the table with the missing information.

	Infinitiv	Präteritum	Partizip
1.		fuhr	
2.			gedacht
3.	waschen		
4.			getroffen
5.		trank	
6.	erklären		

3 **Anders gesagt** Rewrite the following sentences in the **Präteritum**.

> *Beispiel*
> Du hast den Boden gefegt.
> Du fegtest den Boden.

1. Mutter hat uns einen leckeren Kuchen gebacken.

   _____

2. Julius hat in der Küche das Geschirr gespült.

   _____

3. Ich habe die Wäsche aus dem Trockner genommen.

   _____

4. Paula hat die Betten für uns gemacht.

   _____

Workbook

Workbook

4 **Was habt ihr gemacht?** Write sentences in the **Perfekt** using the cues.

> **Beispiel**
> Lukas / Boden / wischen
> Lukas hat den Boden gewischt.

1. Vater / Tisch / decken

   _____

2. Fabian / Wäsche / bügeln

   _____

3. er / Toilette / putzen

   _____

4. wir / Geschirr / spülen

   _____

5. Nina / Boden / fegen

   _____

5 **Dialog** Write a short dialogue in which George and Sabite talk about all the chores they did this week. Use the **Perfekt** and the **Präteritum** appropriately. Choose from the verbs below.

bügeln	putzen	wischen
fegen	waschen	

GEORGE _Wir waren diese Woche sehr fleißig!_

SABITE _____

GEORGE _____

SABITE _____

GEORGE _____

SABITE _____

GEORGE _____

SABITE _____

GEORGE _____

SABITE _____

6 **Erzählen Sie** Write an e-mail to a friend about your weekend, using the **Perfekt** and the **Präteritum**.

_____

_____

_____

_____

_____

6B.2 Separable and inseparable prefix verbs (*Perfekt*)

1 **Ein Rätsel** Write the past participle of each verb, and then find it in the puzzle.

1. abstauben _____
2. einkaufen _____
3. einschlafen _____
4. empfehlen _____
5. entschließen _____
6. gewinnen _____
7. mitbringen _____
8. mitkommen _____
9. verkaufen _____
10. verschmutzen _____

```
W X H W A G O X S A G O R M A
M S V Y E J E M A H V N S I B
I E U E F Q K W I S R E P M G
T I E X R C O T O X E I H I E
G N N G W K F W V N S N N T S
E G H E T S A E E T N G C G T
K E D G M I O U P E I E H E A
O S K L I P B X F Q V K N B U
M C T I M P F E Y T E A N R B
M H A E X N M O G Z R U D A T
E L F G E V E R H E M F T C A
N A T E M L G R O L N T D H F
T F F U J L T H U M E K Q T H
V E R S C H M U T Z T N C M I
E N T S C H L O S S E N S B X
```

2 **Aufräumen** Complete the sentences with the **Perfekt** of the verbs in parentheses.

Simon und Max haben gestern das Haus (1) _____ (aufräumen). Simon hat mit dem Wohnzimmer (2) _____ (anfangen). Max hat in der Küche das Geschirr aus der Spülmaschine (3) _____ (wegräumen). Im Flur hat Simon (4) _____ (staubsaugen). Nach dem Aufräumen haben beide den Müll (5) _____ (rausbringen). Danach hat Simon die trockene Wäsche (6) _____ (bügeln). Die Eltern sind dann zu Hause (7) _____ (ankommen), und die Familie ist zum Abendessen (8) _____ (ausgehen). Die Jungen haben ein gutes Essen (9) _____ (bestellen).

3 **Was fehlt?** Complete the sentences using the **Perfekt** of the given verbs.

1. Nach dem Essen _____ die Kinder _____. (ausgehen)
2. Marie _____ den Verkäufer _____. (verstehen)
3. Ich _____ in die neue Wohnung _____. (umziehen)
4. Gestern _____ ihr früh _____. (aufstehen)
5. Felix _____ noch nicht seine Hausaufgaben _____. (anfangen)

Kapitel 6 Workbook Activities | **89**

4 **Was passiert hier?** Describe what has happened using the **Perfekt** and the words provided.

(Jasmin / einen Kaffee / bestellen)
Jasmin hat einen Kaffee bestellt.

1. (Jana / ihren Freund / anrufen) _____ _____

2. (Lisa / im Supermarkt / einkaufen) _____ _____

3. (Mia / auf dem Sofa / einschlafen) _____ _____

4. (wir / ein leckeres Essen / vorbereiten) _____

5. (Freunde / uns zum Picknick / einladen) _____

5 **Einkaufsbummel** Write an e-mail to a friend about a recent shopping trip. Use the **Perfekt** of six of the verbs provided.

ausgehen	einkaufen	umtauschen
bestellen	entdecken	vergessen
bezahlen	erklären	verkaufen

Beispiel

Lieber Martin / Liebe Anna, am Montag habe ich in Düsseldorf eingekauft. Ich...

_____
_____
_____
_____

6 **Mein tolles Wochenende** Tell a family member all that you did last weekend. Provide as much detail as possible. Use verbs with prefixes.

1. Am Freitagabend: _____

2. Samstagmorgen: _____

3. Am Abend: _____

4. Sonntag früh: _____

5. Sonntagabend: _____

Kapitel 7   Lektion 7A

KONTEXT

1   **Die Monate** Complete the listing of the seasons with the names of the missing months.

1. Sommer: Juni, _____ , August

2. Herbst: September, _____ , November

3. Winter: _____ , Januar, _____

4. Frühling: _____ , April, _____

2   **Wie ist das Wetter?** Match the weather description to the picture it describes.

a. 8° C   b. 25° C   c. 31° C

d. –2° C   e. 2° C   f. 33° C

1. _____ Die Sonne scheint und es ist sehr warm.

2. _____ Es ist kühl und wolkig.

3. _____ Es ist kalt und windig.

4. _____ Es ist ziemlich warm und es regnet.

5. _____ Es schneit.

6. _____ Es ist sehr heiß und es kommt ein starker Sturm.

3   **Die Jahreszeiten** Name the season or seasons in which you are most likely to find these weather conditions or do these activities.

1. Es ist furchtbar heiß. _____

2. Es ist kalt und schneit. _____

3. Man braucht oft einen Regenmantel. _____

4. Es ist sonnig und wir gehen oft schwimmen. _____

5. Wir gehen Skifahren. _____

6. Wir feiern Halloween. _____

     Kapitel 7 Workbook Activities

Workbook

4 **Logisch oder unlogisch?** For each pair of statements, decide whether the second statement follows logically from the first.

logisch   unlogisch

1. Heute gibt es überall Nebel. Man kann sehr weit sehen. ○ ○
2. Der Sturm bringt Hagel und Blitz. Das ist kein Wetter für einen Spaziergang! ○ ○
3. Es wird kühl. Ich glaube, ich ziehe eine Jacke an. ○ ○
4. Es ist Mitte März. Der Herbst beginnt. ○ ○
5. Heute schneit es. Ich ziehe eine kurze Hose an. ○ ○
6. Ich habe im April Geburtstag. Ich bin ein Frühlingskind. ○ ○

5 **Was fehlt?** Complete each statement with the appropriate noun.

Beispiel

Es war sonnig, aber jetzt ist die Sonne hinter einer Wolke.

1. Eine _____ hat sieben Tage.
2. Ein _____ hat zwischen 28 und 31 Tagen.
3. Ein _____ hat 365 Tage.
4. Wenn es schneit, liegt _____ auf dem Boden.
5. Ich sehe zuerst den Blitz und dann höre ich den _____.

6 **Jahreszeiten** Write an email to a German friend in which you explain what your favorite season is and why. Describe what the weather is like in that season where you live.

Beispiel

Liebe Hanna / Lieber Jonas,
meine Lieblingsjahreszeit ist ...

_____
_____
_____
_____
_____
_____
_____
_____
_____

STRUKTUREN

7A.1 Separable and inseparable prefix verbs (*Präteritum*)

1 **Marias Tag** Complete the summary of Maria's day with the appropriate separable prefixes.

an	auf	aus	ein	mit	zurück

1. Maria stand um acht Uhr _____.
2. Sie zog Jeans und einen Pulli _____.
3. Sie nahm einen Regenschirm _____.
4. Sie kam abends um neun _____.
5. Sie zog sich _____.
6. Um zehn schlief sie _____.

2 **Was fehlt?** Complete the narrative about Niklas using verbs from the list in the **Präteritum**.

anfangen	erklären	verbringen
anrufen	mitbringen	verstehen

1. Das Herbstsemester _____ letzte Woche _____.
2. Niklas _____ gestern den ganzen Tag in der Bibliothek.
3. Er _____ die Physikhausaufgaben nicht.
4. Am Abend _____ er seine Freundin Alexandra _____.
5. Alexandra kam zur Bibliothek und _____ das Physikbuch _____.
6. Sie _____ Niklas die Hausaufgaben.

3 **Letzten Sommer** Write complete sentences in the **Präteritum** using the cues.

Beispiel

letzten Sommer / besuchen / wir / meine Verwandten in Deutschland
Letzten Sommer besuchten wir meine Verwandten in Deutschland.

1. meine Eltern / mitbringen / viele Geschenke

2. wir / ankommen / morgens um elf

3. meine Tante / einladen / uns / zum Abendessen

4. wir / fernsehen / danach

5. ich / verstehen / ziemlich viel

Workbook

4 **Was machten sie gestern?** Write a sentence in the **Präteritum** about each picture using expressions from the list.

 Peter

> **Beispiel**
> Peter sah den ganzen Abend fern.

ihre Freundin anrufen	einen Film anschauen	ihren Opa besuchen
das Essen vorbereiten	elegante Kleider anziehen	einen Kaffee bestellen

1. David

2. Florian

3. Anna

4. Nils und Lisa

5. Emma

6. Herr und Frau Bauer

1. _____

2. _____

3. _____

4. _____

5. _____

6. _____

5 **Wie war's damals?** Write about something you had to do, did or did not want to do, or were allowed or not allowed to do. Use the **Präteritum** of **dürfen, müssen,** or **wollen** with verbs from the list.

> **Beispiel**
> Gestern musste ich für die Matheprüfung lernen.

anziehen	ausgehen	mitbringen
aufräumen	besuchen	übernachten
aufstehen	fernsehen	verbringen

1. Gestern _____.

2. Vorgestern _____.

3. Letztes Wochenende _____.

4. Letztes Semester _____.

7A.2 Prepositions of location; Prepositions in set phrases

1 **Was passt?** Choose the correct preposition.

1. Hast du Angst (von / vor / mit) Blitz und Donner?

2. Ich denke oft (an / auf / vor) meine Zeit in Deutschland.

3. Warum hast du nicht (bei / auf / nach) meine Frage geantwortet?

4. Lisa arbeitet (auf / bei / an) ihrem Referat.

5. Das Buch handelt (von / in / mit) ihrer Kindheit in Afrika.

6. Hast du lange (nach / mit / auf) den Bus gewartet?

7. Wohnst du noch (an / in / auf) der Goethestraße?

8. Schreibst du oft E-Mails (in / an / nach) deine Freunde?

9. Mein Onkel wohnt (auf / an / in) der Schweiz.

2 **Was ist richtig?** Complete the narrative by choosing an appropriate ending for each sentence.

1. Ich denke oft _____

2. Meine Oma hat als Kind _____

3. Sie erzählt gern _____

4. Ihr Haus lag direkt _____

5. Jedes Wochenende kaufte ihre Mutter _____

6. Ich will jetzt einen Brief _____

a. an einem kleinen See.

b. an meine Oma.

c. in der Schweiz gewohnt.

d. an meine Oma schreiben.

e. auf dem Markt ein.

f. von ihrer Kindheit in der Schweiz.

3 **Präpositionen** Complete each sentence with a preposition of location.

1. Die Uhr hängt _____ der Wand.

2. _____ dem Markt kaufen wir frisches Gemüse.

3. In den Sommerferien wohnt Alex _____ seinen Eltern.

4. Wir wohnen _____ der Ringstraße.

5. Neustadt liegt _____ der Ostsee.

6. Hast du Hunger? Das Essen steht schon _____ dem Tisch.

7. _____ der Wand hängt ein tolles Poster von Berlin.

8. Meine Katze schläft gern _____ dem Balkon in der Sonne.

9. Kaufst du gern _____ Aldi ein?

Workbook

4 **Beschreiben Sie das Bild** Write a description of what is happening in the classroom using phrases from the list.

> *Beispiel*
>
> Die Schüler warten auf ihren Lehrer.

antworten auf	reden über
erzählen von	schreiben an
fragen nach	sitzen auf
helfen bei	stehen in
lachen über	~~warten auf~~

1. _____
2. _____
3. _____
4. _____
5. _____
6. _____

5 **Persönliche Fragen** Answer the questions in complete sentences.

1. Wovor haben Sie Angst?

   _____

2. Worüber reden Sie gern?

   _____

3. Worüber reden Sie nicht gern?

   _____

4. Woran arbeiten Sie im Moment?

   _____

5. An wen denken Sie oft?

   _____

6. Wie oft helfen Sie bei der Hausarbeit?

   _____

7. Wovon handelt Ihr Lieblingsbuch?

   _____

Workbook

Kapitel 7

KONTEXT

1 Was passt? Match each word with its definition.

_____ 1. das Gepäck

_____ 2. der Personalausweis

_____ 3. der Schlüssel

_____ 4. das Reisebüro

_____ 5. die Kreuzfahrt

_____ 6. der Fahrstuhl

a. eine Schiffsreise auf dem Meer

b. was man auf eine Reise mitbringt

c. hier kann man einen Flug buchen

d. eine Identitätskarte

e. damit kommt man in die höheren Stockwerke

f. damit öffnet man eine Tür

2 Am Flughafen Indicate whether each noun is something you could find in an airport or not.

	am Flughafen	nicht am Flughafen
1. das Meer	O	O
2. der Koffer	O	O
3. die Bordkarte	O	O
4. die Kreuzfahrt	O	O
5. der Passagier	O	O
6. der Strand	O	O
7. der Zimmerservice	O	O
8. der Zoll	O	O

3 Wo hört man das? Read the following statements and choose the most logical place you might hear them.

_____ 1. Wir haben ein ausgezeichnetes Restaurant hier im Haus, aber vielleicht möchten Sie lieber Zimmerservice.

_____ 2. Könnten Sie bitte auf die 3 drücken? Ich möchte in den 3. Stock.

_____ 3. Ja, hier können wir sehr billig übernachten, aber wir müssen ein Zimmer mit anderen teilen.

_____ 4. Den Koffer dürfen Sie leider nicht als Handgepäck mit an Bord nehmen. Er ist viel zu groß.

_____ 5. Wir möchten einen Urlaub in Italien buchen.

_____ 6. Das frische Obst dürfen Sie leider nicht mitnehmen.

a. am Zoll

b. im Fünf-Sterne-Hotel

c. am Flughafen

d. in der Jugendherberge

e. im Reisebüro

f. im Fahrstuhl

Workbook

4 Urlaubspläne Complete the dialogue using words from the list. Not all words will be used.

buchen	Jugendherberge	Meer	übernachten
Gepäck	Kreuzfahrt	Skiurlaub	voll besetzt
Hotel	landen	Strand	Zimmerservice

JULIAN Vielleicht können wir in den Ferien einen (1) _____ in den Alpen machen.

ANNIKA Fahren wir doch ans (2) _____, denn ich schwimme so gern und liege sehr gern den ganzen Tag am (3) _____! Wir brauchen auch weniger Kleider und müssen nicht so viel (4) _____ mitnehmen.

JULIAN Na gut, dann (5) _____ wir einen Flug nach Mallorca. Ich kenne ein tolles (6) Fünf-Sterne-_____ dort. Hoffentlich ist es noch nicht (7) _____.

ANNIKA Ach, ich möchte den Urlaub lieber in einer (8) _____ verbringen. Da kann man billiger (9) _____ und es macht mehr Spaß.

JULIAN Aber dort gibt es keinen (10) _____!

ANNIKA So was ist nicht so wichtig! Ich esse sowieso viel lieber im Restaurant.

5 Gespräch am Flughafen Choose two people from the picture and imagine they strike up a conversation as they are waiting for their flights. Write the dialogue between them.

_____

_____

_____

_____

_____

_____

6 Eine Postkarte aus dem Urlaub You are taking your dream vacation. Write a postcard describing your trip: how you got there, where you are staying, and what you are doing.

_____

_____

_____

_____

_____

98 Kapitel 7 Workbook Activities

STRUKTUREN

7B.1 Infinitive expressions and clauses

1 **Was passt?** Choose the word that best fits the context.

1. (Anstatt / Ohne / Um) mit dem Zug zu fahren, fliegen wir nach Paris.
2. Klara geht zum Reisebüro, (anstatt / ohne / um) eine Kreuzfahrt zu buchen.
3. Du kannst nicht ins Ausland fahren, (anstatt / ohne / um) durch die Passkontrolle zu gehen.
4. (Anstatt / Ohne / Um) pünktlich anzukommen, müssen wir jetzt abfahren.
5. Fahr nicht zum Strand, (anstatt / ohne / um) eine Sonnenbrille einzupacken.
6. Wir mussten lange Schlange stehen, (anstatt / ohne / um) die Tickets zu bekommen.
7. Gehen Sie nicht aus dem Haus, (anstatt / ohne / um) den Schlüssel mitzunehmen.
8. (Anstatt / Ohne / Um) Zimmerservice zu bestellen, geht Florian ins Restaurant.

2 **Skiurlaub** Choose the appropriate infinitive clause to complete each sentence in the narrative.

1. Ich fliege heute nach Österreich, _____   a. an Bord zu gehen.
2. Ich habe aber leider vergessen, _____   b. um Ski zu fahren.
3. Ich habe jetzt keine Zeit, _____   c. anstatt jetzt nach Hause zu fahren.
4. Die Passagiere beginnen, _____   d. wieder nach Hause zu fahren.
5. Ich werde eine neue Jacke in Österreich kaufen, _____   e. meine Skijacke mitzubringen.
6. Ich werde nie wieder in Urlaub gehen, _____   f. ohne meine Jacke einzupacken.

3 **Bilden Sie Sätze** Complete each sentence using the **zu** expression in parentheses with the most logical phrase from the word bank.

> **Beispiel**
>
> Man braucht viel Geld, <u>um einen Mercedes zu kaufen</u>. (um... zu).

ins Restaurant gehen	ein Zimmer in diesem Hotel bekommen
mit Kreditkarte bezahlen	~~einen Mercedes kaufen~~
die Bordkarte zeigen	ins Ausland fahren
die Sprache verstehen	

1. Man darf nicht ins Flugzeug, _____. (ohne...zu)
2. Man braucht einen Pass, _____. (um...zu)
3. Man muss einen Scheck schreiben, _____. (anstatt...zu)
4. Man muss ziemlich früh buchen, _____. (um...zu)
5. Man kann Zimmerservice bestellen, _____. (anstatt...zu)
6. Man kann keine deutsche Zeitung lesen, _____. (ohne...zu)

Kapitel 7 Workbook Activities

Workbook

4 **Anstatt** For each pair of pictures, write a sentence describing what these people did instead of what they were supposed to do.

Erik

> **Beispiel**
>
> Anstatt das Geschirr zu spülen, hat Erik Fußball gespielt.

1. Max

2. Julia

3. Moritz

4. Sophia

1. _____

2. _____

3. _____

4. _____

5 **Was meinen Sie?** Complete the sentences with your own ideas using infinitive clauses with **zu**.

> **Beispiel**
>
> Es macht mir keinen Spaß, mein Zimmer aufzuräumen.

1. Es macht mir großen Spaß, _____

2. Ich habe nie Zeit, _____

3. Ich habe jetzt Lust, _____

4. Ich finde es einfach, _____

5. Ich finde es langweilig, _____

7B.2 Time expressions

1 **Was ist richtig?** Choose the best response to each question.

1. Wie lange wohnst du schon in Berlin, Nina?
   a. Dieses Jahr. b. Vor drei Jahren. c. Seit zwei Jahren.

2. Wie lange dauert der Flug nach Australien?
   a. Einen Tag. b. Seit einem Tag. c. Vor einem Tag.

3. Wie oft fährt der Bus von hier nach Lauterbach?
   a. Am Freitag. b. Seit einer Woche. c. Zweimal am Tag.

4. Wann fahren Sie nach Rom?
   a. Schon zwei Wochen. b. Nächsten Sommer. c. Zum ersten Mal.

5. Wie oft warst du in der Schweiz?
   a. Nur einmal. b. Seit einem Jahr. c. Zuerst.

6. Wie viel Zeit hast du noch?
   a. In einer Stunde. b. Eine Stunde. c. Seit einer Stunde.

7. Wann landet das Flugzeug?
   a. In einer Stunde. b. Noch eine Stunde. c. Seit einer Stunde.

8. Wann besuchst du deine Oma?
   a. Seit einer Woche. b. Am Wochenende. c. Einmal.

2 **Was passt?** Indicate the correct word in each time expression.

1. Ich war vor (einen / einem) Monat in Hamburg.

2. Tim steht schon (eine / einer) Stunde Schlange.

3. Annika hat (der ganze / den ganzen) Tag in der Bibliothek verbracht.

4. Simon geht gern (am / an den) Morgen spazieren.

5. Lara ist seit (eine / einer) Woche krank.

6. (In den / Im) Winter fahre ich oft Ski.

3 **Zeitausdrücke** Complete the sentences with the appropriate time expressions.

einmal	einen Monat	ganze Nacht
letzten Sommer	einer Woche	nächste Woche

1. Wir fliegen _____ im Jahr nach Europa.

2. Jonas wohnt seit _____ in Freiburg.

3. Meine Großeltern fahren _____ in Urlaub.

4. Seine Reise durch Afrika dauerte _____.

5. Ich habe die _____ für meine Chemie-Prüfung gelernt.

6. Michaela war _____ in der Türkei.

Workbook

4 **Persönliche Fragen** Answer in complete sentences.

1. Seit wann kennen Sie Ihre beste Freundin / Ihren besten Freund?

_____

2. Seit wann lernen Sie Deutsch?

_____

3. Seit wann wohnen Sie in dieser Stadt?

_____

4. Wie oft fliegen Sie?

_____

5. Wie oft texten Sie am Tag?

_____

6. Wie oft essen Sie im Restaurant?

_____

7. Wann waren Sie das letzte Mal im Kino?

_____

8. Wann sind Sie zum ersten Mal geflogen?

_____

9. Wie lange haben Sie für Ihre letzte Prüfung gelernt?

_____

5 **Schreiben** Write five sentences about things you have done or plan to do, combining elements from each column.

Beispiel

Vor zwei Tagen bin ich ins Konzert gegangen.
Nächsten Sommer möchte ich einen Job.

A	B
vor	Woche
am	Jahr
im	Tag
in	Wochenende
letzt-	Ferien
nächst-	Sommer
	Freitag

1. _____
2. _____
3. _____
4. _____
5. _____

Workbook

7B.3 Indefinite pronouns

1   **Was passt?** Choose the appropriate word.

1. (Man / Etwas) braucht einen Pass, um ins Ausland zu fahren.
2. Ich machte die Tür auf, aber (alles / niemand) war da.
3. Das arme Kind hat (man / nichts) gegessen.
4. Hast du (etwas / jemand) von deinen Eltern gehört?
5. Im Deutschkurs muss (man / niemand) natürlich Deutsch sprechen.
6. Ich hoffe, dass (alles / niemand) in meinen Koffer passt.
7. (Etwas / Jemand) hat sein Handgepäck im Flugzeug vergessen.
8. Ich habe mit (niemandem / nichts) darüber gesprochen.

2   **Nils hat Hunger** Complete the paragraph with time expressions from the list.

alles	jemanden	niemand
etwas	man	nichts

Nach seiner Ankunft in Frankfurt hatte Nils großen Hunger und wollte sofort (1) _____ essen. Er hatte aber leider (2) _____ zu essen mitgebracht. Er wollte (3) _____ fragen, wo (4) _____ in der Nähe ein billiges Restaurant finden kann. Er ging zur Information, aber (5) _____ war da. Da sah er vor dem Bahnhof einen kleinen Imbiss und bestellte dort ein Käsebrot und ein Würstchen. Weil er so großen Hunger hatte, aß er (6) _____ sehr schnell auf.

3   **Was kann man hier machen?** Complete the sentences by describing something you can do in each place. Use the indefinite pronoun **man** and the most logical phrase from the word bank.

> **Beispiel**
> In der Bibliothek <u>kann man Bücher lesen</u>.

andere Touristen kennen lernen	im Sand spielen
~~Bücher lesen~~	Ski fahren
Deutsch lernen	Zimmerservice bestellen
eine Kreuzfahrt buchen	

1. Im Reisebüro _____.
2. In einer Jugendherberge _____.
3. Im Fünf-Sterne-Hotel _____.
4. Im Skiurlaub _____.
5. Am Strand _____.
6. Im Deutschkurs _____.

Workbook

4 **Bilder beschreiben** Write a sentence about each picture using an impersonal expression from the list. Use your imagination.

> **Beispiel**
> Maria will ihrem Freund *etwas* schreiben.

alles	etwas	jemand
man	nichts	niemand

1.

2.

3.

4.

5.

6.

1. _____
2. _____
3. _____
4. _____
5. _____
6. _____

5 **Reisevorbereitungen** Describe five steps people take when going on a trip. Use the indefinite pronoun **man**.

> **Beispiel**
> Zuerst plant man die Reise.
> Dann …

1. Zuerst _____.

2. Dann _____.

3. Danach _____.

4. Zuletzt _____.

Workbook

Kapitel 8

KONTEXT

1 Was passt nicht? Choose the word that doesn't belong.

1. die Windschutzscheibe, die Scheinwerfer, der Kofferraum, der Verkehr

2. der Polizist, der Unfall, der Schaffner, der Mechaniker

3. die Tankstelle, das Boot, der LKW, das Taxi

4. der Fahrplan, die Fahrkarte, das Benzin, der Fahrkartenschalter

5. tanken, laufen, parken, reparieren

2 Was fehlt? Complete each sentence with the missing word.

1. Der _____ in Berlin ist oft chaotisch.

2. Im Zug kontrolliert der _____ die Fahrkarte.

3. Wenn man nachts fährt, muss man die _____ anmachen.

4. Der Mechaniker _____ das Auto.

5. Bevor man in den Bus darf, muss man die Fahrkarte _____.

6. In Deutschland darf man auf der _____ manchmal schnell fahren.

3 Was ist das? Label each of the means of transportation depicted.

1. _____

2. _____

3. _____

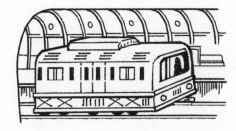

4. _____

4 **Eine schreckliche Autofahrt** Complete the story with words from the list. Not all the words will be used.

abbiegen	links	Reifen	tanken
Benzin	Mechaniker	reparieren	Tankstelle
bezahlen	Motor	Scheinwerfer	warten
langsam	parken	Sicherheitsgurt	zusammenstoßen

Das Ehepaar Krüger fährt (1) _____ durch die Stadt. Sie haben fast kein

(2) _____ mehr und Herr Krüger sucht eine (3) _____, denn er muss

(4) _____. Plötzlich hört man ein lautes „Pfff" und die Krügers haben einen platten

(5) _____. Herr Krüger muss rechts (6) _____ und das Auto

(7) _____. Ein Polizist steht an der Straße und sagt: „Verkehrskontrolle!" Frau Krüger

hat ihren (8) _____ nicht angelegt und vorne am Auto ist ein (9) _____

kaputt. Die Krügers müssen eine hohe Geldstrafe (10) _____. Der Polizist ist nett

und er ruft einen (11) _____ an. Der kommt sofort und kann das Auto schnell

(12) _____.

5 **Fragen** Answer the questions in complete sentences.

1. Welche Verkehrsmittel benutzen Sie in der Stadt?

   _____

2. Wo müssen Sie oft Schlange stehen?

   _____

3. Hatten Sie schon einmal einen Autounfall?

   _____

4. Entwerten Sie immer Ihre Fahrkarte?

   _____

5. Muss man in Ihrem Land den Sicherheitsgurt anlegen?

   _____

6. Haben Sie letztes Jahr eine lange Zugfahrt gemacht?

   _____

6 **Eine Reise** Write a short account of a trip you took, using the **Perfekt**. Mention at least three modes of transportation and use other vocabulary from this chapter.

_____

_____

_____

_____

_____

STRUKTUREN

8A.1 *Das Plusquamperfekt*

1 **Vor dem Urlaub** The Lange family has gotten ready for vacation. Write complete sentences with the cues provided using the **Plusquamperfekt**.

> **Beispiel**
>
> Familie Lange / zusammen planen / eine Reise
> *Familie Lange hatte zusammen eine Reise geplant.*

1. Herr Lange / mit dem Auto / zum Mechaniker / gefahren

   _____

2. Frau Lange / das Haus / putzen

   _____

3. die Tochter Julia / auf den Dachboden / klettern

   _____

4. sie / die Koffer / runterbringen

   _____

5. der Sohn Paul / seinen Hamster / zu Freunden / bringen

   _____

6. Frau Lange / die Schlüssel / den Nachbarn / geben

   _____

7. Julia und ihre Mutter / leckere Käsebrote für die Reise / vorbereiten

   _____

8. alle / früh aufstehen

   _____

2 **Der Tag einer Studentin** Complete the sentences using either **nachdem** or **bevor**.

1. _____ ich gefrühstückt hatte, putzte ich mir die Zähne.

2. Ich hatte meine Hausaufgaben eingepackt, _____ ich das Zimmer verließ.

3. Der Lehrer hatte die Tür schon zugemacht, _____ ich ins Klassenzimmer kam.

4. _____ ich die Prüfung geschrieben hatte, traf ich mich mit meinen Freunden.

5. _____ wir am Abend ins Kino gingen, hatten wir mit dem Baseballteam trainiert.

6. _____ der Film anfing, hatten wir uns Popcorn gekauft.

7. Wir kauften uns noch ein leckeres Eis, _____ wir den Film gesehen hatten.

8. Ich ging ins Bett, _____ ich mich von meinen Freunden verabschiedet hatte.

3 **Was fehlt?** Complete the sentences with the cues provided using **nachdem** and the **Plusquamperfekt**.

> **Beispiel**
>
> die Gäste / 100 Hamburger / essen
> *Nachdem die Gäste 100 Hamburger gegessen hatten*, hatten sie endlich keinen Hunger mehr.

1. sie (*pl.*) / viel Wasser und Saft / trinken
   _____, waren sie endlich nicht mehr durstig.

2. die Polizei / kommen
   _____, machten die Gäste endlich die Musik aus.

3. sie (*pl.*) / den ganzen Abend / wild tanzen
   _____, waren sie endlich müde.

4. der Gastgeber / einschlafen
   _____, gingen die Gäste endlich nach Hause!

4 **Was hatten sie gemacht?** Complete each sentence with an expression from the list.
Use the **Plusquamperfekt**.

> einen Unfall haben   lange in der Schlange warten   noch viele Postkarten schreiben
> seine Fahrkarte entwerten   tanken   ~~Hausaufgaben machen~~

> **Beispiel**
>
> Bevor ich ins Bett ging, *hatte ich Hausaufgaben gemacht.*

1. Bevor wir in den Bus einstiegen, _____.
2. Bevor Simon mit der U-Bahn fuhr, _____.
3. Bevor meine Eltern die Polizei anriefen, _____.
4. Bevor ihr gestern nach Stuttgart fuhrt, _____.
5. Bevor du von deiner Reise zurückkamst, _____.

5 **So ein Pech** Emma is always a little late. Write sentences using **als**.

> **Beispiel**
>
> Emma / endlich / zum Flughafen / kommen // das Flugzeug / schon / abfliegen
> *Als Emma endlich zum Flughafen kam, war das Flugzeug schon abgeflogen.*

1. die Polizei / endlich / bei Emma / ankommen // jemand / das Auto / schon / stehlen
   _____

2. sie / endlich / zum Bahnhof / kommen // ihr Freund / schon / ein Taxi / nehmen
   _____

3. ihr Flugzeug / endlich / landen // der Bus / zum Hotel / schon / abfahren
   _____

4. sie / ihren Koffer / endlich packen // ihre Freundin / schon 20 Minuten / warten
   _____

8A.2 Comparatives and superlatives

1 **Grundform, Komparativ oder Superlativ?** Indicate whether each sentence uses the **Grundform**, **Komparativ**, or **Superlativ**.

	Grundform	Komparativ	Superlativ
1. Fährt der Zug genauso schnell wie der Bus?	○	○	○
2. Die U-Bahn fährt nachts am schnellsten.	○	○	○
3. Flugzeuge sind die interessantesten Verkehrsmittel.	○	○	○
4. Eine Fahrt mit dem Bus ist teurer als eine Fahrt mit der U-Bahn.	○	○	○
5. Meine Schwester reist lieber mit der Bahn als mit dem Auto.	○	○	○
6. Gibt es genauso viele Autos wie Busse in den USA?	○	○	○
7. Manche Boote kosten mehr als ein kleines Flugzeug.	○	○	○
8. Fahrrad fahren ist am gesündesten.	○	○	○

2 **Was meinen Sie?** Use the elements to write sentences using comparatives of equality: either **genauso…wie** or **so…wie**.

bequem	langweilig
dumm	schlecht
gern	teuer
interessant	~~viel~~

Beispiel

Ein Jaguar kostet *so viel wie ein guter Mercedes*.

das Benzin in München — U-Bahnen
mit dem Bus — ein kaputter Scheibenwischer
~~ein guter Mercedes~~ — der Verkehr in Frankfurt
lange in einer Schlange zu warten — eine Zugfahrt

1. Ich fahre mit dem Auto _____.
2. Meine Eltern finden Züge _____.
3. Eine Busfahrt ist _____.
4. Der Verkehr in Hamburg ist _____.
5. Das Benzin in Berlin ist _____.
6. Zwölf Stunden mit dem Flugzeug zu fliegen ist _____.
7. Einen Platten zu haben ist _____.

3 **Wie ist es wirklich?** Write sentences using the comparative.

Beispiel

ein Fluss / sein / lang / eine Straße
Ein Fluss ist länger als eine Straße.

1. ein Flugzeug / sein / schnell / ein Zug

2. der Winter / sein / kalt / der Sommer

3. Schokolade / schmecken / gut / Brokkoli

4. eine Taxifahrt / kosten / viel / eine Busfahrkarte

4 **Wo ist es am schönsten?** Paula is answering Julius's questions about Bavaria. Complete the dialogue with the correct superlative forms of the appropriate adjectives.

Beispiel

JULIUS Wo fahren die <u>pünktlichsten</u> Züge?
PAULA Die Züge in Bayern sind <u>am pünktlichsten</u>.

freundlich	hoch	~~pünktlich~~
gut	lang	viel

JULIUS Wo steht der (1) _____ chinesische Turm?

PAULA Der chinesische Turm in München ist natürlich (2) _____.

JULIUS Wie heißt der (3) _____ Fluss?

PAULA Die Donau ist (4) _____.

JULIUS Wo gibt es die (5) _____ Brötchen?

PAULA Die Brötchen in Bayern heißen Semmeln und schmecken (6) _____.

JULIUS Wer trinkt das (7) _____ Wasser?

PAULA Die Bayern trinken (8) _____.

JULIUS Wo ist der (9) _____ Flughafen?

PAULA Der Flughafen in München ist (10) _____.

5 **Zug oder Flugzeug?** List some advantages (**Vorteile**) and disadvantages (**Nachteile**) of each of the means of transportation depicted. Then write six complete sentences comparing the two.

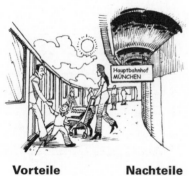

Vorteile	Nachteile		Vorteile	Nachteile
_____	_____		_____	_____
_____	_____		_____	_____
_____	_____		_____	_____

1. _____

2. _____

3. _____

4. _____

5. _____

6. _____

Kapitel 8

Lektion 8B

KONTEXT

1 Was ist richtig? Choose the expression that best completes each sentence.

1. Zum Fernsehen braucht man ____.
   a. die Fernbedienung
   b. das Ladegerät
   c. die Tastatur

2. Um eine E-Mail zu schreiben, braucht man ____.
   a. die CD
   b. die DVD
   c. den Laptop

3. Um SMS zu schreiben, benutze ich ____.
   a. die Digitalkamera
   b. das Smartphone
   c. das Passwort

4. Um ein Dokument zu drucken, brauche ich ____.
   a. den Drucker
   b. den Kopfhörer
   c. das Mikrofon

5. Zum Telefonieren benutzt man ____.
   a. das Handy
   b. die Datei
   c. die Kamera

6. Um Musik zu hören, brauche ich ____.
   a. die Website
   b. die Kopfhörer
   c. die Spielkonsole

2 Was fehlt? Complete the text with words from the list. Use each word only once.

ausgemacht	geladen
Datei	Ladegerät
Dokument	Laptop
gedruckt	

Jana hat eine (1) _____ auf der Festplatte gespeichert, ein (2) _____ mit einem Drucker (3) _____ und ihren Computer dann (4) _____. Mit einem (5) _____ hat sie ihr Smartphone (6) _____ und dann ein neues Buch auf ihren (7) _____ heruntergeladen.

3 Was ist das? Label the parts of the computer and peripherals. Include the definite articles.

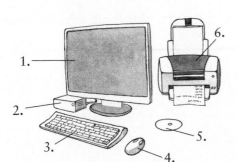

1. _____
2. _____
3. _____
4. _____
5. _____
6. _____

4 **Und heute?** Read the statements about how older generations used technology and rewrite each sentence stating how it's done today.

> eine Fernbedienung benutzen   mit Spielkonsolen spielen
> im Internet surfen   E-Mails schreiben
> DVDs haben   SMS schicken
> ein Smartphone haben   ~~CDs hören~~

Beispiel
Mein alter Lehrer hat noch Kassetten gehört.
Heute hören wir CDs.

1. Meine Eltern haben noch Briefe geschrieben.

   _____

2. Meine Oma ruft mich noch an, wenn sie mich treffen will.

   _____

3. Mein Opa hatte noch Videokassetten.

   _____

4. In den 90er Jahren las man am Morgen beim Frühstück noch die Zeitung.

   _____

5. Früher brauchte man noch eine Kamera, ein Telefon und einen Computer.

   _____

6. Früher musste man noch aufstehen, um das Fernsehprogramm zu ändern.

   _____

7. Meine Eltern spielten noch Tischtennis und Monopoly.

   _____

5 **Und Sie?** What electronics do you own? Write a paragraph describing at least five items.

_____
_____
_____
_____
_____
_____

STRUKTUREN

8B.1 The genitive case

1 **Finden Sie den Genitiv** Mark the genitive construction in each sentence.

1. Die neuen Kopfhörer des Vaters sind am besten.
2. Die Website der Universität lädt immer sehr schnell.
3. Gestern hat die Fernbedienung des Fernsehers nicht funktioniert.
4. Wie findest du die Website des Bundespräsidenten?
5. Leider habe ich das Passwort des Computers vergessen.
6. Sein Onkel hat die coolste Spielkonsole der Stadt!
7. Die Technik eines Smartphones ist sehr kompliziert.
8. Nach acht Jahren habe ich die SMS meiner Exfreundin endlich gelöscht!

2 **Was passt?** Indicate the correct genitive preposition.

1. Ich besuche meine Großeltern (während / anstatt) der Woche.
2. (Trotz / Statt) des schlechten Wetters gehen wir im Park spazieren.
3. Die Polizei fand das gestohlene Auto (außerhalb / während) der Stadt.
4. Mein Freund hat einen Laptop (wegen / statt) eines Computers gekauft.
5. (Wegen / Trotz) des teuren Preises kaufe ich mir eine Spielkonsole.
6. Bitte beantworten Sie die E-Mail (wegen / innerhalb) eines Tages.

3 **Schreiben** Rewrite the expressions using the genitive case.

> **Beispiel**
>
> der kleine Computer: *des kleinen Computers*

1. die alte Tastatur: _____
2. ein neuer Bildschirm: _____
3. ein kluger Bundespräsident: _____
4. eure interessante DVD: _____
5. ihr langweiliger Sender: _____
6. ein langes Dokument: _____
7. mein kompliziertes Passwort: _____
8. meine schnelle Maus: _____

4   **Antworten** Answer each question using the **Genitiv**.

> **Beispiel**
>
> —Findest du die Eltern von meiner Freundin nett?
> —Ja, ich finde die Eltern deiner Freundin nett.

1. Kennst du das neue Buch von diesem Autor?

   _____

2. Gefällt dir die Farbe von meinem neuen Kleid?

   _____

3. Magst du das Design von dem neuen Smartphone?

   _____

4. Glaubst du der Geschichte von Jasmin?

   _____

5   **Wem gehört was?** Write a sentence for each picture, stating who owns each item.

> **Beispiel**
>
> Das sind die Kopfhörer meines Bruders.

1. dein Onkel   2. eure Cousine   3. unsere Tanten

4. sein Opa   5. ihre Schwiegermutter   6. meine Schwestern

1. _____
2. _____
3. _____
4. _____
5. _____
6. _____

8B.2 Demonstratives

1 **Was ist richtig?** Decide which word fits the sentence.

1. (Welchen / Manchen) Laptop kaufst du dir als nächstes?
2. Auf (solche / solchen) Tastaturen tippt man besonders gut.
3. (Jeder / Jedes) gute Passwort sollte mindestens fünf Buchstaben und drei Zahlen haben.
4. Ich arbeite mit (dieser / diesen) neuen Technik nicht gern!
5. (Manches / Manche) Drucker können auch fotokopieren und scannen.
6. (Welche / Welchen) Festplatten speichern heute weniger als zwei GB?
7. Wo ist mein Handy? Ich brauche (das / den) sofort.
8. Die Festplatten (mancher / manche) Menschen sind katastrophal.

2 **Was passt zusammen?** Match the questions on the left with the responses on the right.

1. _____ Ich trinke gern frischen Orangensaft.
2. _____ Gehst du gern zu deinen Nachbarn?
3. _____ Kaufst du gern die CDs von Michael Bublé?
4. _____ Wie schmeckt dir das Brot meiner Mutter?
5. _____ Schläfst du am Wochenende oft lange?
6. _____ Wie findest du den Autor Horst Evers?

a. Ach, der langweilt mich.
b. Ich finde deren Brot immer gut.
c. Igitt. Den trinke ich nicht gern.
d. Leider mache ich das sehr selten.
e. Niemals. Dessen Musik finde ich unmöglich.
f. Oh nein! Bei denen ist es immer so langweilig.

3 **Sätze ergänzen** Complete each sentence with the cues given. Make sure to add the correct ending on the demonstrative as well as the adjective.

> **Beispiel**
> _____ Festplatten sind extrem schnell. (dies- / neu)
> *Diese neuen* Festplatten sind extrem schnell.

1. Heute kauft niemand mehr _____ (dies- / alt) Computer.
2. _____ (Jed- / teuer) Digitalkamera macht wunderbare Fotos.
3. Weißt du, _____ (welch- / groß) Bildschirm die beste Qualität hat?
4. Ich will nicht _____ (solch- / langweilig) E-Mails lesen.
5. So _____ (manch- / gut) Programm im Fernsehen kommt erst spät am Abend.
6. Ich kaufe nie wieder _____ (so ein- / langsam) Spielkonsole.

Workbook

4 **Was fehlt?** Complete the sentences with either **so ein** or **solcher**. Don't forget to add the appropriate ending.

1. _____ Handy kann man in Europa nicht benutzen.

2. _____ schweren Computer sind nicht mehr auf dem Markt.

3. Mit _____ alten Videokamera kann ich keinen Film machen.

4. _____ dummen E-Mails löscht man am besten sofort.

5 **Schreiben** Describe what the people in the pictures are doing and how often. Use demonstrative pronouns to describe how often.

Frau Arslan

> **Beispiel**
> Frau Arslan kauft jede Woche solche interessanten Bücher.

1. Paul und Antonia   2. Lina   3. Ben und Lara   4. die Familie Wagner

1. _____

2. _____

3. _____

4. _____

6 **Werbung!** Create a three-sentence ad for each picture using adjectives and demonstratives. Pay attention to all endings. Use your imagination.

> **Beispiel**
> Dieser schnelle Computer hat alles! Nicht mit jedem Computer kann man so schnell im Internet surfen wie mit diesem. Auch das stundenlange Chatten macht manchen Menschen doppelt so viel Spaß! Den müssen Sie kaufen!

1.

2.

1. _____

2. _____

Kapitel 9

Lektion 9A

KONTEXT

1 **Körperteile** Label each part of the body. Include the definite article.

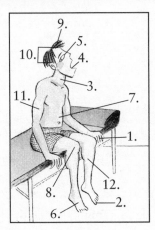

1. _____   7. _____

2. _____   8. _____

3. _____   9. _____

4. _____   10. _____

5. _____   11. _____

6. _____   12. _____

2 **Was ist richtig?** Choose the word that best completes the sentence.

1. Martina putzt sich _____.
   a. das Shampoo   b. die Zähne   c. die Zahnbürste

2. Wenn Jan ins Bett geht, zieht er _____ an.
   a. Hausschuhe   b. ein Handtuch   c. einen Schlafanzug

3. Philip rasiert sich mit einem _____.
   a. Rasierer   b. Bademantel   c. Kamm

4. Johanna schminkt sich _____.
   a. den Rücken   b. die Augen   c. den Ellenbogen

5. Im Badezimmer trägt Emma oft _____.
   a. ihren Wintermantel   b. ihre gelben Schuhe   c. ihren Bademantel

6. Julian kämmt sich _____.
   a. die Haare   b. die Zähne   c. den Bauch

3 **Was passt zusammen?** Match each activity with an item needed to perform that activity.

Aktivität

1. _____ Ela putzt sich die Zähne.

2. _____ Sara schminkt sich.

3. _____ Florian bürstet sich die langen Haare.

4. _____ Mia kommt aus der Dusche. Sie trocknet sich ab.

5. _____ Yusuf rasiert sich.

6. _____ Alex wäscht sich die Hände und das Gesicht.

7. _____ Nina wäscht sich die Haare.

Was man braucht

a. das Handtuch

b. der Lippenstift

c. der Rasierschaum

d. das Shampoo

e. die Bürste

f. die Seife

g. die Zahnpasta

Workbook

4   **Die Alltagsroutine** Complete the text with the missing words and phrases.

anziehen	duschen	Kamm
aufwachen	Haare	putzen
Bademantel	Handtuch	schminken

1. Klara / Zähne

Klara (1) _____ jeden Morgen um
6.30 Uhr _____.

Sie geht ins Badezimmer, macht das Wasser an und (2) _____ sich. Danach trocknet

sie sich mit dem (3) _____ ab und zieht sich einen (4) _____

an. Als Nächstes (5) _____ sie sich die Zähne und dann kämmt sie sich die

(6) _____ mit dem (7) _____. Dann (8) _____

sie sich _____. Als Letztes nimmt sie den Lippenstift und (9) _____

sich die Lippen.

5   **Im Bad** Complete the sentences with the correct words from the chapter vocabulary.

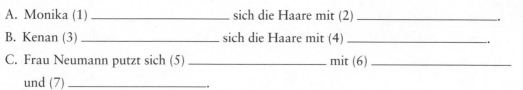

A.   B.   C.   D.

A. Monika (1) _____ sich die Haare mit (2) _____.

B. Kenan (3) _____ sich die Haare mit (4) _____.

C. Frau Neumann putzt sich (5) _____ mit (6) _____

    und (7) _____.

D. Jasmin geht in ihrem (8) _____ ins Bett.

6   **Schreiben** Describe your daily routine.

_____

_____

_____

_____

_____

_____

STRUKTUREN

9A.1 Reflexive verbs with accusative reflexive pronouns

1 **Was passt?** Indicate the correct reflexive pronoun in each sentence

1. Wir ziehen (uns / euch) an.
2. Jürgen fragt (sich / dich), wo das Buch ist.
3. Beeil (mich / dich)!
4. Ihr verspätet (euch / sich).
5. Franz rasiert (mich / sich) jeden Morgen.
6. Ich habe (uns / mich) gestern erkältet.
7. Nach ihrem Bad muss Heike (euch / sich) abtrocknen.
8. Du arbeitest zu viel! Du musst (dich / sich) ausruhen!

2 **Was fehlt?** Complete each sentence with the verb provided. Remember that both the verb and the reflexive pronoun must agree with the subject.

1. Es ist sehr spät. Ich muss _____. (sich hinlegen)
2. Gesundheit, Martine! Hast du _____? (sich erkälten)
3. Eure Mäntel sind schmutzig. Ihr müsst _____. (sich umziehen)
4. Ich _____ jeden Morgen. (sich waschen)
5. Ihr seid müde. _____! (sich hinsetzen)
6. Wir _____ unsere Schlafanzüge _____. (sich anziehen)

3 **Bilden Sie Sätze** Write sentences using the elements provided. Follow the model.

> **Beispiel**
>
> die Studentin / sich verspäten / fürs Seminar
> *Die Studentin verspätet sich fürs Seminar.*

1. ich / sich umziehen / vor der Party

   _____

2. du / sich schminken / mit rotem Lippenstift

   _____

3. Jana / sich entspannen / am Strand

   _____

4. der Mann / sich legen / ins Bett

   _____

5. wir / sich setzen / aufs Sofa

   _____

6. ihr / sich rasieren / vor dem Konzert

   _____

Kapitel 9 Workbook Activities **119**

Workbook

4 **Bilder beschreiben** Write a short sentence for each picture using the cues provided.

Beispiel

sich setzen
Die Großeltern setzen sich neben ihren Enkel.

| sich abtrocknen | sich entspannen | sich verspäten |
| sich baden | sich erkälten | sich wohl fühlen |

1. Lara

2. Frau Holz und Frau Kramer

3. mein Bruder

4. wir

5. Jasmin

6. Herr Schwarz

1. _____
2. _____
3. _____
4. _____
5. _____
6. _____

5 **Heute Morgen** Write a paragraph about what you did this morning using verbs from the list.

sich abtrocknen	(sich) baden	sich entspannen	sich rasieren
sich ausruhen	sich beeilen	sich erkälten	sich schminken
sich ausziehen	(sich) duschen	sich (wohl) fühlen	sich verspäten

_____

_____

_____

_____

9A.2 Reflexive verbs with dative reflexive pronouns

1 **Was passt?** Choose the correct reflexive pronoun in each sentence.

1. Was hast du (dich / dir) zum Frühstück gemacht?
2. Was sollen wir (uns / sich) bestellen?
3. Lukas und Julian wünschen (ihnen / sich) Fahrräder zu Weihnachten.
4. Morgen kaufe ich (mir / mich) einige Bleistifte.
5. Ihr sollt (euch / sich) die Hände waschen.
6. Tim bäckt (sich / ihm) einen Kuchen.

2 **Dativ oder Akkusativ?** Complete the sentences with forms of the reflexive pronouns.

1. Ich wasche _____.
2. Ich wasche _____ die Hände.
3. Darf ich _____ vorstellen?
4. Ich kann _____ das kaum vorstellen.
5. Du ziehst _____ an.
6. Du ziehst _____ die Schuhe an.

3 **Was fehlt?** Complete the sentences with appropriate reflexive pronouns.

1. Ihr wollt _____ einen Tee kochen.
2. Hast du _____ ein neues Kleid gekauft?
3. Machen wir _____ etwas zum Abendessen?
4. Lina wünscht _____ einen neuen Computer.
5. Ich bestelle _____ ein Glas Mineralwasser.
6. Sie bereiten _____ ein schmackhaftes Essen vor.

4 **Schreiben** Write sentences in the **Perfekt** using the elements provided.

Beispiel
Thomas / das Hemd / sich anziehen
Thomas hat sich das Hemd angezogen.

1. Moritz / die Zähne / sich putzen
_____
2. ich / der Bademantel / sich ausziehen
_____
3. Greta / das Haar / sich bürsten
_____
4. du / das Gesicht / sich waschen
_____
5. ihr / die Hände / sich abtrocknen
_____
6. wir / die Augen / sich schminken
_____

5   **Was machen sie?** Write a sentence for each picture with an element from each column.

> **Beispiel**
> Die Kinder bestellen sich ein Vanilleeis und ein Schokoladeneis.

~~sich bestellen~~	ein Buch ins Flugzeug
sich machen	etwas zum Frühstück
sich mitnehmen	die Freizeit
sich vorstellen	das Gesicht
sich waschen	~~ein Vanilleeis und ein Schokoladeneis~~
sich wünschen	ein Videospiel zum Geburtstag

1.   2.   3.

4.   5.

1. _____
2. _____
3. _____
4. _____
5. _____

6   **Vor der Party** Describe Lena's preparations before going to a party. Write six sentences using reflexive verbs with reflexive pronouns in the dative.

Lena geht heute auf Silvias Party. Sie... _____

_____

_____

_____

_____

_____

9A.3 Reciprocal verbs and reflexives used with prepositions

1 **Bestimmen Sie die Verben** Read the sentences and indicate whether each underlined verb is reflexive or reciprocal.

	reflexive	reciprocal
1. Meine Oma und ich <u>rufen uns</u> jeden Abend <u>an</u>.	○	○
2. Klara <u>kauft sich</u> einen neuen Regenschirm.	○	○
3. Nina, dein Hemd ist zu kurz! <u>Zieh dich</u> doch <u>um</u>!	○	○
4. Erik und Michaela <u>haben sich</u> erst gestern <u>kennen gelernt</u>.	○	○
5. <u>Treffen</u> wir <u>uns</u> später im Café?	○	○
6. Ich <u>habe mir</u> gerade einen Tee <u>bestellt</u>.	○	○
7. Meine Großeltern <u>lieben sich</u> sehr.	○	○
8. Ich möchte <u>mir</u> die Haare <u>waschen</u>.	○	○

2 **Was passt?** Choose the correct preposition for each sentence.

1. Die Kinder freuen sich (für / über) die Geschenke.

2. Julia ist (mit / in) Felix verliebt.

3. Ich kann mich (an / auf) die neue Routine nicht gewöhnen.

4. Wir freuen uns schon (an / auf) unsere Ferien.

5. Sie erinnern sich kaum (mit / an) ihre Kindergartenfreunde.

6. Nils interessiert sich (für / an) Fotografie.

7. Ihr ärgert euch immer (auf / über) unwichtige Sachen!

8. Die Studenten bereiten sich (auf / für) die Prüfung vor.

3 **Bilder beschreiben** Write a short sentence for each picture using a phrase from the list.

> sich abends anrufen sich in der Bibliothek kennen lernen
> sich im Café unterhalten ~~sich schreiben~~
> sich vor dem Restaurant küssen sich über die Hausarbeit streiten

Beispiel

Onkel Leo und Tante Susanne <u>schreiben sich</u>.

1.   2.   3.   4.   5.

1. Michael und Johanna _____.

2. Ihr _____.

3. Die Verlobten _____.

4. Paul und Anna _____.

5. Die Frau und ihr Mann _____.

Workbook

4   **Bilden Sie Sätze** Create six logical sentences by combining words from each column.

> **Beispiel**
>
> Frau Schmidt ärgert sich über ihr teures Handy.

A	B	C
du	sich ärgern über	das neue Buch
ich	sich aufregen über	das leckere Essen
ihr	sich erinnern an	der neue James Bond Film
die Studenten	sich freuen auf	ihr teures Handy
wir	sich freuen über	mein ehemaliger Professor
Frau Schmidt	sich vorbereiten auf	die neue Stadt

1. _____

2. _____

3. _____

4. _____

5. _____

6. _____

5   **An der Uni** Complete the dialogue below, filling in the missing prepositions.

ALEX Wollen wir uns zusammen (1) _____ die Prüfung vorbereiten?

ANNIKA Tolle Idee! Ich muss mich (2) _____ die Geschichte des alten Roms informieren.

ALEX Ja, ich kann mich nie (3) _____ die Namen der Kaiser erinnern.

ANNIKA Ach, es ist alles so langweilig! Ich interessiere mich überhaupt nicht (4) _____ solche Sachen!

ALEX Oh, bitte. Du darfst dich nicht so sehr (5) _____ eine Prüfung ärgern!

ANNIKA Du hast recht! Aber ich freue mich schon (6) _____ die Semesterferien!

6   **Schreiben** Write a description of how your parents met and fell in love. Use words from the list and appropriate past tenses.

sich anrufen	sich küssen	sich streiten	sich trennen	sich verlieben
sich kennen lernen	sich schreiben	sich treffen	sich unterhalten	sich vorstellen

_____

_____

_____

_____

_____

_____

_____

Workbook

Kapitel 9   Lektion 9B

KONTEXT

1 **Was passt zusammen?** Match each injury or symptom with a person or remedy that can help.

1. der Kopf tut weh _____   a. eine Spritze

2. will keine Grippe bekommen _____   b. ein Thermometer

3. sich den Arm brechen _____   c. Aspirin

4. Zahnschmerzen haben _____   d. die Notaufnahme

5. husten und niesen _____   e. der Zahnarzt

6. Fieber haben _____   f. ein Taschentuch

2 **Was fehlt?** Complete each sentence with the correct dative pronoun.

1. Nach dieser Busfahrt ist _____ schlecht. (ich)

2. Tut _____ das Bein weh? (Sie)

3. Was ist los? Ist _____ übel? (du)

4. _____ ist schwindlig. (er)

5. David und Lara haben zu viel gegessen. _____ tut der Bauch weh. (sie)

6. Paula hat sich den Arm gebrochen? Tut _____ der Arm noch weh? (sie)

3 **Sätze ergänzen** Complete the sentences with words from the list.

Apotheke	niesen	Spritze
Fieber	Rezept	Tabletten
Ibuprofen	sich erkälten	Thermometer

1. Mira hat _____. Sie _____ viel and braucht ein Taschentuch.

2. Mir ist so warm. Ich glaube, ich habe _____. Gib mir bitte das _____.

3. Es gibt so viele Leute, die Grippe haben! Wir brauchen wahrscheinlich eine

   _____ dagegen.

4. Mir tut der Kopf weh. Hast du _____ dabei?

5. Hier ist ein _____ für die _____. Sie bekommen die bei der

   _____ in der Hauptstraße.

4 **Schreiben** Write what each patient might say to a doctor based on the illustration. Be as detailed as possible.

> **Beispiel**
> Ich habe Fieber. Mir ist kalt und dann wieder heiß.

1.   2.   3.   4.   5.   6.

1. _____

2. _____

3. _____

4. _____

5. _____

6. _____

5 **Beim Arzt** Write the advice these doctors should give to their patients, based on the patients' complaints.

> **Beispiel**
> **FLORIAN** Ich habe Fieber.
> **DER ARZT** Du musst dich hinlegen und ausruhen. Halte dich warm und trinke viel Wasser.

1.   **FRAU KRÜGER**   Mir tut der Bauch sehr weh.

   DER ARZT _____

2.   **GRETA**   Ich habe Kopfschmerzen.

   DIE ÄRZTIN _____

3.   **DEVIN**   Ich habe mir weh getan.

   DER ARZT _____

4.   **HERR LANGE**   Ich niese und huste sehr viel.

   DER ARZT _____

5. **HERR UND FRAU BRAUN**   Wir möchten keine Grippe bekommen.

   DIE ÄRZTIN _____

STRUKTUREN

9B.1 *Der Konjunktiv II*

1 **Was fehlt?** Complete the table with the verb forms indicated.

	Präsens	Präteritum	Konjunktiv II
1.	ich habe		ich hätte
2.		du solltest	
3.	ihr mögt		
4.	wir geben	wir gaben	
5.	sie kommen		
6.		sie wünschte	

2 **Bestimmen Sie die Verben** Identify the underlined subjunctive verb form in each sentence as either weak or strong.

	weak	strong
1. Wir <u>sollten</u> mehr Sport treiben!	○	○
2. <u>Wäre</u> ich nicht krank, ginge ich ins Theater.	○	○
3. Wenn ich krank wäre, <u>bliebe</u> ich zu Hause.	○	○
4. <u>Wolltet</u> ihr ein Eis?	○	○
5. Wenn es nicht regnete, <u>gingen</u> wir spazieren.	○	○
6. <u>Möchten</u> Sie etwas zum Trinken?	○	○
7. Hätte ich keine Verspätung, <u>bliebe</u> ich länger.	○	○
8. Ich <u>kochte</u> einen Tee.	○	○

3 **Schreiben** Rewrite the sentences in the subjunctive.

> **Beispiel**
>
> Peter geht gern ins Theater.
> *Peter ginge gern ins Theater.*

1. Ich esse gern ein Wienerschnitzel.

   _____

2. Du darfst spät nach Hause kommen.

   _____

3. Wir wünschen Ihnen alles Gute zum Geburtstag!

   _____

4. Sie kann heute Abend ins Kino.

   _____

5. Geht ihr bitte zur Bäckerei?

   _____

6. Sie hat viel Zeit.

   _____

4 **Ratschläge** Complete each contrary-to-fact statement using the **Konjunktiv II**. Follow the model.

> **Beispiel**
> Du fährst nach Weimar. Du siehst deinen Onkel.
> *Wenn du nach Weimar führest, sähest du deinen Onkel.*

1. Du gehst spät ins Bett. Deshalb bist du so müde.

   Wenn du nicht so spät ins Bett _____, _____ du nicht so müde.

2. Das Bein tut mir weh. Ich kann nicht laufen.

   Wenn das Bein mir nicht weh _____, _____ ich laufen.

3. Wir haben keine Zeit. Wir können nicht zusammen im Restaurant essen.

   Wenn wir mehr Zeit _____, _____ wir zusammen im Restaurant essen.

4. Paul hat Sarahs Telefonnummer nicht. Er ruft sie nicht an.

   Wenn Paul Sarahs Telefonnummer _____, _____ er sie an.

5. Ihr könnt kein Russisch. Ihr fahrt nicht nach Moskau.

   Wenn ihr Russisch _____, _____ ihr nach Moskau.

5 **Was wäre, wenn...?** Express a wish about each activity.

> **Beispiel**
> Wenn wir heute nur reiten könnten.

1. _____   2. _____   3. _____   4. _____   5. _____
   _____   _____   _____   _____   _____

6 **Meine Wünsche** Write six sentences expressing things you wish you could do or have.

1. _____

2. _____

3. _____

4. _____

5. _____

6. _____

Workbook

9B.2 *Würden* with the infinitive

1 **Was fehlt?** Complete each sentence with the correct form of **würden**.

1. Sie _____ gern den neuesten Film sehen.

2. Wenn ich Zeit hätte, _____ ich dich besuchen.

3. _____ du mir das Thermometer geben?

4. _____ ihr euch jemals trennen?

5. Wir _____ gern nach Paris reisen.

6. Was _____ Elisabeth machen, wenn sie ganz allein wäre?

2 **Was würden Sie lieber tun?** Look at each pair of images and state which you prefer. Use the words in the list or others of your own choosing.

sich ausruhen	sich den Arm brechen
sich das Bein brechen	draußen laufen
früh aufstehen	im Fitnesszentrum laufen
ins Krankenhaus gehen	spät aufstehen

Beispiel

Ich würde lieber baden als duschen.

1.

2.

3.

4.

1. _____

2. _____

3. _____

4. _____

Workbook

3 **Antworten** Answer the questions with phrases from the list. Write complete sentences.

> **Beispiel**
>
> Was würdest du machen, wenn du Fieber hättest?
> *Wenn ich Fieber hätte, würde ich im Bett bleiben.*

mir ein neues Auto kaufen	den Krankenpfleger nach einem Pflaster fragen
ein neues Buch kaufen	mehr Sport treiben
dir helfen	zum Zahnarzt gehen

1. Was würdest du machen, wenn du dich verletztest?

   _____

2. Was würdest du machen, wenn ich die Hausaufgabe nicht verstünde?

   _____

3. Was würdest du machen, wenn du ein Buch verlörest?

   _____

4. Was würdest du machen, wenn du Zahnschmerzen hättest?

   _____

5. Was würdest du machen, wenn du im Lotto gewännest?

   _____

6. Was würdest du machen, wenn du nicht fit wärest?

   _____

4 **Schreiben** Write a polite request for each situation using the correct form of **würden** and the cues provided.

> **Beispiel**
>
> du / das Fenster zumachen
> *Würdest du das Fenster zumachen?*

du / mir ein Glas Limonade machen   ihr / die Ärztin anrufen   Sie / mit mir einen Kaffee trinken

1. _____   2. _____   3. _____

   _____   _____   _____

Sie / mir etwas Zucker bringen   ihr / einen Spaziergang machen

4. _____   5. _____

   _____   _____

Kapitel 10

Lektion 10A

1 Rätsel Find the words in the grid. They can appear backward, forward, vertically, horizontally, or diagonally.

Adresse
Brief
Drogerie
Geldautomat
Kiosk
Kleingeld
Post
Waschsalon

```
G B N Ä S J P E I M D
I E O I R F D L O L R
P K L E I N G E L D O
E N A D T Ä T P P G
W E S M A K H G F D E
A A H I D U E T S Z R
Q F C R R I T S E B I
E E S U E K I O S K E
C I A Ö S U T P M E A
D R W P S Ü R E I A L
E B O R E F O L W M T
```

2 Was passt? Indicate three things you could do at each of these places of business.

a. zum Geldautomaten gehen
b. Briefmarken kaufen
c. mit einer Briefträgerin sprechen
d. eine E-Mail schreiben
e. Geld einzahlen
f. im Internet surfen
g. einen Kaffee trinken
h. Bargeld abheben
i. eine Postkarte einwerfen

1. auf der Bank _____   2. im Internetcafé _____   3. auf der Post _____

3 Geschäfte Which errands can you do where?

im Blumengeschäft   im Juweliergeschäft   auf der Post
in der Drogerie   am Kiosk   im Rathaus

Beispiel
Wo kaufe ich Rosen, Lilien und Tulpen?
im Blumengeschäft

1. Wo bekomme ich einen Personalausweis?
_____

2. Wo kann ich Kosmetikartikel und Shampoo kaufen?
_____

3. Wo kann ich eine Halskette kaufen?
_____

4. Wo bekomme ich Briefmarken?
_____

5. Wo gibt es Zeitungen?
_____

4 **Was passt zusammen?** Match each expression with its opposite.

1. _____ bar bezahlen

2. _____ Geld abheben

3. _____ die Bank ist geöffnet

4. _____ einen Brief abschicken

5. _____ Münzen

a. die Bank ist geschlossen

b. mit der Kreditkarte bezahlen

c. einen Brief bekommen

d. Geldscheine

f. Geld einzahlen

5 **Bilder beschreiben** Write two sentences about each picture using the lesson vocabulary. Decide where the people are and what they are doing.

> **Beispiel**
>
> Der Mann kauft eine Zeitung am Kiosk.
> Samstags kauft er oft eine Zeitschrift.

1. _____

   _____

2. _____

   _____

3. _____

   _____

4. _____

   _____

6 **Schreiben** Write six sentences about errands you did in town this week using the lesson vocabulary and the **Perfekt**.

> **Beispiel**
>
> Ich habe ein Paket für meine Schwester auf die Post gebracht.

1. _____

2. _____

3. _____

4. _____

5. _____

6. _____

STRUKTUREN

10A.1 Subordinating conjunctions

1 **Was passt?** Select the appropriate conjunction in each sentence.

1. Weißt du, (ob / obwohl) es nachmittags beim Bäcker noch Vollkornbrot gibt?

2. Sara geht gern ins Internetcafé, (damit / obwohl) sie zu Hause zwei Computer hat.

3. (Nachdem / Bevor) Anna mit Simon drei Stunden gelernt hatte, hatte sie keine Angst mehr vor der Prüfung.

4. Schickst du mir eine Postkarte, (wenn / als) du im Sommer in die Türkei fährst?

5. (Als / Wenn) wir in Rom waren, haben wir jeden Morgen Espresso getrunken.

6. Rufst du mich bitte an, (bevor / wenn) du angekommen bist?

2 **Was passt zusammen?** Choose the logical conclusion for each statement.

1. Wir fahren morgen zum Strand, _____   a. wenn du wieder in München bist.

2. Ruf mich doch an, _____   b. wenn ich in die Drogerie gehe?

3. Wir helfen euch gern, _____   c. muss man viel lernen.

4. Wenn du nicht mitkommst, _____   d. dann gehe ich alleine.

5. Wenn man eine gute Note bekommen   e. wenn ihr Hilfe braucht.

   will, _____   f. wenn das Wetter gut ist.

6. Soll ich dir etwas mitbringen, _____

3 **Fragen** Change the direct questions into indirect questions using the expressions provided.

> Weißt du...   Kannst du mir sagen...
> Wissen Sie...   Können Sie mir sagen...

Beispiel

> Wer war der erste deutsche Bundeskanzler?
> *Können Sie mir sagen, wer der erste deutsche Bundeskanzler war?*

1. Wie komme ich zum Alexanderplatz?

   _____

2. Aus welcher Stadt kommt Angela Merkel?

   _____

3. Wann hat man die Berliner Mauer gebaut?

   _____

4. Wann ist die Berliner Mauer gefallen?

   _____

Workbook

Workbook

4 **Bilden Sie Sätze** Complete the sentences about Anna using the conjunction **als** and the **Perfekt**.

Beispiel

sechs Jahre alt // in die Grundschule kommen
Als Anna 6 Jahre alt war, ist sie in die Grundschule gekommen.

1. acht Jahre alt // Cello lernen

_____

2. zehn Jahre alt // sich das Bein brechen

_____

3. zwölf Jahre alt // in die USA fliegen

_____

4. zwölf Jahre alt // ihre Tante in Florida besuchen

_____

5. zwölf Jahre alt // Emily in Florida kennen lernen

_____

6. vierzehn Jahre alt // Emily nach Berlin einladen

_____

5 **Weil...** Answer the questions using **weil** and the suggested answers from the list.
Pay attention to word order.

Die Ampel ist rot.	Ich kann nicht tanzen.
Es ist fast den ganzen Tag dunkel.	Ich will Blumen für meine Freundin kaufen.
Ich habe eine Erkältung.	Kein Bus fährt so früh morgens zum Flughafen.

Beispiel

Warum kommt ihr nicht mit ins Kino?
Weil wir keine Zeit haben.

1. Warum gehen wir nicht mal tanzen?

_____

2. Warum musst du zum Arzt?

_____

3. Warum bestellst du ein Taxi?

_____

4. Warum fährst du nicht los?

_____

5. Warum gehen wir zum Blumengeschäft?

_____

6. Warum ist der Dezember so furchtbar?

_____

10A.2 Adjectives used as nouns

1 **Was fehlt?** Complete the sentences with the corresponding adjectival nouns.

> **Beispiel**
>
> die kranke Frau:
> Die Kranke <u>ist hundert Jahre alt.</u>

1. der alte Mann: _____ spielt gern Schach.

2. die armen Leute: _____ haben wenig Geld.

3. die reiche Frau: _____ ist sehr großzügig.

4. der langweilige Professor: _____ gibt zu viele Prüfungen.

5. das schwarze Kleid: _____ gefällt mir sehr gut.

6. das moderne Haus: _____ hat ein Schwimmbad.

2 **Was ist richtig?** Complete the sentences with words from the list.

> Arme   Bekannter   Arbeitsloser   Verlobte   Verwandten

1. In den Ferien waren wir bei _____ in der Schweiz.

2. Ein _____ von mir wohnt in Zürich.

3. Annika, du _____ ! Du hast Grippe!

4. Ist dein Bruder _____ ? Nein, er hat einen Job.

5. Eriks _____ kommt aus Brasilien. Sie ist sehr nett.

3 **Bilder beschreiben** Write a complete sentence for each picture using an adjective from the list as a noun.

> alt   klein
> hungrig   verlobt
> jugendlich

> **Beispiel**
>
> langweilig
> <u>Der Langweilige spricht zu viel.</u>

1. _____

2. _____

3. _____

4. _____

4 Endungen Complete the sentences with adjectival nouns. Use words from the list or make up your own. Provide appropriate endings.

> bekannt-   rothaarig-
> besonder-   salzig-
> blond-   süß-

A. Ich habe heute keine Lust auf etwas (1) _____. Aber etwas (2) _____ möchte ich noch essen.

B. Habt ihr gestern noch etwas (3) _____ gemacht?

C. Wir haben mit einem (4) _____ von Thomas gesprochen.

D. In seiner Familie sind nur (5) _____ und (6) _____.

5 Sätze ergänzen Complete each sentence with a noun formed from the given adjective.

Beispiel

Ich wünsche mir etwas *Schönes* zum Geburtstag. (schön)

1. Was gibt es _____? (neu)

2. Es war nichts _____. (wichtig)

3. Ich habe schon viel _____ über ihn gehört. (positiv)

4. Mir ist etwas sehr _____ passiert. (dumm)

5. Ich muss dir etwas _____ erzählen. (interessant)

6 Lena kocht Complete the dialogue using nouns created from the adjectives provided.

LENA Ich möchte heute kochen. Willst du etwas (1) _____ oder etwas (2) _____ essen? (deutsch / vegetarisch)

FLORIAN Am liebsten etwas (3) _____ und zum Nachtisch etwas (4) _____, denn ich habe Hunger. (vegetarisch / süß)

LENA Möchtest du nur etwas (5) _____ im Salat oder auch etwas (6) _____? (grün / gekocht)

FLORIAN Lieber nur etwas (7) _____. (grün)

LENA An Musik kann ich etwas (8) _____ oder etwas (9) _____ anbieten. (klassisch / modern)

FLORIAN Ich möchte lieber nichts (10) _____! (klassisch)

LENA Welches Kleid gefällt dir besser? Dieses (11) _____ oder das (12) _____? (schwarz / rot)

FLORIAN Mir gefällt das (13) _____. In diesem Kleid siehst du toll aus! (rot)

Workbook

10A.3 *Das Futur I*

1   **Was fehlt?** Fill in the correct form of **werden** to complete each sentence in the **Futur I**.

> *Beispiel*
>
> Wir <u>werden</u> heute etwas Mexikanisches essen.

1. Meine Familie _____ im Sommer in Urlaub fahren.

2. Ich _____ mit Kreditkarte bezahlen.

3. _____ du deinen Vater anrufen?

4. Anna _____ die Blumen bestellen.

5. _____ Sie das Formular heute ausfüllen?

6. _____ ihr mit ins Café kommen?

2   **Bilden Sie Sätze** Write sentences with the elements using **Futur I**.

> *Beispiel*
>
> er / wohl / mit seiner Kreditkarte / zahlen
> Er wird wohl mit seiner Kreditkarte zahlen.

1. es / morgen / sicher / regnen

   _____

2. sie / wahrscheinlich / krank / sein

   _____

3. ihr / am Wochenende / wahrscheinlich / keine Zeit / haben

   _____

4. der Bus / drei Stunden / Verspätung / haben

   _____

5. Paul und Nina / nächsten Monat / umziehen

   _____

6. wo / du / deinen Geburtstag / feiern / ?

   _____

Workbook

3   **Urlaub am Strand** Complete the sentence for each picture using **Futur I** and a phrase from the list.

> **Beispiel**
>
> Wir <u>werden in der Sonne liegen</u>.

am Strand lesen	Musik hören
~~in der Sonne liegen~~	schlafen
Karten spielen	

    1. Sebastian _____ _____ _____ .

2. Klara _____ _____

    3. Ich _____ _____ _____ .

    4. Erik und Greta _____ _____

4   **Schreiben** Write a follow-up sentence for each situation using **Futur I**.

> **Beispiel**
>
> Thomas' Mutter hat morgen Geburtstag.
> Er wird ihr ein <u>Geschenk kaufen</u>.

1. Lara hat kein Bargeld, um die Blumen zu bezahlen.

    _____

2. Michaela hat keine Milch mehr.

    _____

3. Nils hat kein Benzin mehr.

    _____

4. Fabian möchte seiner Freundin einen Ring kaufen.

    _____

5. Annikas Wohnung ist zu klein.

    _____

6. Sebastian wird im Juni mit seinem Studium fertig sein.

    _____

5   **Was werden Sie machen?** Write responses to the following situations using **Futur I**.

1. Sie gewinnen € 2.000 im Lotto.

    _____

2. Sie sehen einen berühmten Musiker in einem Café in Berlin.

    _____

3. Beim Wandern im Yosemite Park kommt ein Bär auf Sie zu.

    _____

Kapitel 10   Lektion 10B

KONTEXT

1 **Buchstabensalat** Unscramble these five lesson vocabulary words to find out where Sophia meets Moritz for a picnic.

1. TSATD

   ☐ ☐ ☐ ☐ ☐
       3   8   10

2. RIKCEH

   ☐ ☐ ☐ ☐ ☐ ☐
      1   6   5

3. ZIERASTRFEBEN

   ☐ ☐ ☐ ☐ ☐ ☐ ☐ ☐ ☐ ☐ ☐ ☐ ☐
        9   4   12

4. GÄBEDUE

   ☐ ☐ ☐ ☐ ☐ ☐ ☐
      7   11

5. LAMEP

   ☐ ☐ ☐ ☐ ☐
          2

   ☐ ☐   ☐ ☐ ☐ ☐ ☐ ☐ ☐ ☐ ☐ ☐
   1 2   3 4 5 6 7 8 9 10 11 12

2 **Was passt zusammen?** Match each word or expression with its opposite.

1. _____ hochgehen   a. nah

2. _____ weit von   b. heruntergehen

3. _____ rechts abbiegen   c. aufstehen

4. _____ sich hinsetzen   d. links abbiegen

5. _____ einsteigen   e. aussteigen

3 **Wegbeschreibung** Complete the directions to the shopping center with words from the list.

abbiegen	geradeaus
Einkaufszentrum	Innenstadt
folgen	Nähe
Gebäude	

Das große (1) _____ liegt in der (2) _____. Es ist ganz in der (3) _____

vom Rathaus. (4) _____ Sie der Hauptstraße bis zum Schlossplatz. Dann müssen Sie an der

Ampel links in die Alleestraße (5) _____. Das ist eine Fußgängerzone. Wenn Sie jetzt einfach

immer (6) _____ laufen, sehen sie nach 200 Metern ein großes, modernes

(7) _____ mit roten Fenstern. Das ist das Einkaufszentrum.

4 **Was fehlt?** Complete the dialogue using the words from the list.

> Einkaufszentrum   Kreuzung   Telefonzelle
> entlang   mitnehmen   weit
> gegenüber

TOURISTIN Wo finde ich eine (1) _____ ? Ich habe mein Handy verloren.

STUDENT Gehen Sie die Hauptstraße (2) _____ und biegen Sie an der

(3) _____ links ab. Bevor Sie zum großen Einkaufszentrum kommen,

sehen Sie eine Telefonzelle (4) _____ von einem Brunnen.

TOURISTIN Ist es (5) _____ von hier?

STUDENT Nein, nur drei Minuten! Soll ich Sie (6) _____ ? Ich laufe in dieselbe

Richtung. Ich muss zum (7) _____ .

TOURISTIN Oh, das ist sehr nett von Ihnen. Ich komme gern mit.

5 **Definitionen** Read each statement and write the word or expression from the unit vocabulary that is most closely associated with it. Include the definite article.

1. Sie überquert einen Fluss oder eine Autobahn. _____

2. Hier überqueren Fußgänger eine Straße. _____

3. Hier dürfen keine Autos und keine Fahrräder fahren. _____

4. Wenn sie grün ist, darf man losfahren. _____

5. Rechts und links von dieser Straße stehen oft schöne Bäume. _____

6. Man kann auf ihr sitzen. _____

6 **Schreiben** Write a brief conversation based on the photo.

Nils sucht ein Internetcafé und die Post. Er fragt Emil nach dem Weg.

NILS _____

EMIL _____

NILS _____

EMIL _____

NILS _____

EMIL _____

NILS _____

EMIL _____

Workbook

STRUKTUREN

10B.1 Prepositions of direction

1 **Was fehlt?** Complete each sentence with **nach** or **in**.

1. Ich möchte _____ Prag reisen.

2. Möchtet ihr _____ die Tschechische Republik fahren?

3. Wir möchten _____ Brasilien reisen.

4. Emma möchte _____ die Niederlande fahren.

5. Möchtest du _____ Australien reisen?

6. Jan möchte _____ den Irak reisen.

7. Möchten Sie _____ Florida reisen?

2 **Schreiben** Write sentences about where these people go to carry out the activities described. Use phrases from the list and begin each sentence with a subject pronoun, as in the model.

Beispiel

Mira muss ihre Wäsche waschen.
Sie geht in den Waschsalon.

zu Aldi gehen	ins Rathaus gehen
auf den Markt gehen	an den Strand fahren
auf die Post gehen	in die Unibibliothek gehen

1. Katharina will Briefmarken kaufen.

   _____

2. Tom möchte mit dem Bürgermeister sprechen.

   _____

3. Maria und Erik lieben die Sonne und das Meer.

   _____

4. Julian braucht Bücher für sein Seminar.

   _____

5. Frau Lehmann braucht Milch, Orangensaft und Brot.

   _____

6. Anna möchte frisches Obst kaufen.

   _____

3 **Was passt?** Choose the correct preposition.

1. Wie kommt man am schnellsten von der Bibliothek (zum / nach dem / an das) Stadion?

2. Wohnt Thomas noch (in / nach / zu) Hause oder wohnt er allein?

3. Ich will das Bild (an / auf / über) das Sofa hängen.

4. In den Ferien fahren die Kinder (nach / zu / bei) ihren Großeltern.

5. Wir fahren morgen (an / nach / über) Stuttgart nach Frankfurt.

Kapitel 10 Workbook Activities   **141**

4 **Bilder beschreiben** Indicate where the people in the pictures are going using prepositions of direction.

1. _____

2. _____

3. _____

4. _____

5 **Im Restaurant** Complete the text with **auf, in,** or **neben**.

Legen Sie zuerst eine Tischdecke (1) _____ den Tisch, und

stellen Sie dann die Teller (2) _____ den Tisch. Legen Sie die

Gabel links (3) _____ den Teller und das Messer rechts.

Stellen Sie die Gläser (4) _____ die rechte Seite

(5) _____ die Teller. Die Servietten können Sie

(6) _____ die Gläser stecken oder (7) _____ die Teller legen. Und vergessen Sie

nicht, die Blumen (8) _____ den Tisch zu stellen. Dann sieht es richtig schön aus!

6 **Fragen beantworten** Answer the questions in complete sentences using the phrases from the list.

ins Bett	auf den Sessel	ins Schwimmbad
in einen Club	auf eine Party	an einen See
ins Fitnessstudio	in ein Restaurant	ins Stadion

Beispiel

Wohin gehen Sie, wenn Sie müde sind?
Wenn ich müde bin, gehe ich ins Bett.

1. Wohin gehen Sie, wenn Sie Sport machen wollen?

   _____

2. Wohin gehen Sie, wenn Sie tanzen wollen?

   _____

3. Wohin gehen Sie, wenn Sie gut essen wollen?

   _____

4. Wohin gehen Sie, wenn Sie ein Fußballspiel sehen wollen?

   _____

5. Wohin gehen Sie wenn Sie schwimmen wollen?

   _____

Workbook

10B.2 Talking about nationality

1 **Nationalitäten** Complete the table with the appropriate countries, people, and adjectives.

	Land	Mann / Frau	Adjektiv
1.	Deutschland	der Deutsche /	
2.		/ die Chinesin	chinesisch
3.	Frankreich	der Franzose /	
4.		/ die Engländerin	
5.		/	italienisch
6.	die Türkei	/ die Türkin	
7.	Kanada	der Kanadier /	

2 **Bilden Sie Sätze** Write sentences about each person's nationality and language.

Beispiel

Tessa: aus den USA Tessa ist Amerikanerin und spricht Englisch.

1. Tanja: aus Russland _____

2. Jonas: aus Österreich _____

3. Maria: aus Mexiko _____

4. Nicolas: aus Frankreich _____

5. Lisa: aus Deutschland _____

6. Veronica: aus Spanien _____

3 **Fragen und Antworten** Write a question and answer about each person's nationality.

Beispiel

Emil / Deutscher (aus der Schweiz)

Ist Emil Deutscher?

Nein, er ist kein Deutscher, er ist Schweizer.

1. Sakura / Amerikanerin (aus Japan)

_____

_____

2. Arnold / Deutscher (aus Österreich)

_____

_____

3. Kiran / Russe (aus Indien)

_____

_____

4. Soo / Italienerin (aus Korea)

_____

_____

Workbook

Workbook

4 **Was fehlt?** Complete each sentence with the correct country, nationality, or language.

1. In der Türkei sprechen die Leute _____.

2. In der _____ spricht man vier Sprachen: Deutsch, Französisch, Italienisch und Rätoromanisch.

3. Mein Vater ist Deutscher und lebt in Japan. Er spricht drei Sprachen fließend: Deutsch, _____ und Englisch.

4. Sie wohnt in Kuba und spricht _____.

5. Meine beste Freundin ist _____ und lebt in Paris.

5 **Sätze ergänzen** Complete each sentence with the correct form of the adjective provided.

1. Ich sehe gern _____ (europäisch) Filme.

2. Magst du lieber _____ (deutsch) oder _____ (amerikanisch) Schokolade?

3. _____ (Schweizer) Käse ist der beste!

4. Sachertorte und Mozartkugeln sind _____ (österreichisch) Spezialitäten.

5. Weihnachtsmärkte sind eine _____ (deutsch) Tradition.

6 **Schreiben** Write sentences about what you like to eat or drink using words from the list or providing your own. Use appropriate adjective endings.

> **Beispiel**
>
> Ich esse gern italienisches Eis.

das Eis	chinesisch
der Kaffee	deutsch
der Käse	englisch
das Mineralwasser	französisch
die Salami	holländisch
der Tee	italienisch
die Tortillas	mexikanisch

1. _____

2. _____

3. _____

4. _____

5. _____

6. _____

Kapitel 11   Lektion 11A

KONTEXT

1   Was passt nicht? Choose the word that does not belong.

1. der Hörer, die Ausbildung, die Büroklammer, der Hefter

2. die Geschäftsführerin, der Assistent, das Stellenangebot, der Angestellte

3. das Empfehlungsschreiben, der Lebenslauf, die Referenz, das Geschäft

4. der Termin, der Geschäftsführer, die Bewerberin, die Assistentin

5. die Pinnwand, die Berufsausbildung, die Stelle, das Praktikum

2   Buchstabensalat Unscramble each work-related term and write the correct word in the space provided.

1. EGALHT _____

2. FRAIM _____

3. UNGRFREAH _____

4. FONMEERNUMELT _____

5. TRAPPAA _____

6. ERBÜAMKLMOR _____

7. IMTERN _____

8. FEELWARSCHTIE _____

9. FRUEB _____

10. TRACHNICH _____

3   Das Vorstellungsgespräch Complete this job interview. Not all words will be used.

Angestellte	Empfehlungsschreiben	Lebenslauf
Ausbildung	Erfahrung	Referenzen
Beruf	Gehalt	Stellen

PERSONALCHEF Guten Tag, Frau Krüger! Erzählen Sie doch mal ein wenig über sich.

FRAU KRÜGER Ich habe eine (1) _____ als Architektin gemacht.

PERSONALCHEF Haben Sie viel (2) _____ mit Kunden?

FRAU KRÜGER Ja! Wie Sie in meinem (3) _____ lesen können, habe ich schon fünf Jahre gearbeitet.

PERSONALCHEF Können Sie uns drei (4) _____ angeben?

FRAU KRÜGER Ich habe einige (5) _____ für Sie mitgebracht.

PERSONALCHEF Sie sind sehr gut vorbereitet! Haben Sie Fragen für mich?

FRAU KRÜGER Ja. Wie viele andere (6) _____ gibt es in der Firma?

PERSONALCHEF Insgesamt einunddreißig, aber wir haben im Moment drei (7) _____ frei. Danke, dass Sie heute gekommen sind. Wir werden uns bald wieder sprechen. Auf Wiedersehen!

4 **Ein Gespräch** Add numbers to the lines to put this phone conversation in order.

_____ a. Ich bin Herr Meyer. Können Sie Frau Schneider sagen, dass ich mit ihr über meine Bewerbung sprechen möchte?

_____ b. Vielen Dank! Schönen Tag noch.

_____ c. Die ist null, sechs, neun, fünfundvierzig, dreiunddreißig, zwanzig.

_____ d. Frau Schneider ist nicht in Büro, aber ich kann eine Nachricht hinterlassen. Wer spricht, bitte?

_____ e. Gut. Ich gebe ihr die Nachricht.

_____ f. Guten Tag! Kann ich bitte mit der Personalchefin reden?

_____ g. Geben Sie mir doch bitte Ihre Telefonnummer.

5 **Bilder beschreiben** Write a sentence to describe each picture using the cues and lesson vocabulary.

Beispiel

Martina **ruft die Firma an**.

Ich rufe wegen der Stelle an.

Danke für den Anruf.

1. Martina _____
2. Sie _____
3. Sie _____
4. Die Firma _____

6 **Schreiben** Write a short résumé for yourself, using the questions as a guide.

- Was für eine Berufsausbildung haben Sie?
- Was sind Ihre Berufserfahrungen?
- Was interessiert Sie besonders an diesem Beruf?
- Welche Fremdsprachen sprechen Sie?
- Was können Sie gut?

_____
_____
_____
_____
_____
_____

STRUKTUREN

11A.1 Relative pronouns

1 **Was passt?** Choose the correct relative pronoun to complete each sentence.

1. Nach der Arbeit gehen wir in das Restaurant, (was / wo) ich meinen Geburtstag gefeiert habe.
2. Hast du die Briefumschläge bekommen, (der / die) ich gestern bestellt habe?
3. Dieter liest die Stellenangebote in der Zeitung, (das / die) er am Kiosk gekauft hat.
4. Das ist alles, (was / wo) Manfred zu mir gesagt hat.
5. Herr Lange kommt aus der Stadt, (was / wo) Marias Eltern wohnen.
6. Der alte Computer, (der / den) in Frau Meyers Büro steht, funktioniert nicht mehr.

2 **Denen, deren oder dessen?** Choose the correct relative pronoun to complete each sentence.

1. Haben Sie alle Mitarbeiter, mit (denen / deren / dessen) Sie zusammenarbeiten, kennen gelernt?
2. Wir haben dem Bewerber, (denen / deren / dessen) Empfehlungsschreiben sehr gut waren, gratuliert.
3. Die Firma, (denen / deren / dessen) Büros in Köln sind, hat mir ein Stellenangebot gemacht.
4. Herr Krüger ist zu allen Bewerbern, mit (denen / deren / dessen) er spricht, sehr freundlich.
5. Die neuen Telefone, auf (denen / deren / dessen) Installierung wir lange gewartet haben, sind endlich im Büro.
6. Der Personalchef hat das Büro, (denen / deren / dessen) Möbel sehr alt waren, renoviert.
7. Die neuen Assistenten, (denen / deren / dessen) Namen ich vergessen habe, fangen nächsten Montag hier an.

3 **Relativpronomen** Complete the sentences with relative pronouns from the list. Not all words will be used.

das	der	die
dem	deren	was
den	dessen	wo

1. Anja muss den Lebenslauf, an _____ sie heute gearbeitet hat, bis morgen abschicken.
2. Der Computer, _____ wir neulich gekauft haben, ist schon kaputt.
3. Auf Mallorca, _____ ich letztes Jahr Urlaub machte, scheint fast immer die Sonne.
4. Dort steht das Gebäude, in _____ das Unternehmen umziehen will.
5. Der Assistent wird Ihnen alles bestellen, _____ Sie zum Arbeitsbeginn brauchen.
6. Wo finde ich den Personalchef, _____ mich interviewen will?

4   **Was fehlt?** Complete the dialogue with the appropriate relative pronouns.

FRAU KOCH   Gibt es noch viele Nachrichten, (1) _____ ich dringend beantworten muss?

MICHAEL   Nein, Frau Koch. Das ist alles, (2) _____ Sie heute machen müssen.

FRAU KOCH   Sind die Büromaterialien angekommen, (3) _____ ich vor meinem Urlaub bestellt habe?

MICHAEL   Ja, Frau Koch. Ich musste aber die Firmen, bei (4) _____ Sie sie bestellt hatten, dreimal anrufen.

FRAU KOCH   Vielen Dank. Ich glaube, Sie bekommen bald die neue Stelle, um (5) _____ Sie sich beworben haben.

5   **Sätze verbinden** Combine the two sentences using the correct relative pronouns. Pay special attention to the word order in the relative clause.

> **Beispiel**
>
> Die Arbeit macht mir Spaß. Ich habe sie letzte Woche angefangen.
> *Die Arbeit, die ich letzte Woche angefangen habe, macht mir Spaß.*

1. Der Bewerber ist nicht gekommen. Ich hatte mit dem Bewerber einen Termin.

   _____

2. Ich kaufe bei der Bäckerei an der Ecke ein. Ihre Brötchen sind die leckersten.

   _____

3. Niklas arbeitet für Frau Schäfer. Sie besitzt den Kiosk.

   _____

4. Die Firma finde ich sehr interessant. Du arbeitest bei der Firma.

   _____

5. Ich interessiere mich für ein Geschäft. Da kann man ein hohes Gehalt bekommen.

   _____

6   **Schreiben** Complete each sentence in a meaningful way using a relative pronoun.

1. Herr Braun hat mit der Personalchefin gesprochen, _____

2. Am Telefon sprachen sie über die Stelle, _____

3. Sie schreibt einen Lebenslauf, _____

4. Anna kennt den Bewerber, _____

5. Ich bereite mich auf das Vorstellungsgespräch vor, _____

6. Sind das die Referenzen, _____?

11A.2 The past tenses (review)

1 **Ergänzen Sie** Complete the table with the missing verb forms.

	Infinitiv	Präteritum (er/sie/es)	Perfekt (er/sie/es)	Plusquamperfekt (er/sie/es)
1.	abfliegen	flog ab		
2.			hat funktioniert	hatte funktioniert
3.	sich kämmen			hatte sich gekämmt
4.	tragen		hat getragen	
5.	unterschreiben	unterschrieb		
6.	sich verletzen		hat sich verletzt	
7.		verstand		hatte verstanden
8.	sein		ist gewesen	

2 **Sätze umschreiben** Rewrite the sentences. Use the **Perfekt** in place of the **Präsens**, and the **Plusquamperfekt** in place of the **Präteritum**.

> **Beispiel**
>
> Hast du am Dienstag ein Vorstellungsgespräch?
> **Hast du am Dienstag ein Vorstellungsgespräch gehabt?**

1. Füllen Sie das Formular aus?

   _____

2. Jan und Jana bewerben sich um die gleiche Stelle.

   _____

3. Maria ging die Treppe hoch.

   _____

4. Frau Schmitz biegt in die Hauptstraße ab.

   _____

5. Lina fand die Büroklammern nicht.

   _____

6. Der Personalchef vereinbart einen Termin mit mir.

   _____

3 **Bilder beschreiben** Use the cues to describe the pictures using the **Präteritum**.

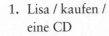

1. Lisa / kaufen / eine CD
2. Jasmin / rausbringen / der Müll
3. Philip / spülen / das Geschirr
4. Greta / laufen / im Park

1. _____

2. _____

3. _____

4. _____

Kapitel 11 Workbook Activities

Workbook

4 **Die Stelle** Complete the dialogue using verbs from the list in the **Perfekt**. Not all the verbs will be used.

anrufen	erinnern	sprechen
bewerben	hinterlassen	vereinbaren
entgegennehmen	schicken	vorbereiten

HERR WEBER Guten Morgen, Frau Schwarz! Ich habe Ihr Stellenangebot in der Zeitung gesehen. (1) _____ sich schon viele Bewerber für die Stelle als Assistentin _____?

FRAU SCHWARZ Ja! Und wir (2) _____ uns auf viele Bewerber _____.

HERR WEBER (3) _____ Sie schon Bewerber für Vorstellungsgespräche _____?

FRAU SCHWARZ Ja, Herr Weber. Wir (4) _____ mit einigen Bewerbern Termine für nächste Woche _____.

HERR WEBER Wunderbar! (5) _____ Sie mir eine Einladung zu diesen Terminen per E-Mail _____?

FRAU SCHWARZ Sicher, Herr Weber. Ich (6) _____ mich an alles _____.

HERR WEBER Gut! Ich danke Ihnen dafür.

5 **Mein Arbeitstag** Write an e-mail to your parents about your first day at work using the **Perfekt**, **Präteritum**, and **Plusquamperfekt** as appropriate. Use verbs from the list or others of your own choosing.

auflegen	bringen	schicken	unterschreiben
ausfüllen	kaufen	schreiben	warten

Beispiel

Am Morgen bin ich zur Personalchefin gegangen. Da musste ich viele Formulare ausfüllen. Dann...

_____

_____

_____

_____

_____

_____

_____

_____

KONTEXT

---

1 **Was passt?** Match each item on the left to the most logically related profession or occupation on the right.

_____ 1. Geld   a. Fabrikarbeiter
_____ 2. Essen   b. Bankangestellter
_____ 3. Häuser   c. Gärtnerin
_____ 4. Hunde und Katzen   d. Wissenschaftler
_____ 5. Autos   e. Feuerwehrfrau
_____ 6. Produkte   f. Köchin
_____ 7. Feuer   g. Taxifahrerin
_____ 8. Blumen   h. Klempnerin
_____ 9. Chemie   i. Immobilienmakler
_____ 10. Badewanne   j. Tierärztin

---

2 **Was sind Sie von Beruf?** Write a sentence to indicate the profession of each person.

Beispiel
Sie ist Immobilienmaklerin.

1.   2.   3.

1. _____
2. _____
3. _____

4.   5.   6.

4. _____
5. _____
6. _____

Workbook

3 Wen brauchen sie? Complete each sentence with the type of professional who can help with each of these problems.

Beispiel
Wir ziehen bald um und brauchen einen LKW.
Wir suchen *einen LKW-Fahrer*.

1. Die Katze von Marion ist verletzt. Sie braucht einen _____.
2. Wir fahren zum Flughafen. Wir fahren im Auto einer _____.
3. Bei Matthias steht die Küche unter Wasser. Er braucht einen _____.
4. Christa will eine Wohnung finden. Sie geht zu einer _____.
5. Herr Koch will Geld bei der Bank umtauschen. Er soll sich mit einer _____ unterhalten.
6. Der Bäcker will seine Finanzen in Ordnung bringen. Er sucht einen _____.

4 Was fehlt? Complete the story with words from the list. Not all words will be used.

anspruchsvoll	Chefin	fertig	halbtags	Urlaub
arbeitslos	entlassen	Gehaltserhöhung	Karriere	verdienen
Beförderungen	Erfolg	Gewerkschaft	kündigen	zuverlässig

Heute Morgen hat die (1) _____, Frau Krüger, alle in der Firma zu einer großen Besprechung eingeladen. Nicht nur die Mitarbeiter, sondern auch die (2) _____ war da. Frau Krüger sprach über den großen (3) _____ des neuesten Produktes. Einige Mitarbeiter bekamen (4) _____ wegen ihrer guten Arbeit. Alle Mitarbeiter, die im letzten Jahr (5) _____ waren, werden mehr Geld (6) _____. Andere bekommen nicht nur eine (7) _____, sondern auch längeren (8) _____. Leider hörten wir auch schlechte Nachrichten. Einige Mitarbeiter sind gescheitert und die Firma wird sie (9) _____. Andere dürfen nicht den ganzen Tag arbeiten, sondern nur (10) _____. Die Besprechung war um elf Uhr zu Ende und wir gingen wieder an die Arbeit.

5 Erzählen Sie Write a sentence for four of the professionals listed, and when you needed their services.

Beispiel
Als wir ein Feuer in der Küche hatten, haben wir die Feuerwehrleute angerufen.

Elektriker / Elektrikerin	Klempner / Klempnerin	Taxifahrer / Taxifahrerin
Hausmeister / Hausmeisterin	Gärtner / Gärtnerin	Tierarzt / Tierärztin

1. _____
2. _____
3. _____
4. _____

STRUKTUREN

11B.1 *Das Futur II*

1 **Was fehlt?** Complete the sentences using the given verbs in the **Futur II**.

Beispiel

Elisabeth <u>wird</u> sich bis Freitag um die Stelle als Büroangestellte
<u>beworben haben</u>. (bewerben).

1. Herr Schulz _____ bis Morgen sicher den Antrag _____ _____.
   (ausfüllen)

2. Der Hausmeister _____ wohl bis Freitag den Müll _____ _____.
   (raustragen)

3. Ihr _____ bis nächste Woche sicher _____ _____. (umziehen)

4. Sie, Frau Koch, _____ am Ende des Jahres doppelt so viel _____

   _____. (verdienen)

5. Bis das Semester beginnt, _____ du wahrscheinlich die Bücher dafür _____

   _____. (kaufen)

6. Bis nächste Woche _____ das Wetter bestimmt besser _____

   _____. (werden)

7. Bis in zwei Stunden _____ die Kranke endlich _____ _____.
   (einschlafen)

2 **In fünf Jahren** Complete the rephrased sentences using the **Futur II**. Follow the model.

Beispiel

Ich werde den Buchhaltungsabschluss machen.
Bis in einem Jahr <u>werde ich den Buchhaltungsabschluss gemacht haben</u>.

1. Wir werden das Büromaterial bestellen.

   Bis zum Nachmittag _____.

2. Ihr werdet euch auf die Prüfung vorbereiten.

   Bis nächste Woche _____.

3. Sie werden den Brief schreiben.

   Bis morgen _____.

4. Julius wird kündigen.

   In einigen Monaten _____.

5. Seine Karriere wird scheitern.

   In einem Jahr _____.

Workbook

3 **Bilden Sie Sätze** Combine elements from each column to write sentences in the **Futur II**. Add other words for more detail.

> **Beispiel**
>
> Ich werde wohl bis heute Nachmittag mein Zimmer aufgeräumt haben.

A	B	C
du	bis heute Abend	Besorgungen machen
ich	bis zum Sommer	Hochzeit feiern
ihr	in zwei Jahren	Erfolg im Beruf haben
Nils und Andrea	nach zehn Jahren	in Deutschland studieren
Sie	vor dem Abschluss	nach Asien reisen

1. _____
2. _____
3. _____
4. _____
5. _____

4 **Bilder beschreiben** Write one sentence in the **Futur II** about each picture with the cues given in combination with words of your own.

> **Beispiel**
>
> Geld am Bankautomaten holen
> *Vor dem Einkaufen wird sie wohl Geld am Bankautomaten geholt haben.*

1. einen Brief lesen

2. Theaterkarten kaufen

3. sich in der Stadt nicht zurechtfinden

4. das Kleid bezahlen

1. _____
2. _____
3. _____
4. _____

11B.2 Adjective endings (review)

1 **Adjektive nach *der*-Wörtern** Choose the correct adjective to complete each sentence.

1. Den (leckere / leckeren) Kuchen hat Oma gebacken.

2. Dieser (blaue / blauen) Rock passt nicht gut.

3. Ich mag den Titel dieses (dicken / dickes) Buches.

4. Karin liest nur die (interessante / interessanten) Zeitschrift.

5. Martin sprach am Freitag mit der (nette / netten) Nachbarin.

6. Mit diesem (dynamische / dynamischen) Bewerber will der Chef sprechen.

7. Stefan mag das (langweilige / langweiligen) Praktikum nicht.

8. Welche (schöne / schönen) Blumen kauft Bernd für seine Freundin?

9. Sein Erfolg ist das Resultat mancher (gute / guten) Erfahrung.

10. Interessante Arbeit kann man bei dieser (neue / neuen) Stelle finden.

2 **Adjektive nach *ein*-Wörtern** Choose the correct adjective to complete each sentence.

1. Martin hat seine (schmutzige / schmutziger) Wohnung aufgeräumt.

2. Ein (zuverlässiger / zuverlässiges) Klempner wohnt um die Ecke.

3. Im Büro gibt es eine (große / großer) Pinnwand.

4. Wo hast du dein (schönes / schönen) Kleid gekauft?

5. Warum hat er so eine (langen / lange) Nachricht hinterlassen?

6. Herr Wagner ist der Besitzer eines (neues / neuen) Restaurants.

7. Ich habe kein (billigeren / billigeres) Angebot im Internet gefunden.

8. Meine (schwarze / schwarzen) Katze muss bald zum Tierarzt.

9. Hast du lange mit deinem (egoistischen / egoistischem) Chef sprechen müssen?

10. An dieser Uni kann man eine (gute / guten) Ausbildung bekommen.

3 **Was fehlt?** Complete the conversation with the appropriate form of the adjectives in parentheses.

FRAU KLEIN Haben Sie gehört? Die Firma zieht in ein (1) _____ Büro um. (neu)

HERR MEYER Das sind ja (2) _____ Nachrichten! (interessant)

FRAU KLEIN Werden Sie beim Packen Ihrer (3) _____ Büromaterialien Hilfe brauchen? (viel)

HERR MEYER Nein, Frau Klein. Das geht schon.

FRAU KLEIN Sehr gut, aber wir haben nur noch einen (4) _____ Monat. (halb)

HERR MEYER Wenn das so ist, können Sie mir noch einen (5) _____ Assistenten finden? (fleißig)

FRAU KLEIN Wird gemacht, Herr Meyer!

4 **Bilder beschreiben** Write a sentence about each picture using the cues.

Beispiel

Dirk / spülen / dreckig / Geschirr
Dirk spült dreckiges Geschirr.

1. Anja / sich wünschen / sportlich / Auto

_____

_____

2. Holger und Elke / kochen / gesund / Essen

_____

_____

3. Ela und Sophia / sehen / spannend / Film

_____

_____

4. Klara / hören / fantastisch / Musik

_____

_____

5 **Schreiben** Write in detail about a favorite hobby, using adjectives in the list or words of your own choosing.

aufregend	einfach	geduldig	kreativ	nützlich
besonderes	fantastisch	interessant	leicht	persönlich

Beispiel

Kochen ist mein Hobby, da ich gerne mit buntem Gemüse arbeite.

_____

_____

_____

_____

_____

_____

Kapitel 12

KONTEXT

1 **Was passt nicht?** Indicate the word in each group that does not belong.

1. die Sonne, der Mond, die Erde, der Stein
2. das Blatt, der Baum, das Tal, der Busch
3. der See, der Wasserfall, der Weg, der Fluss
4. die Kuh, der Berg, das Eichhörnchen, das Schaf

2 **Kategorien** Put each word into the category to which it belongs.

1. das Eichhörnchen
2. der Berg
3. die Klippe
4. das Pferd
5. das Gras
6. der Baum
7. die Schlange
8. die Insel
9. das Tal
10. die Blume
11. der Hase
12. das Schaf
13. der Fluss
14. der Busch

Pflanzen	Tiere	Landschaften
_____	_____	_____
_____	_____	_____
_____	_____	_____
_____	_____	_____

3 **Was fehlt?** Complete the conversation with words from the list. Singular or plural forms might be required.

Feld	Kuh	Natur	Strand
Klippe	Landschaft	Sonnenuntergang	Wald

MARIA Ich hätte nie gedacht, dass mir ein Urlaub auf einer Insel ganz ohne Autos so gut gefallen könnte. Hiddensee ist die pure (1) _____!

JASMIN Gleich am ersten Abend haben wir den herrlichen (2) _____ am Meer gesehen. Und der tolle Strand war nicht weit von unserem Hotel.

MARIA Ich fand es wunderschön, dass wir morgens beim Frühstück auf der Hotelterrasse Pferde, (3) _____ und Schafe sehen konnten.

JASMIN Unsere Wanderung zu den weißen Klippen im Norden der Insel war aber der Höhepunkt des Urlaubs. Wir sind durch vier verschiedene (4) _____ gewandert.

MARIA Waren es wirklich vier?

JASMIN Ja, klar. Zuerst durch grüne (5) _____, dann durch einen kleinen (6) _____, dann am (7) _____ entlang durch den weißen Sand und ganz im Norden fanden wir schließlich die (8) _____.

MARIA Es hat so viel Spaß gemacht, mit dir die Insel zu erforschen.

4 **Landschaften** Look at the pictures and complete each caption using the appropriate phrase from the list.

Ich schwimme gern _im Meer._

am Strand	den Wasserfall
im Fluss	~~im Meer~~
im Wald	

1. Wir gehen _____ angeln.

2. Wir wandern _____ .

3. Wir laufen _____ .

4. Wir erforschen _____ .

5 **Was passiert im Park?** Describe the picture, discussing the landscape, food, and things going on.

_____
_____
_____
_____
_____
_____
_____
_____
_____
_____
_____
_____

6 **Schreiben** Write a short paragraph about what you like to do outdoors in various landscapes at different times of the year.

Im Winter fahre ich in den Bergen gern Ski.

_____
_____
_____
_____

STRUKTUREN

12A.1 *Der Konjunktiv der Vergangenheit*

1 **Was passt?** Indicate the correct form of the auxiliary verb.

1. Wenn ich das gewusst hätte, (hätte / wäre) ich zu Hause geblieben.
2. Ich wünschte, du (wärest / hättest) mitkommen können.
3. Wenn wir Zeit gehabt hätten, (wären / hätten) wir auch mitgekommen.
4. Es (wäre / hätte) viel besser gewesen, wenn er die Prüfung bestanden hätte.
5. Wenn ich deine Nummer gehabt hätte, (wäre / hätte) ich dich angerufen.
6. Was hätten Sie getan, wenn er das zu Ihnen gesagt (wäre / hätte)?

2 **Was fehlt?** Complete the sentences using subjunctive forms of **haben** or **sein**.

Beispiel

Katharina hat blonde Haare, aber sie **hätte** lieber schwarze Haare.

1. Philip hat zwei Schwestern, aber er _____ gern noch einen Bruder.
2. Ich bin ziemlich klein, und ich _____ gern größer.
3. In der Schule lernten wir Französisch, aber wir _____ auch gern Chinesisch gelernt.
4. Im Sommer waren die Yildirims in den USA, aber sie _____ gern noch nach Kanada gefahren.
5. Ihr wohnt in der Stadt. _____ ihr auch gern ein kleines Haus auf dem Land?

3 **Bilden Sie Sätze** Write sentences in the **Konjunktiv der Vergangenheit**, using the words provided.

Beispiel

er / nicht / viel zu spät / kommen
Er wäre nicht viel zu spät gekommen.

1. Sie (*pl.*) / den Polizisten / nach dem Weg fragen
2. ihr / an der Kreuzung / lange genug warten
3. wir / nicht / ins Museum gehen
4. du / den Weg zurück ins Hotel / finden
5. ich / mit dem Taxi zum Flughafen / fahren
6. der Chef / mir / das Taxi nicht bezahlen

Workbook

4 **Sätze ergänzen** Complete the sentences using the subjunctive in the past.

> *Beispiel*
>
> Wenn wir Türkisch gelernt hätten, <u>dann hätten wir mehr verstanden</u>.

 1.  2.  3.  4.

1. Wenn der Bus keine Verspätung gehabt hätte, _____.

2. Wenn ich zu seiner Einladung nicht „ja" gesagt hätte, _____.

3. Wenn es nicht schon so spät gewesen wäre, _____.

4. Wenn es nicht so nass gewesen wäre, _____.

5 **In der Vergangenheit** Rewrite each sentence in the **Konjunktiv der Vergangenheit**.

> *Beispiel*
>
> Wir sollten die Zimmer im Hotel früher reservieren.
> Wir hätten die Zimmer im Hotel früher reservieren sollen.

1. Wenn du Hilfe brauchst, komme ich gleich.

   _____

2. Dann kommen wir nicht und können andere Pläne machen.

   _____

3. Wenn du die Tür nicht aufmachst, dann rennt die Katze nicht hinaus.

   _____

4. Wenn ihr früher anruft, bekommt ihr bestimmt noch Karten für das Fußballspiel.

   _____

6 **Schreiben** Imagine four things that would have been different in your life under different circumstances.

> *Beispiel*
>
> Wenn mein Biologielehrer mir nicht so viel geholfen hätte, hätte ich nie Biologie an der Uni studiert.

_____

_____

_____

_____

12A.2 *Das Partizip Präsens*

1 Was fehlt? Write the correct adjective endings for the participles.

1. Beantworten Sie bitte die folgend_____ Fragen.

2. Ich habe am kommend_____ Montag keine Zeit.

3. Ein hustend_____ Mann stand vor der Tür.

4. Marie Curie war eine bedeutend_____ Wissenschaftlerin.

5. Wir setzen die Eier in kochend_____ Wasser.

6. Der duschend_____ Mann singt Opernarien.

7. Die singend_____ Vögel haben mich heute Morgen früh geweckt.

8. Vorsicht! Unter dem Stein liegt eine schlafend_____ Schlange.

9. Die Berge sehen bei der untergehend_____ Sonne schön aus.

2 Sätze ergänzen Write the correct form of the present or the past participle.

1. Der _____ (wachsen) Baum hat wenige Blätter.

2. Im _____ (kommen) Sommer möchte ich surfen lernen.

3. Kannst du die Tomaten unter _____ (laufen) Wasser waschen?

4. Die Studentin überraschte ihre _____ (lernen) Freunde in der Bibliothek.

5. Der gut _____ (aussehen) Bäcker nahm den Kuchen aus dem Ofen.

3 Partizipien Complete the statements with present participles used as adjectives.

> **Beispiel**
> Kinder, die spielen, sind *spielende Kinder*.

1. Eine Studentin, die liest, ist eine _____.

2. Ein Vogel, der spricht, ist ein _____.

3. Männer, die singen, sind _____.

4. Ein Kind, das lacht, ist ein _____.

5. Ein Fernseher, der funktioniert, ist ein _____.

6. Menschen, die warten, sind _____.

7. Autos, die fahren, sind _____.

Name _____   Datum _____

Workbook

4   **Bilder beschreiben** Write a sentence with a present participle that describes each illustration.

Beispiel

> Die Leute hören die singende Frau gern.

1. _____   2. _____

3. _____   4. _____

5   **Schreiben** Finish this story about animals. Use at least five participles based on the words in the list and the lesson vocabulary.

der Fisch	die Maus
der Hase	der Mond
das Pferd	das Schaf
die Kuh	der Vogel

aufgehen	schwimmen
erforschen	singen
küssen	wandern
schlafen	

Beispiel

> Bei der untergehenden Sonne läuft der kleine Hase aufs Gras. Da sieht der laufende Hase…

_____

_____

_____

_____

_____

_____

_____

_____

_____

_____

_____

_____

162   **Kapitel 12** Workbook Activities

Kapitel 12

KONTEXT

1 **Buchstabensalat** Unscramble the vocabulary to find the German word for an activity that helps the environment.

1. INWDGIERENE

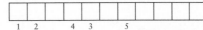

2. GIREENENEKR

3. WEUMVRELTHNUZSCMGUT

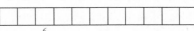

4. HBUTYIDAOR

5. RSAENP

```
[ ][ ][ ][ ][ ][ ][ ][ ][ ][ ][ ][ ][ ][ ][ ]
 1  2  3  4  5  6  7  8  9 10 11 12 13 14 15
```

2 **Was passt nicht?** Indicate the verb in each group that cannot be used with the noun.

1. **Umwelt:** sortieren, schützen, verschmutzen, erhalten

2. **Müll:** sortieren, reduzieren, trennen, ausschalten

3. **Hybridautos:** entwickeln, verschmutzen, bauen, kaufen

4. **Fahrgemeinschaften:** retten, benutzen, organisieren, bilden

5. **erneuerbare Energien:** benutzen, entwickeln, wegwerfen, verbessern

3 **Was passt zusammen?** Match the beginning of each sentence with its logical conclusion.

1. Wenn man ein kleines Auto fährt, _____

2. Wenn Sie mit dem Fahrrad und öffentlichen Verkehrsmitteln fahren, _____

3. Wenn wir Glas, Papier und Plastik trennen, _____

4. Wenn wir elektrische Geräte ausschalten, _____

5. Wenn unsere Regierungen umweltfreundliche Gesetze verabschieden (*pass*), _____

6. Für die tägliche Fahrt zur Arbeit _____

a. können wir unseren Müll reduzieren.

b. spart man Energie und Geld.

c. werden viele Fabriken weniger Giftmüll produzieren.

d. können wir auch zu Hause Energie sparen.

e. können wir Fahrgemeinschaften organisieren.

f. ist das gesund und umweltfreundlich.

Workbook

4 **Was fehlt?** Complete each statement with the correct form of the most logical verb from the list.

> reduzieren   schützen   verschmutzen
> produzieren   investieren   sein

1. Erneuerbare Energien _____ die Erderwärmung.

2. Recycling _____ die Umwelt.

3. Lebensmittel mit Plastikverpackungen _____ viel Müll.

4. Die Überbevölkerung _____ eines der größten ökologischen Probleme der Erde.

5. Die Regierung _____ in erneuerbare Energien.

5 **Bilder beschriften** Write captions for the photos using vocabulary from the list and adding your own words.

> Haushaltsmüll   recyceln   Sonnenenergie   verbessern
> Lösung   reduzieren   sparen   vergiften
> Luftverschmutzung   Smog   Stadtverkehr   wiederverwerten

1. _____   2. _____   3. _____   4. _____

_____   _____   _____   _____

6 **Schreiben** Write a paragraph of four to six sentences explaining how you and your friends help the environment. Use the expressions below and other lesson vocabulary.

> weniger Auto fahren   Gemüse und Obst auf dem Markt einkaufen
> elektrische Geräte ausschalten   weniger Müll produzieren
> E-Mails an Politiker schreiben   Tiere schützen

_____

_____

_____

_____

_____

_____

STRUKTUREN

12B.1 *Der Konjunktiv I* and indirect speech

1 **Indikativ oder Konjunktiv?** Indicate whether the indirect speech is in the **Indikativ** or the **Konjunktiv I**.

	Indikativ	Konjunktiv I
1. Klara sagt, sie wolle nur noch Sonnenenergie nutzen.	○	○
2. Ich denke, dass Hybridautos immer noch zu teuer sind.	○	○
3. Paul sagt, die Autofirmen sollten sich auf Elektroautos konzentrieren.	○	○
4. Er sagte, es sei doch ganz klar, dass sich die Erde erwärme.	○	○
5. David berichtet, dass er seit Jahren eine Fahrgemeinschaft habe.	○	○
6. Ben glaubt nicht, dass die anderen Fahrer immer pünktlich kommen.	○	○
7. Er sagt, er wolle auf keinen Fall zu spät kommen, deshalb sei die Fahrgemeinschaft nichts für ihn.	○	○

2 **Was passt?** Select the correct form of **Konjunktiv I** in each statement.

1. Sie wollte wissen, ob der Politiker die Wahrheit gesagt (hätte / habe).
2. Der Arzt fragte, ob Simon jetzt endlich gesünder essen (werde / wird).
3. Der Wissenschaftler erklärte, es (gebe / gibt) neue Technik für Solaranlagen.
4. Ein großer Wunsch der Ministerin wäre, dass die Automobilindustrie mehr umweltfreundliche Autos (entwickele / entwickelt).
5. Der Ingenieur meint, man (kann / könne) den Giftmüll nicht einfach in die Flüsse tun.
6. Die Bundespräsidentin meinte, unser Land (brauche / braucht) mehr Windenergie.

3 **Was fehlt?** Complete the table with the missing forms of **Konjunktiv I Präsens**.

	Indikativ	Konjunktiv I	Indikativ	Konjunktiv I
ich	habe	habe	nehme	4.
du	hast	1.	nimmst	5.
er / sie / es	hat	2.	nimmt	6.
wir	haben	haben	nehmen	nehmen
ihr	habt	3.	nehmt	7.
sie	haben	haben	nehmen	8.
Sie	haben	haben	nehmen	nehmen

4 **Aus der Zeitung** Rewrite the indicative sentences using indirect speech and **Konjunktiv I**.

> **Beispiel**
>
> Er sagte: „Man muss gefährdete Tierarten schützen."
> Er sagte, _man müsse gefährdete Tierarten schützen_.

1. Die Journalistin schreibt: „Der Bürgermeister hat eine Lösung gefunden."

   Die Journalistin schreibt, _____.

2. Der Bürgermeister meinte: „Die neue Autobahn ist keine gute Idee, weil sie den ganzen Stadtwald verschmutzt."

   Bürgermeister meinte, _____.

3. Frau Neumann sagte dazu: „Das kann nicht sein. Nur fünf Prozent des Waldes sind von der Autobahn betroffen (affected)."

   Frau Neumann sagte dazu, _____.

4. Herr Weber fragte: „Gibt es denn eine Alternative zu der Autobahn, da immer mehr Leute Auto fahren?"

   Herr Weber fragte, _____.

5. Der Bürgermeister antwortete: „Wenn Sie alle bereit sind, mehr öffentliche Verkehrsmittel zu benutzen, dann ist das Problem gelöst."

   Der Bürgermeister antwortet, _____.

5 **Kommentar** Read the blog comments below and write your reaction to them. Refer to at least two of the comments using indirect speech and **Konjunktiv I**.

> **Beispiel**
>
> Martina sagt, das Waldsterben sei eine große Gefahr. Das finde ich auch, aber...

> **Kommentare zum Blog _Meine Umwelt – unsere Umwelt_**
>
> **Martina B:** Das Waldsterben ist eine große Gefahr. Wenn der Wald stirbt, sterben nicht nur die Bäume, sondern auch andere Tier- und Pflanzenarten. Die traditionellen Kraftwerke verschmutzen die Luft zu sehr. Um den Wald zu erhalten, muss man alternative Energien entwickeln.
>
> **David H:** Wir brauchen aber viel Energie für unser Land. Ich denke, die Kernenergie ist eine saubere Alternative, wenn man die Kernkraftwerke sicher baut. Aber unsere Regierung will alle Atomkraftwerke bis 2020 schließen. Das soll sie nicht! Man kann doch nicht das ganze Land mit Wind- und Sonnenenergie versorgen.

_____

_____

_____

_____

_____

_____

12B.2 The passive voice

1 **Aktiv oder Passiv?** Indicate whether the sentences are in the active or passive voice.

	Aktiv	Passiv
1. Bei uns in der Stadt wird schon sehr lange recycelt.	○	○
2. Ich werde mit meinen Nachbarn eine Fahrgemeinschaft organisieren.	○	○
3. Die Erderwärmung wird in den kommenden Jahren immer mehr werden.	○	○
4. Der Giftmüll wurde von einer Spezialfirma abgeholt.	○	○
5. Elektroautos müssen verbessert werden.	○	○
6. Im neuen Jahr wird man ein Gesetz zum Schutz der Tiere verabschieden.	○	○

2 **Bilder beschreiben** Write a sentence that describes what happens in each place. Use the present tense of the passive voice.

> **Beispiel**
> der Flug / buchen
> **Auf dem Flughafen wird der Flug gebucht.**

1. das Essen / bestellen 2. Obst und Gemüse / kaufen 3. das Auto / reparieren 4. der Brief / abschicken

_____ _____ _____ _____

_____ _____ _____ _____

3 **Passivsätze** Rewrite the sentences using the passive in the **Präsens** and a prepositional phrase with **von**.

> **Beispiel**
> Die Katze frisst die Maus.
> **Die Maus wird von der Katze gefressen.**

1. Der Ingenieur schreibt das Programm.

_____

2. Karin recycelt Glas, Papier und Plastik.

_____

3. Der Müllwagen bringt den Haushaltsmüll weg.

_____

4. Die Fabrik verschmutzt das Flusswasser.

_____

5. Die Regierung schlägt neue Umweltschutzgesetze vor.

_____

6. Julian schaltet das Licht aus.

_____

Workbook

4 **Bilden Sie Sätze** Write five sentences using the passive voice and the modal **müssen**.

> *Beispiel*
>
> den Müll wegwerfen: *Der Müll muss weggeworfen werden.*

1. die Nachbarin anrufen: _____
2. die Briefe zur Post bringen: _____
3. die Fenster schließen: _____
4. die Koffer packen: _____
5. die Wäsche waschen: _____

5 **Fragen** Write questions using the present tense of the passive voice.

> *Beispiel*
>
> in welchen Ländern / Deutsch / sprechen
> *In welchen Ländern wird Deutsch gesprochen?*

1. welche Sprachen / in der Schweiz / sprechen

_____

2. in welchen deutschen Städten / Karneval / feiern

_____

3. in welcher deutschen Stadt / im September / das Oktoberfest / feiern

_____

4. in welcher deutschsprachigen Stadt / berühmte Sachertorte / backen

_____

5. an welchem Tag im Dezember / Nikolaus / feiern

_____

6 **Was fehlt?** Complete this historical overview using the passive voice in the **Präteritum**.

1. Die Berliner Mauer _____ 1989 _____ (öffnen).
2. Die Bundesrepublik Deutschland _____ 1949 _____ (gründen).
3. Die Bundesrepublik Deutschland und die Deutsche Demokratische Republik

   _____ im Oktober 1990 _____ (vereinigen).
4. Das Holocaustdenkmal in Berlin _____ im Mai 2005

   _____ (eröffnen).
5. Angela Merkel _____ im Jahr 2005 zur Bundeskanzlerin

   _____ (wählen).

Kapitel 1   Lektion 1A

KONTEXT

---

1   **Kategorisieren** Listen to each dialogue and decide whether each exchange is a greeting, an introduction, or a leave-taking. Mark the appropriate column with an **X**. If you hear both a greeting and an introduction, mark **X** in both columns.

> **Beispiel**
>
> *You hear:* —Guten Abend, Frau Maier. Wie geht es Ihnen?
>
>   —Hallo, Frau Müller. Danke, mir geht's gut.
>
> *You mark:* an X under Greeting

	Greeting	Introduction	Leave-taking
Beispiel	X	_____	_____
1.	_____	_____	_____
2.	_____	_____	_____
3.	_____	_____	_____
4.	_____	_____	_____
5.	_____	_____	_____
6.	_____	_____	_____

---

2   **Sprechen** Listen to each question or statement and respond with an answer from the list. Then repeat the correct response after the speaker.

> **Beispiel**
>
> *You hear:* Wie heißt du?
>
> *You say:* Ich heiße Mia, und du?

Bitte, gern geschehen.   Freut mich, Lara.

Prima!   Hallo, Herr Hoffmann. Wie geht's?

~~Ich heiße Mia, und du?~~   Danke, Herr Professor. Nicht schlecht.

---

3   **Was passt?** You will hear three conversations. Look at the drawing and write the number of each conversation in the correct box.

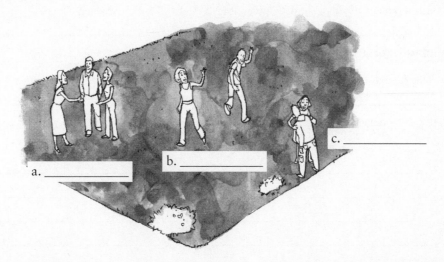

a. _____   b. _____   c. _____

Kapitel 1 Lab Activities   **1**

Lab Manual

AUSSPRACHE UND RECHTSCHREIBUNG

The German alphabet

The German alphabet is made up of the same 26 letters as the English alphabet. Although the alphabet is the same, many of the letters (**Buchstaben**) are pronounced differently.

Buchstabe	Beispiel	Buchstabe	Beispiel	Buchstabe	Beispiel
a (ah)	Abend	i (ih)	Idee	r (err)	Regen
b (beh)	Butter	j (yot)	ja	s (ess)	singen
c (tseh)	Celsius, Café	k (kah)	Katze	t (teh)	tanzen
		l (ell)	lesen	u (ooh)	Universität
d (deh)	danke	m (emm)	Mutter	v (fau)	Vogel, Vase
e (eh)	Elefant	n (enn)	Nase	w (veh)	Wasser
f (eff)	finden	o (oh)	Oper	x (iks)	Xylophon
g (geh)	gut	p (peh)	Papier	y (üpsilon)	Yacht, Typ
h (hah)	hallo	q (koo)	Quatsch	z (tset)	Zelt

The letter **ß** (**Eszett** or **scharfes s**) is used instead of a double **s** in certain words. **Eszett** is never used at the beginning of a word. It is capitalized as **SS**.

    ß (Eszett, scharfes s)   Straße (*street*)

An **Umlaut** (¨) can be added to the vowels **a**, **o**, and **u**, changing their pronunciation.

    a Apfel   ä (a-Umlaut) Äpfel
    o Ofen   ö (o-Umlaut) Öfen
    u Mutter   ü (u-Umlaut) Mütter

In German, all nouns are capitalized, no matter where they appear in a sentence. When spelling aloud, say **großes a** for *capital a*, or **kleines a** for *lowercase a*. To ask how a word is spelled, say: **Wie schreibt man das?** (lit. *How does one write this?*)

1 Aussprechen Practice saying the German alphabet and sample words aloud.

2 Buchstabieren Spell these words aloud in German.

1. hallo
2. Morgen
3. studieren
4. Explosion
5. typisch
6. Universität
7. Bäcker
8. Straße
9. Juwelen
10. Frühling
11. tanzen
12. Querflöte

3 Sprichwörter Practice reading these sayings aloud.

1. Wer A sagt, muss auch B sagen.
2. Übung macht den Meister.

4 Diktat Listen as six people introduce themselves. Then write their names as they spell them.

1. _____
2. _____
3. _____
4. _____
5. _____
6. _____

STRUKTUREN

1A.1 Gender, articles, and nouns

1 **Kategorisieren** Decide whether each word you hear is **Maskulinum**, **Femininum**, or **Neutrum**, and mark the appropriate column with an **X**.

> **Beispiel**
>
> *You hear:* Freund
> *You mark:* an X under *Maskulinum*

	Maskulinum	Femininum	Neutrum
Beispiel	X	_____	_____
1.	_____	_____	_____
2.	_____	_____	_____
3.	_____	_____	_____
4.	_____	_____	_____
5.	_____	_____	_____
6.	_____	_____	_____
7.	_____	_____	_____
8.	_____	_____	_____

2 **Der korrekte Artikel** You will hear six nouns with their articles. Repeat what you hear, and then change the definite article to an indefinite article and repeat again. (*6 items*)

> **Beispiel**
>
> *You hear:* das Mädchen
> *You say:* das Mädchen, ein Mädchen

3 **Ist doch einfach** Combine the noun you hear with the noun you see and make a compound noun of the correct gender. Repeat the correct response after the speaker.

> **Beispiel**
>
> *You see:* die Biologie
> *You hear:* das Buch
> *You say:* das Biologiebuch

1. das Haus
2. das Hemd
3. die Nacht
4. die Maus
5. die Tür
6. die Wörter

4 **Das ist...** Describe each picture with the word you hear. Repeat the correct response after the speaker.

> **Beispiel**
>
> *You hear:* ein Tisch
> *You say:* Das ist ein Tisch.

 1.   2.  3.   4.

Lab Manual

1A.2 Plurals

1 **Kategorien** Decide whether each word you hear is **singular** or **plural** or whether the word is the same in **both** singular and plural. Mark the appropriate column with an **X**.

> **Beispiel**
>
> *You hear:* Blumen
> *You mark:* an X under *plural*

	singular	plural	both
Beispiel	_____	X	_____
1.	_____	_____	_____
2.	_____	_____	_____
3.	_____	_____	_____
4.	_____	_____	_____
5.	_____	_____	_____
6.	_____	_____	_____
7.	_____	_____	_____
8.	_____	_____	_____

2 **Mehr als eins** Change each word from singular to plural. Repeat the correct answer after the speaker. (*10 items*)

> **Beispiel**
>
> *You hear:* der Freund
> *You say:* die Freunde

3 **Plurale** Match the plural forms you hear to their corresponding singular forms.

> **Beispiel**
>
> *You hear:* die Freunde
> *You say:* der Freund

_____ 1.   a. der Apfel

_____ 2.   b. das Buch

_____ 3.   c. die Frau

_____ 4.   d. der Mann

_____ 5.   e. die Mutter

_____ 6.   f. der Stuhl

_____ 7.   g. die Tochter

Lab Manual

1A.3 Subject pronouns, *sein,* and the nominative case

1 **Pronomen** You will hear six sentences. Decide which subject pronouns you hear and mark the appropriate column with an **X**. If you hear two subject pronouns, mark **X** in both columns.

> **Beispiel**
>
> *You hear:* Sind Sie Professorin, Frau Wagner?
> *You mark:* an X under Sie (*form.*)

	ich	du	er	sie (*f. sing.*)	es	wir	ihr	sie (*pl.*)	Sie (*form.*)
Beispiel									X
1.									
2.									
3.									
4.									
5.									
6.									

2 **Subjekt und Pronomen** Listen and replace the subject you hear with the appropriate pronoun. Repeat the correct answer after the speaker. (*8 items*)

> **Beispiel**
>
> *You hear:* Das Buch ist neu.
> *You say:* Es ist neu.

3 **Was fehlt?** Listen to each sentence and write the missing subject pronoun and form of **sein**. Then repeat the sentence after the speaker.

> **Beispiel**
>
> *You see:* Prima Idee! _____ sehr gut!
> *You hear:* Prima Idee! Sie ist sehr gut!
> *You write:* Prima Idee! _Sie ist_ sehr gut!

1. _____ Student an der Universität.

2. _____ in New York.

3. Karina und Petra, _____ sehr intelligent.

4. Die ist die Humboldt Universität. _____ sehr groß.

5. Guten Tag. _____ Anna.

6. Dirk, _____ so nett.

Kapitel 1 Lab Activities   **5**

Lab Manual

Kapitel 1

Lektion 1B

KONTEXT

1 **Was ist da?** Look at the drawing and indicate whether each statement you hear is true by marking **ja** (*yes*) or **nein** (*no*).

	ja	nein
1.	○	○
2.	○	○
3.	○	○
4.	○	○
5.	○	○
6.	○	○
7.	○	○
8.	○	○

2 **Wer ist das?** You will hear a list of nouns. Say the masculine or feminine counterpart aloud using either the definite or indefinite article, depending on what you hear. Repeat the correct answer after the speaker. (*6 items*)

> **Beispiel**
> *You hear:* der Schüler
> *You say:* die Schülerin

3 **Schreiben** Look at the picture and write the missing words to answer the questions you hear.

> **Beispiel**
> *You hear:* Ist das eine Schule
>   oder eine Universität?
> *You write:* Das ist *eine Schule*.

1. Das ist _____.

2. Hier ist _____.

3. Das sind _____.

4. Da ist _____.

5. Hier sind _____.

Lab Manual

AUSSPRACHE UND RECHTSCHREIBUNG

The vowels *a, e, i, o,* and *u*

Each German vowel may be pronounced with either a long or a short sound. A vowel followed by **h** is always long. A double **oo, aa,** or **ee** also indicates a long vowel sound. In some words, long **i** is spelled **ie.**

| Fahne | wen | ihn | doof | Mut | diese |

A vowel followed by two or more consonant sounds is usually short.

| Pfanne | wenn | in | Sonne | Mutter | singst |

When the German letter **e** appears in the unstressed syllable at the end of a word, it is pronounced like the *e* in the Englisch word *the.*

| danke | Schule | Frage | Klasse | Dinge | Vase |

In certain words, an **Umlaut** (¨) is added to a vowel **a, o,** or **u,** changing the pronunciation of the vowel.

| Bank | Bänke | schon | schön | Bruder | Brüder |

1 Aussprechen Practice saying these words aloud.

1. Kahn / kann
2. beten / Betten
3. Robe / Robbe
4. Buch / Butter
5. den / denn
6. Saat / satt
7. Rogen / Roggen
8. Sack / Säcke
9. Wort / Wörter
10. Stuhl / Stühle
11. Hefte
12. Tage

2 Nachsprechen Practice saying these sentences aloud.

1. Der Mann kam ohne Kamm.
2. Wir essen Bienenstich und trinken Kaffee.
3. Am Sonntag und am Montag scheint die Sonne.
4. Das U-Boot ist unter Wasser.
5. Ich habe viele Freunde in der Schule.
6. Der Mantel mit den fünf Knöpfen ist schöner als die Mäntel mit einem Knopf.

3 Sprichwörter Practice reading these sayings aloud.

1. Sag mir, mit wem du gehst, und ich sage dir, wer du bist.
2. Der frühe Vogel fängt den Wurm.

4 Diktat You will hear seven sentences. Each will be read twice. Listen carefully and write what you hear.

1. _____
2. _____
3. _____
4. _____
5. _____
6. _____
7. _____

Lab Manual

Kapitel 1 Lab Activities   **7**

STRUKTUREN

1B.1 *Haben* and the accusative case

1 **Schreiben** Complete each sentence with the words you hear.

> **Beispiel**
>
> *You see:* _____ das Buch.
> *You hear:* Ich habe das Buch.
> *You write:* ___Ich habe___ das Buch.

1. _____ die Karte von Deutschland.

2. _____ deutsche und englische Wörterbücher.

3. _____ gute Noten.

4. _____ ein sehr gutes Zeugnis.

5. Frau Maier, _____ die Ergebnisse?

6. David, _____ die Fotos von München?

7. _____ die Notiz von Frau Schulz.

8. _____ Taschenrechner?

2 **Sprechen** You will hear six sentences without a verb. Restate each sentence supplying the correct form of **haben**. Repeat the correct response after the speaker. (*6 items*)

> **Beispiel**
>
> *You hear:* Ich _____ einen Stift.
> *You say:* Ich habe einen Stift.

3 **Wer hat was?** Listen and write sentences telling who has each item. Be sure to use the correct form of **haben** and the appropriate accusative forms.

> **Beispiel**
>
> *You see:* ein Taschenrechner:
> *You hear:* Kurt
> *You write:* Kurt hat einen Taschenrechner.

1. die Hausaufgabe: _____

2. der Kalender: _____

3. ein Problem: _____

4. ein Rucksack: _____

5. eine Frage: _____

6. ein Kuli und ein Blatt Papier: _____

1B.2 Word order

1 **Subjekt und Verb** Listen and indicate whether the subject of the sentence comes before or after the verb.

> **Beispiel**
> *You hear:* Ich bin Schülerin.
> *You mark:* an X under *before*

	before verb	after verb
Beispiel	X	_____
1.	_____	_____
2.	_____	_____
3.	_____	_____
4.	_____	_____
5.	_____	_____
6.	_____	_____

2 **Sprechen** Restate each sentence you hear as a question. Repeat the question after the speaker. (6 *items*)

> **Beispiel**
> *You hear:* Die Note ist gut.
> *You say:* Ist die Note gut?

3 **Ändern Sie die Reihenfolge** Listen and rewrite the sentences with the expression of time or place in first position. Change the order of the other words as necessary.

> **Beispiel**
> *You hear:* Wir haben heute eine Prüfung.
> *You write:* Heute haben wir eine Prüfung.

1. _____

2. _____

3. _____

4. _____

5. _____

6. _____

Lab Manual

1B.3 Numbers

1 **Bingo** You will play two games (**Spiele**) of Bingo. Listen to the numbers and mark them with an **X**. When you fill a complete row or column, you win the game.

Spiel A

B	I	N	G	O
13	71	96	56	88
2	34	72	33	1
16	89	frei	47	20
11	39	18	84	17
31	24	30	14	99

Spiel B

B	I	N	G	O
97	8	26	12	75
50	66	5	83	76
21	53	frei	91	45
18	70	52	63	3
19	28	37	10	29

2 **Mathematik** You will hear a series of math problems. Write down the missing numbers and solve the problems. Then repeat the equations after the speaker.

> **Beispiel**
>
> *You hear:* Wie viel ist zwei mal vier?
> *You write:* __2__ × 4 = __8__
> *You say:* Zwei mal vier ist acht.

1. 1 + _____ + _____ = 6

2. 99 − _____ = 55

3. _____ × 7 = 28

4. 21 : 3 = _____

5. 0,23 + 0,23 = _____

6. 2,75 m − _____ m = 1,35 m

7. 50 m + _____ m = 93,2 m

8. 3.079,60 − _____ = 2.079,60

9. 1.298,48 € + _____ € = 2.698,48 €

3 **Was fehlt?** Listen to a list of items needed by a new school. Write down the items and quantities needed.

> **Beispiel**
>
> *You see:* Wir brauchen _____.
> *You hear:* Wir brauchen drei Karten.
> *You write:* Wir brauchen __3 Karten__.

1. Wir brauchen _____.

2. Wir brauchen _____.

3. Und _____.

4. Wir brauchen _____.

5. Und _____.

6. Wir brauchen _____.

7. Wir brauchen _____.

8. Wir brauchen _____.

Lab Manual

Kapitel 2   Lektion 2A

KONTEXT

---

1 **Was passt nicht?** You will hear a series of words. Write down the word in each group that does not belong.

1. _____   5. _____

2. _____   6. _____

3. _____   7. _____

4. _____   8. _____

---

2 **Was ist richtig?** Complete the sentence you hear with the logical term. Repeat the correct answer after the speaker.

> **Beispiel**
>
> *You see:* die Literatur / ein Sport
> *You hear:* Tennis ist...
> *You say:* Tennis ist ein Sport.

1. eine Naturwissenschaft / ein Hörsaal   5. samstags / im Seminar

2. nützlich / nutzlos   6. gut / Wirtschaft

3. nachmittags / einfach   7. ein Seminarraum / ein Studium

4. Informatik / die Sporthalle   8. im Hörsaal / im Café

---

3 **Unser Studium** Listen to Hanna and Uwe discuss their courses. Then answer the questions about their conversation.

> **Beispiel**
>
> *You hear:* Hallo Uwe! Wie ist die Mathematikvorlesung? Und das Chemie Seminar?
> *You see:* Was studiert Uwe? Uwe studiert _____.
> *You write:* Uwe studiert ____ Mathematik und Chemie ____.

1. Wie ist das Chemie Seminar? Es ist _____.

2. Was studiert Hanna? Sie studiert _____.

3. Wann lernt Hanna? Sie lernt _____ bis Sonntag.

4. Wann belegt Uwe Veranstaltungen? Er belegt _____
   Veranstaltungen.

5. Wann geht Uwe in die Sporthalle? Er geht _____ und am
   Wochenende in die Sporthalle.

Kapitel 2 Lab Activities   **11**

AUSSPRACHE UND RECHTSCHREIBUNG

Consonant sounds

Although most German consonants sound very similar to their English counterparts, there are five letters that represent different sounds than they do in English: **g, j, v, w**, and initial **c**, which will be discussed in **Lektion 6B**.

The German letter **g** has three different pronunciations. At the end of a syllable or before a **t**, it is pronounced like the *k* in the English word *keep*. In the suffix **-ig**, the **g** is pronounced like the German **ch**. Otherwise, **g** is pronounced like the *g* in the English word *garden*.

Tag	belegt	schwierig	gehen	fragen

The German letter **j** is pronounced very similarly to the letter *y* in the English word *young*. However, in a small number of loanwords from other languages, **j** may be pronounced like the *j* in *job* or the *g* in *mirage*.

jung	Januar	ja	jobben	Journal

The German letter **v** is pronounced like the *f* in the English word *fable*. In a few loanwords from other languages, **v** is pronounced like the letter *v* in the English word *vase*.

vier	Vorlesung	Vase	Universität	Volleyball

The German letter **w** is pronounced like the *v* in the English word *vote*.

wissen	Mittwoch	Wirtschaft	Wort	Schwester

1 Aussprechen Practice saying these words aloud.

1. Garten
2. Essig
3. Weg
4. Jahr
5. Journalist
6. joggen
7. Vater
8. verstehen
9. Violine
10. Wasser
11. zwischen
12. weil

2 Nachsprechen Practice saying these sentences aloud.

1. Wir wollen wissen, wie wir das wissen sollen.
2. In vier Wochen wird Veronikas Vater wieder in seiner Villa wohnen.
3. Gestern war Gregors zwanzigster Geburtstag.
4. Jeden Tag soll ich Gemüse und Grünzeug wie Salat essen.
5. Meine Schwester studiert Jura an der Universität Jena.
6. Viele Studenten jobben, um das Studium zu finanzieren.

3 Sprichwörter Practice reading these sayings aloud.

1. Es ist nicht alles Gold, was glänzt.
2. Was ich nicht weiß, macht mich nicht heiß.

4 Diktat You will hear seven sentences. Each will be read twice. Listen carefully and write what you hear.

1. _____
2. _____
3. _____
4. _____
5. _____
6. _____
7. _____

STRUKTUREN

2A.1 Regular verbs

1   **Welches Verb hören Sie?** Listen to the sentences. Indicate the infinitive of the verb you hear.

> *Beispiel*
>
> *You hear:* Du studierst Biologie.
> *You mark: studieren* with an X

	antworten	bauen	finden	korrigieren	kosten	lernen	studieren	warten
Beispiel	_____	_____	_____	_____	_____	_____	X	_____
1.	_____	_____	_____	_____	_____	_____	_____	_____
2.	_____	_____	_____	_____	_____	_____	_____	_____
3.	_____	_____	_____	_____	_____	_____	_____	_____
4.	_____	_____	_____	_____	_____	_____	_____	_____
5.	_____	_____	_____	_____	_____	_____	_____	_____
6.	_____	_____	_____	_____	_____	_____	_____	_____
7.	_____	_____	_____	_____	_____	_____	_____	_____
8.	_____	_____	_____	_____	_____	_____	_____	_____

2   **Vervollständigen** You will hear eight subject nouns or pronouns. Use each one to create a complete sentence with the information provided. Repeat the correct sentence after the speaker.

> *Beispiel*
>
> *You see:* Günther Wolf heißen
> *You hear:* ich
> *You say: Ich heiße Günther Wolf.*

1. ein Buch schreiben
2. nach Italien reisen
3. arbeiten
4. das Buch öffnen

5. in die Sporthalle gehen
6. Musik und Kunst studieren
7. das Semester wiederholen
8. Deutsch lernen

3   **Du auch?** You will hear six statements. For each statement, use the cue provided to write who else is doing that activity.

> *Beispiel*
>
> *You see:* wir: _____
> *You hear:* Susanne studiert Geschichte.
> *You write: Wir studieren Geschichte.*

1. ihr: _____
2. du: _____
3. wir: _____
4. Sie (*form. sing.*): _____

5. ich: _____
6. sie (*pl.*): _____
7. du: _____
8. er: _____

Lab Manual

2A.2 Interrogative words

1 **Was passt?** Select the logical answer for each question you hear.

1. a. Rainer studiert Naturwissenschaften.
   b. Chemie, Physik und Biologie sind Naturwissenschaften.

2. a. Ich liebe Mathematik.
   b. Ich liebe Monika.

3. a. Wir essen in der Mensa.
   b. Wir gehen um 12 Uhr in die Mensa.

4. a. Die Klasse hat sieben Studenten.
   b. Die Klasse hat gute Studenten.

5. a. Der Dozent ist nicht schlecht.
   b. Der Dozent ist Medizinprofessor.

6. a. Sie reisen in zwei Monaten.
   b. Sie reisen nach Amerika.

7. a. Das ist das Informatikbuch.
   b. Ja, ich habe ein Informatikbuch.

2 **Fragen** Choose the appropriate interrogative word to complete the question you hear. Then say the complete question aloud. Repeat the correct response after the speaker.

> **Beispiel**
> *You hear:* _____ geht in den Zoo?
> *You see:* Wer / Wen
> *You say:* Wer geht in den Zoo?

1. Wie / Wohin
2. Wer / Warum
3. Was / Wohin
4. Wie viele / Wie
5. Welcher / Welchen

6. Wie viel / Wie viele
7. Welcher / Welche
8. Woher / Wo
9. Woher / Warum
10. Was / Welches

3 **An der Uni** Look at the pictures and answer the questions you hear. Repeat the correct response after the speaker.

> **Beispiel**
> *You hear:* Was macht Anna?
> *You see:* Anna
> *You say:* Anna spielt Tennis.

1. Jonas   2. Marie   3. Simon   4. Johanna Neumann

Lab Manual (side tab)

2A.3 Talking about time and dates

1 | **Wie spät ist es?** Answer the question you hear with the time shown on the clock. Express it as both regular and 24-hour clock time.

1.   2.   3.   4.

2 | **Viel zu tun?** Confirm Elisabeth's calendar by writing out her schedule. Use 24-hour clock time.

> **Beispiel**
>
> *You hear:* Ich habe morgen um 10 Minuten nach 9 einen Test.
> *You write:* Test: _____9.10 Uhr_____

1. Hund: _____
2. Kunstseminar: _____
3. Literaturvorlesung: _____
4. Yoga: _____

5. Mensa: _____
6. Deutschseminar: _____
7. Tennis: _____
8. Hausaufgaben: _____

3 | **Die Monate** You will hear a series of dates. Write out the date and the corresponding name of the month.

> **Beispiel**
>
> *You hear:* Heute ist der 3.5.
> *You write:* Heute ist der _*dritte* Mai_.

1. Heute ist der _____.
2. Heute ist der _____.
3. Heute ist Mittwoch, der _____.
4. Heute ist der _____.
5. Heute ist der _____.
6. Heute ist Montag, der _____.

4 | **Wann ist das?** You will hear six sentences. Write the dates using German punctuation.

> **Beispiel**
>
> *You hear:* Emma macht ihr Diplom am dritten Mai zweitausendneunzehn.
> *You write:* Emma macht ihr Diplom: _____3.5.2019_____

1. Bernd kauft einen Computer: _____
2. Lukas reist nach Hamburg: _____
3. Angelika ist in England: _____

4. Wir gehen ins Theater: _____
5. Studenten haben eine Prüfung: _____
6. Schule beginnt: _____

Lab Manual

Kapitel 2 Lab Activities

Kapitel 2

Lektion 2B

KONTEXT

1   **Wer macht was?** Listen to the dialogue and decide who enjoys what sport. Mark an **X** in the chart.

	Ben	Kinder	Annika	Elias	Yusuf	Sara
angeln	_____	_____	_____	_____	_____	_____
Basketball	_____	_____	_____	_____	_____	_____
campen gehen	_____	_____	_____	_____	_____	_____
Fußball	_____	_____	_____	_____	_____	_____
klettern	_____	_____	_____	_____	_____	_____
schwimmen	_____	_____	_____	_____	_____	_____
spazieren gehen	_____	_____	_____	_____	_____	_____
Volleyball	_____	_____	_____	_____	_____	_____
wandern	_____	_____	_____	_____	_____	_____

2   **Freizeitaktivitäten** Combine the cues you hear and those you see to create sentences telling about the Krüger family vacation. Repeat the correct sentences after the speaker.

Beispiel

You see: Familie Krüger
You hear: an den Strand gehen
You say: Familie Krüger geht an den Strand.

1. sie (*pl.*)
2. die Kinder
3. Lisa
4. Phillip
5. Tom
6. Frau Krüger

3   **Beschreiben** Complete the sentences using the phrases you hear.

1. Nina _____ im Schwimmbad.

2. Herr Braun _____ am Strand.

3. Nils und Mia _____ im Wald.

4. Greta und Jasmin _____ _____ .

5. Die Studenten _____ _____ .

Lab Manual

AUSSPRACHE UND RECHTSCHREIBUNG

Diphthongs: *au, ei/ai, eu/äu*

When one vowel sound glides into another vowel sound in the same syllable, the complex sound produced is called a diphthong. In German, this complex sound is said quickly and is not drawn out as it is in English. There are three diphthongs in German: **au**, **ei/ai**, and **eu/äu**.

faul   aus   Leine   Mais   neun   täuschen

The German diphthong written **au** begins with the vowel sound of the *o* in the English word *pod* and ends with a sound similar to the *oo* in the English word *loose*.

auf   Frau   Bauch   Haus   auch

The German diphthong written as an **ei** or **ai** is pronounced very similarly to the *i* in the English word *time*. Remember that the German **ie** is not a diphthong, but simply a way of writing the long **i** sound, as in the word **sieben**.

Freitag   Zeit   Mai   Eis   schreiben

The German diphthong written as **eu** or **äu** is pronounced very similarly to the *oi* in the English word *coin*.

Zeugnis   Freund   Häuser   Europa   Deutsch

---

1 **Aussprechen** Practice saying these words aloud.

1. laufen	4. Maus	7. Mainz	10. freuen
2. Kaufhaus	5. mein	8. reiten	11. Leute
3. Rauch	6. Wein	9. treu	12. läuft

---

2 **Nachsprechen** Practice saying these sentences aloud.

1. Die Mäuse laufen einfach im Zimmer herum.
2. Tausende Leute gehen an uns vorbei.
3. Am Freitag habe ich leider keine Zeit.
4. Paul macht eine Europareise mit Freunden.
5. Meine Frau kauft ein neues Haus außerhalb von Mainz.
6. Für den Sauerbraten brauchen wir Rotweinessig.

---

3 **Sprichwörter** Practice reading these sayings aloud.

1. Schuster, bleib bei deinen Leisten.
2. Einem geschenkten Gaul schaut man nicht ins Maul.

---

4 **Diktat** You will hear six sentences. Each sentence will be repeated twice. Listen carefully and write what you hear.

1. _____
2. _____
3. _____
4. _____
5. _____
6. _____

Lab Manual

STRUKTUREN

2B.1 Stem-changing verbs

1   **Identifizieren Sie das Verb** Write the letter of the infinitive of the verb you hear.

1. _____	6. _____	a. sehen	f. nehmen
2. _____	7. _____	b. essen	g. schlafen
3. _____	8. _____	c. helfen	h. treffen
4. _____	9. _____	d. laufen	i. waschen
5. _____	10. _____	e. lesen	j. werden

2   **Wer macht was?** Choose the correct verb form to complete the sentences you hear. Repeat the correct response after the speaker.

> **Beispiel**
>
> *You see:* sprechen / spricht
> *You hear:* Herr Schmidt _____ sehr gut Englisch.
> *You say:* **Herr Schmidt spricht sehr gut Englisch.**

1. vergisst / vergessen   4. gebt / gibt

2. fährt / fährst   5. fängt / fangen

3. schlafen / schläfst   6. empfiehlt / empfiehlst

3   **Sätze schreiben** Write complete sentences using the pronouns you hear and the phrases you see.

> **Beispiel**
>
> *You see:* ein Buch lesen: _____
> *You hear:* er
> *You write:* ____ **Er liest ein Buch.** ____

1. die Karten stehlen: _____

2. Freunde werden: _____

3. Fahrrad fahren: _____

4. die Musik hören: _____

5. das Foto sehen: _____

6. den Ball werfen: _____

7. Deutsch sprechen: _____

8. den Bus nehmen: _____

2B.2 Present tense used as future

1 **Was ergibt Sinn?** Choose the sentence closest in meaning to each statement you hear.

1. a. Ich schwimme am Montag.
   b. Ich schwimme morgen früh.

2. a. Laura und Hans sehen übermorgen ein Basketballspiel im Stadion.
   b. Laura und Hans sehen heute Nachmittag ein Basketballspiel im Stadion.

3. a. Heute habe ich Yoga.
   b. Am Wochenende habe ich Yoga.

4. a. Heute Nachmittag treffe ich Tobias im Café.
   b. Nächste Woche treffe ich Tobias im Café.

5. a. Am Montagmittag gehen wir essen.
   b. Am Sonntagmittag gehen wir essen.

6. a. Am Sonntag schlafe ich bis 7 Uhr.
   b. Morgen früh schlafe ich.

2 **Was stimmt?** Listen to what Marie says about her schedule for the week, and mark the correct time expression to complete each statement. Remember that today is Sunday.

Beispiel

You see: heute Vormittag / morgen früh
You hear: Am Sonntag um 11 Uhr morgens gehe ich in das Café.
    Ich gehe _____ in das Café.
You mark: heute Vormittag

1. morgen früh / heute Nachmittag
2. heute Nacht / morgen Nachmittag
3. übermorgen Nachmittag / übermorgen früh
4. morgen Abend / übermorgen Abend
5. Mittwochvormittag / Mittwochnachmittag
6. am Montag morgen / am Wochenende

3 **Die Zukunft** You will hear six statements about planned activities. For each statement, indicate which activity occurs first.

Beispiel

You see: ____ Fahrrad fahren   ____ Ski fahren
You hear: Im Mai fahre ich Fahrrad. Nächstes Wochenende fahre ich Ski.
You mark: an X *before* Ski fahren

1. ____ Amerika sehen   ____ nach Italien fahren
2. ____ eine Prüfung haben   ____ die Diplomarbeit schreiben
3. ____ Tennis spielen   ____ schwimmen
4. ____ Oma Neumann helfen   ____ Opa Schröder helfen
5. ____ nach Mainz fahren   ____ Freunde begrüßen
6. ____ in das Restaurant gehen ____ kochen

2B.3 Negation

1 **Was passt?** Identify the negation word you hear by marking an **X** in the appropriate column.

	nicht	kein	doch
1.			
2.			
3.			
4.			
5.			
6.			
7.			
8.			

2 **Was ist richtig?** Contradict the statements you hear. Write your responses beginning with **Nein** or **Doch**, depending on the original statement, and use **nicht** or **kein** as appropriate.

> **Beispiel**
>
> *You hear:* Im Sommer fährst du Ski.
> *You write:* Nein, im Sommer fahre ich nicht Ski.

1. _____   5. _____

2. _____   6. _____

3. _____   7. _____

4. _____

3 **Alles negativ** Negate each statement you hear about the pictures, and then correct that statement. Repeat the correct response after the speaker.

> **Beispiel**
>
> *You hear:* Marlene ist in New York.
> *You say:* Nein, Marlene ist nicht in New York. Sie ist in Paris.

in Paris sein

1. Mathematik   2. einen Hamburger   3. trainieren   4. Kaffee trinken
   studieren   essen

Lab Manual

Kapitel 3

Lektion 3A

KONTEXT

1 **Meine große Familie** Listen, and indicate how these people are related to Anna.

1. Hans und Mia sind Annas _____ a. Eltern _____ b. Bruder und Schwester

2. Johanna ist Annas _____ a. Schwester _____ b. Schwägerin

3. Matthias ist Annas _____ a. Sohn _____ b. Bruder

4. Thorsten ist Annas _____ a. Schwager _____ b. Bruder

5. Maria ist Annas _____ a. Cousine _____ b. Nichte

6. Julius ist Annas _____ a. Onkel _____ b. Neffe

7. Angelika ist Annas _____ a. Stiefmutter _____ b. Mutter

8. Alexander und Sven sind Annas _____ a. Söhne _____ b. Halbbrüder

2 **Und deine Familie?** Max is asking Sara about a family photo. Play the role of Sara and answer his questions affirmatively. Repeat the correct response after the speaker.

> **Beispiel**
>
> *You hear:* Ist das deine Großmutter?
> *You see:* Inge
> *You say:* Ja, Inge ist meine Großmutter.

1. Uwe   4. Simon
2. Annette   5. Rita
3. Karl

3 **Die Familie Neumann** Listen and fill in the names on the family tree.

> **Beispiel**
>
> *You hear:* Ich heiße Christian Neumann und ich bin der Großvater.
> *You write:* Christian

Die Familie Neumann

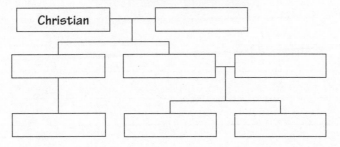

(family tree with "Christian" in the top-left box and empty boxes)

Lab Manual (side margin)

AUSSPRACHE UND RECHTSCHREIBUNG

Final consonants

The German consonants **b**, **d**, and **g** generally sound quite similar to their English counterparts.

Ball	**Bruder**	**Dezember**	**bringen**	**Golf**

However, when **b** appears at the end of a word or syllable, or before a **t**, it is pronounced like a **p**.

ab	**habt**	**gelb**	**Staub**	**liebt**

When **d** appears at the end of a word or syllable, it is pronounced like a **t**. The -**dt** letter combination is also pronounced **t**.

Geld	**Hund**	**Stadt**	**sind**	**Fahrrad**

As you learned in **2A**, when **g** appears at the end of a word or before a **t**, it is pronounced like a **k**. In standard German, -**ig** at the end of a word is pronounced like the German **ch**. For more about the **ch** sound, see **Lektion 6A**.

klug	**bringt**	**Tag**	**sagt**	**zwanzig**

1   **Aussprechen**   Practice saying these words aloud.

1. Bank	5. danken	9. Junge
2. sieben	6. Boden	10. Berg
3. Laub	7. Abend	11. fragt
4. lobt	8. gehen	12. schwierig

2   **Nachsprechen**   Practice saying these sentences aloud.

1. Der Dieb klaut ein Fahrrad.
2. Der Besucher fragt Manfred ruhig um Rat.
3. Bernds Geschwister sind freundlich und großzügig.
4. Viele Diebe klauen viele Fahrräder.
5. Ingrids böser Bruder ist gierig und gemein.
6. Jörg sitzt im Zug und singt ein Lied.

3   **Sprichwörter**   Practice reading these sayings aloud.

1. Kindermund tut Wahrheit kund.   2. Geld regiert die Welt.

4   **Diktat**   You will hear eight sentences. Each will be read twice. Listen carefully and write what you hear.

1. _____
2. _____
3. _____
4. _____
5. _____
6. _____
7. _____
8. _____

Lab Manual

STRUKTUREN

3A.1 Possessive adjectives

1 Wir suchen Complete the answers to the questions by marking the correct possessive adjective.

> **Beispiel**
>
> *You hear:* Wo ist Emmas Buch?
> *You see:* (Ihr / Sein) Buch ist hier.
> *You mark:* Ihr

1. (Sein / Ihr) Foto ist im Fotoalbum.
2. (Ihre / Unsere) Schwester ist im Schwimmbad.
3. (Euer / Dein) Bleistift ist dort.
4. (Ihre / Seine) Fahrräder sind in der Garage.
5. (Mein / Sein) Volleyball ist in der Sporthalle.
6. (Euer / Dein) Kalender ist im Papierkorb.

2 Familie und Freunde Listen to each question and choose the most logical response.

1. a. Ja, meine Tochter ist klein.
   b. Nein, deine Tochter ist nicht klein.
2. a. Nein, wir haben unsere Bücher nicht.
   b. Ja, wir haben Ihre Bücher.
3. a. Ja, er ist sein Freund.
   b. Ja, er ist ihr Freund.
4. a. Nein, unsere Professorin ist blond.
   b. Ja, ihre Professorin ist braunhaarig.
5. a. Ja, meine Freundin studiert Biologie.
   b. Nein, deine Freundin studiert nicht Biologie.
6. a. Nein, meine Enkeltochter ist in Amerika.
   b. Nein, Ihre Enkeltochter ist nicht in Brasilien.
7. a. Nein, deine Kinder sind nicht hier.
   b. Nein, ihre Kinder sind nicht hier.
8. a. Ja, ihre Verwandten sind Deutsche.
   b. Ja, Kinder, eure Verwandten sind Deutsche.

3 Nein Answer the questions in the negative, using possessive adjectives. Repeat the correct response after the speaker. (*7 items*)

> **Beispiel**
>
> *You hear:* Ist das mein Buch?
> *You say:* Nein, das ist nicht dein Buch.

3A.2 Descriptive adjectives and adjective agreement

1   **Familien** Lara and Karl are discussing their families. Listen and mark the adjective forms that you hear.

Lara sagt:
1. schwarzhaarig / schwarzhaariger
2. sportlicher / sportlich
3. interessante / interessantes
4. kleinen / kleine
5. grüne / grünen
6. schwarzen / schwarze
7. gutes / gute
8. guter / gute
9. junge / jungen
10. hübschen / hübsche

Karl sagt:
11. intelligentes / intelligente
12. intellektuelle / intellektueller
13. lockige / lockigen
14. blonden / blonde
15. schön / schöne
16. braune / braunes
17. großen / große
18. kleines / kleine
19. alte / altes
20. schön / schönes

2   **Maskulinum oder Femininum** Change each sentence from masculine to feminine, or vice versa. Repeat the correct answer after the speaker. (*6 items*)

> **Beispiel**
>
> *You hear:* Meine kleine Schwester ist intelligent.
> *You say:* Mein kleiner Bruder ist intelligent.

3   **Mal was anderes** Rewrite the sentences you hear, placing the adjective before the noun. Be sure to use the correct accusative endings.

> **Beispiel**
>
> *You hear:* Mein Bruder Thomas ist geschieden.
> *You write:* Ich habe einen _____geschiedenen_____ Bruder.

1. Sie hat einen _____ Stiefbruder.

2. Ich habe ein _____ Auto.

3. Wir haben _____ Nichten und Neffen.

4. Ich habe einen _____ und _____ Enkelsohn.

5. Susanna hat eine _____ und _____ Katze.

6. Peter hat einen _____ Ring.

7. Anja hat _____ Hausaufgaben.

8. Es ist eine _____ Nacht.

Kapitel 3

Lektion 3B

KONTEXT

---

1 **Wer ist...?** Listen as Lara and Jonas talk about the players on their teams. Mark an X in the column under the adjective that describes each team member.

	mutig	schnell	langsam	sportlich	stark	schwach	fleißig
Philip							
Felix							
Nina							
Maria							

---

2 **Wie sind sie?** Rephrase each sentence using the appropriate synonym from the list. Then repeat the correct answer after the speaker. (*8 items*)

Beispiel

You hear: Der Film ist nicht langweilig.
You see: interessant
You say: Der Film ist interessant.

fleißig	intelligent	nett
glücklich	interessant	schnell
großzügig	lustig	stolz

---

3 **Haustiere** Complete the sentences with the adjectives you hear.

Beispiel

You hear: Waldi ist freundlich und sehr neugierig.
You see: Waldi ist _____ und sehr _____.
You write: Waldi ist ____freundlich____ und sehr ____neugierig____.

1. Hasans Hündin Sina hat Energie und ist sehr _____.

2. Der Hund Marco ist _____ und _____.

3. Janas Hund Waldi ist _____ und _____.

4. Die Katze Daisy ist _____ und _____.

5. Sophias Katzen sind _____ und _____.

Lab Manual

Consonant clusters

Some German consonant combinations are not common in English. In the clusters **gn**, **kn**, **pf**, and **ps**, both consonants are pronounced. Do not add a vowel sound between these consonants when you pronounce them.

| Gnom | Knödel | Pferd | Napf | psychisch |

The German **ng** is always pronounced like the English *ng* in *singer*, never like the consonant combination in *finger*, regardless of where it appears in a word.

| Ring | fangen | jung | Prüfungen | entlang |

Some German letters represent the sound of a consonant cluster. The letter **x** is pronounced like the consonant combination **ks**. The letter **z** and the consonant combinations **tz** and **ts** are pronounced like the *ts* in the English word *hats*. The letter combination **qu** is pronounced *kv*.

| extra | Zahn | Qualität | sitzt | Äquator |

1 **Aussprechen** Practice saying these words aloud.

1. Gnade
2. knicken
3. Pfeil
4. Topf
5. Pseudonym
6. lang
7. bringen
8. Examen
9. Zoo
10. Mozart
11. Quatsch
12. Aquarell

2 **Nachsprechen** Practice saying these sentences aloud.

1. Die Katze streckt sich und legt den Kopf in den Nacken.
2. Felix fängt eine Qualle aus dem Ozean.
3. Der Zoowärter zähmt ein quergestreiftes Zebra.
4. Herr Quast brät Knödel in der Pfanne.
5. Der Gefangene bittet um Gnade.
6. Das Taxi fährt kreuz und quer durch die Schweiz.

3 **Sprichwörter** Practice reading these sayings aloud.

1. Pferde lassen sich zum Wasser bringen aber nicht zum Trinken zwingen.
2. Nachts sind alle Katzen grau.

4 **Diktat** You will hear seven sentences. Each will be read twice. Listen and write what you hear.

1. _____
2. _____
3. _____
4. _____
5. _____
6. _____
7. _____

Lab Manual

STRUKTUREN

3B.1 Modals

1 **Im Café** You will hear six sentences containing modal verbs. For each sentence, mark an X in the column that identifies the modal you hear.

> **Beispiel**
>
> *You hear:* Herr Schröder will Kaffee trinken und Schokolade essen.
>
> *You mark:* an X under wollen

	dürfen	können	müssen	sollen	wollen
Beispiel	_____	_____	_____	_____	X
1.	_____	_____	_____	_____	_____
2.	_____	_____	_____	_____	_____
3.	_____	_____	_____	_____	_____
4.	_____	_____	_____	_____	_____
5.	_____	_____	_____	_____	_____
6.	_____	_____	_____	_____	_____

2 **Angenehme Ferien** Say what these people hope or plan to do on their vacations. Use the modals you hear. Repeat the correct sentence after the speaker.

> **Beispiel**
>
> *You hear:* wollen
> *You see:* Annika / lange schlafen
> *You say:* Annika will lange schlafen.

1. Tobias / an den Strand gehen
2. Lisa / im Schwimmbad schwimmen
3. ihr / angeln gehen

4. ich / mein Buch lesen
5. wir / ins Kunstmuseum gehen

3 **Fragen** You will hear five answers to questions. Write the yes-or-no questions that they respond to.

> **Beispiel**
>
> *You hear:* Ja, ich will schwimmen.
> *You write:* Willst du schwimmen?

1. _____

2. _____

3. _____

4. _____

5. _____

Lab Manual

3B.2 Prepositions with the accusative

1 **Sätze ergänzen** Write the phrase that best completes each sentence fragment you hear.

> **Beispiel**
>
> *You hear:* Die Architektin arbeitet acht Stunden...
> *You write:* pro Tag

bis Mitternacht	gegen Haustiere
den Strand entlang	ohne ihren Freund trainieren
durch den Wald	pro Tag
fürs Haus	ums Stadion

1. _____
2. _____
3. _____
4. _____
5. _____
6. _____
7. _____

2 **Was fehlt?** For each statement or question you hear, complete the response with the appropriate preposition.

1. Ihr spielt dann _____ eure Cousins?
2. Wir müssen _____ David und Jasmin spielen.
3. Ja, ich kann Emma _____ das Fenster sehen.
4. Der Film beginnt _____ sieben Uhr.
5. Ja, aber heute Abend muss ich _____ acht Uhr arbeiten.

3 **Weitere Informationen** You will hear eight sentences. Expand each one, using a preposition with the words provided. Repeat the correct answer after the speaker.

> **Beispiel**
>
> *You hear:* Anna wartet.
> *You see:* zwei Uhr
> *You say:* Anna wartet bis zwei Uhr.

bis	entlang	gegen	pro
durch	für	ohne	um

1. Stunde
2. den Fluss
3. die Sporthalle
4. meine Notizen
5. seine Großmutter
6. 19 Uhr
7. die Mannschaft von Berlin
8. 9 Uhr morgens

Lab Manual

3B.3 The imperative

1 **Befehle** Mark X in the column for the person or people receiving the instructions you hear.

> **Beispiel**
> *You hear:* Hört Radio.
> *You mark:* an X under ihr

	du	Sie	du und ich	ihr
Beispiel				X
1.				
2.				
3.				
4.				
5.				
6.				
7.				
8.				

2 **Imperative** Change the sentences you hear into imperatives. (*6 items*)

> **Beispiel**
> *You hear:* Wir gehen einkaufen.
> *You say: Gehen wir einkaufen!*

3 **Mach das nicht** Listen to the affirmative commands and rewrite them as negative commands.

> **Beispiel**
> *You hear:* Fahren wir Fahrrad.
> *You write: Fahren wir nicht Fahrrad.*

1. _____

2. _____

3. _____

4. _____

5. _____

6. _____

7. _____

Lab Manual

Kapitel 4

KONTEXT

Lektion 4A

1 **Richtig oder falsch?** Listen to the story and decide if the statements are true (**richtig**) or false (**falsch**).

	richtig	falsch
1. Martha kauft Lebensmittel.	○	○
2. Kuchen gibt es in der Bäckerei.	○	○
3. Thomas kauft Brötchen im Feinkostgeschäft.	○	○
4. Würstchen und Schinken findet er in der Metzgerei.	○	○
5. Thomas grillt gern Rindfleisch.	○	○
6. Auf dem Markt kauft Thomas Bananen und grüne Paprika.	○	○
7. Thomas kauft Olivenöl und Reis im Supermarkt.	○	○
8. Thomas' Freunde essen gern Fisch.	○	○
9. Thomas kauft drei Portionen Käse.	○	○

2 **Elkes Gast** Read the passage about Elke's Bed-and-Breakfast. Then answer the questions you hear. Repeat the correct answer after the speaker. (*5 items*)

> **Beispiel**
>
> *You hear:* Was für ein Geschäft hat Elke?
> *You say:* Elke hat ein Bed-and-Breakfast, eine Frühstückspension.

> Elke hat ein Bed-and-Breakfast, eine Frühstückspension. Heute hat sie einen schwierigen Gast. Herr Krüger isst nur spezielle Lebensmittel. Vanillejoghurt mit Obst, nur keine Birnen. Herr Krüger will ein Brötchen mit Butter und Käse, drei frische Eier und ein Würstchen essen. Er trinkt nur schwarzen Tee. Elke muss schnell einkaufen gehen.

3 **Zwei Dialoge** You will hear two short conversations. Complete the sentences you see using the information you hear.

Dialog A

1. Kerstin will heute Abend einen _____ und zwei _____ machen.

2. Kerstins Salat soll _____, Tomaten und rote und grüne _____ haben.

3. Kerstin will die Brötchen mit _____ und _____ machen.

4. Tim isst gern _____ und _____ im Salat.

Dialog B

5. Hans geht am Samstag in die _____, in die Metzgerei und in den _____.

6. In der Metzgerei kauft er _____, vier Rindswürstchen und _____.

7. Im Supermarkt kauft Hans Reis, _____ und _____.

8. Auf dem Markt kaufen Hans und Martina _____, Pfirsiche, _____ und Zwiebeln.

Lab Manual

AUSSPRACHE UND RECHTSCHREIBUNG

The German *s, z,* and *c*

The *s* sound in German is represented by **s**, **ss**, or **ß**. At the end of a word, **s**, **ss**, and **ß** are pronounced like the *s* in the English word *yes*. Before a vowel, **s** is pronounced like the *s* in the English word *please*.

| Reis | Professor | weiß | Supermarkt | Käse |

The German **z** is pronounced like the *ts* in the English word *bats*, whether it appears at the beginning, middle, or end of a word. The combination **tz** is also pronounced *ts*. The ending **-tion** is always pronounced *-tsion*.

| Pilze | Zwiebel | Platz | Besitzer | Kaution |

Only in loan words does the letter **c** appear directly before a vowel. Before **e** or **i**, the letter **c** is usually pronounced *ts*. Before other vowels, it is usually pronounced like the *c* in *cat*. The letter combination **ck** is pronounced like the *ck* in the English word *packer*.

| Cent | Celsius | Computer | backen | Bäckerei |

1 **Aussprechen** Wiederholen Sie die Wörter, die Sie hören.

1. lassen
2. lasen
3. weißer
4. weiser
5. sinnlos
6. selten
7. selbst
8. Zelle
9. Katzen
10. letztes
11. Campingplatz
12. Fleck

2 **Nachsprechen** Wiederholen Sie die Sätze, die Sie hören.

1. Der Musiker geht am Samstag zum Friseur.
2. Es geht uns sehr gut.
3. Die Zwillinge essen eine Pizza mit Pilzen, Zwiebeln und Tomaten.
4. Jetzt ist es Zeit, in den Zoo zu gehen.
5. Der Clown sitzt im Café und spielt Computerspiele.
6. Ich esse nur eine Portion Eis.

3 **Sprichwörter** Wiederholen Sie die Sprichwörter, die Sie hören.

1. Aus den Augen, aus dem Sinn.
2. Gegensätze ziehen sich an.

4 **Diktat** You will hear six sentences. Each will be read twice. Listen carefully and write what you hear.

_____

_____

_____

_____

_____

_____

_____

Lab Manual

STRUKTUREN

4A.1 Adverbs

1 **Ihr Tag** Expand each sentence with the adverb you see. Repeat the correct answer after the speaker.

> **Beispiel**
>
> *You hear:* Ich fahre am Wochenende immer Fahrrad.
> *You see:* fast
> *You say:* Ich fahre am Wochenende fast immer Fahrrad.

1. fast
2. nur
3. sehr

4. so
5. wirklich
6. zu

2 **Anders gesagt** You will hear five statements. Rephrase each statement using a different adverb with the same meaning. Repeat the correct response after the speaker.

> **Beispiel**
>
> *You hear:* Markus kommt nicht oft nach Hamburg.
> *You say:* Markus kommt nur selten nach Hamburg.

~~nur selten~~	morgens immer
allein	selten
woanders	täglich

3 **Sätze verändern** You will hear eight sentences. Create new sentences using the cues provided.

> **Beispiel**
>
> *You hear:* Meine Schwägerin geht immer in die Bibliothek.
> *You see:* Mein Schwager / nie
> *You write:* Mein Schwager geht nie in die Bibliothek.

1. Meine Großtante / oft _____

2. Du / am Wochenende _____

3. Das Geschäft / selten vor _____

4. Klara, du / nie _____

5. Die Erdbeeren / dort drüben _____

6. Heute um 19 Uhr / er _____

7. Herr Becker / vielleicht _____

8. Ich / allein _____

Lab Manual

4A.2 The modal *mögen*

1 **Wer mag was?** Listen to Rolf and his wife Barbara tell their story. Then choose the appropriate completion for each statement.

1. Rolf möchte morgens _____. a. nichts essen   b. viel essen
2. Rolf mag _____.   a. starken Tee   b. starken Kaffee
3. Rolf möchte mittags _____. a. Fleisch, Gemüse und Salat   b. ein Brötchen
4. Rolf mag abends _____.   a. Garnelen   b. zwei Brötchen und Kuchen
5. Barbara möchte morgens _____. a. nicht viel essen   b. gut essen
6. Barbara mag _____.   a. kein großes Mittagessen   b. ein großes Mittagessen
7. Barbara möchte abends _____. a. Rolf nicht sehen   b. mit Rolf im Restaurant warm essen

2 **Antworten** You will hear six questions. Answer using **mögen** and the words you see. Repeat the correct response after the speaker.

Beispiel

You see: viel Freizeit
You hear: Frau Müller, mögen Sie viel Arbeit?
You say: Nein, ich mag viel Freizeit.

1. grüne Bohnen
2. Fisch
3. aus der Konditorei
4. dein neues Auto
5. Großmutters Kartoffelsalat
6. Gemüse

3 **Schreiben** Complete the sentences according to what you hear.

1. Frau Müller _____ Hamburger.
2. _____ auf ihrem Hamburger.
3. _____ Kaffee.
4. _____ keinen Kuchen.
5. Hans und Mia _____.
6. Mia fragt: „_____ Kaffee?"
7. Herr Braun, _____?
8. _____ Gemüse.

Lab Manual

4A.3 Separable and inseparable prefix verbs

1 **Entscheiden Sie** Listen and mark **X** next to the infinitive of the verb you hear.

1. _____ überlegen   _____ auflegen
2. _____ einkaufen   _____ einschlafen
3. _____ zuschauen   _____ anschauen
4. _____ vorbereiten   _____ vorstellen
5. _____ mitkommen   _____ zurückkommen
6. _____ bestellen   _____ bezahlen
7. _____ vorbereiten   _____ zubereiten
8. _____ aufstehen   _____ ausgehen
9. _____ wiedersehen   _____ wiederholen
10. _____ anrufen   _____ ausrufen

2 **Mal was anderes** Replace the verb in the sentence you hear with the verb you see. Pay attention to whether the verb has a separable or an inseparable prefix.

> **Beispiel**
> *You hear:* Ich koche heute.
> *You see:* einkaufen
> *You say: Ich kaufe heute ein.*

> **Beispiel**
> *You hear:* Wir wollen ein Video machen.
> *You see:* anschauen wollen
> *You say: Wir wollen ein Video anschauen.*

1. zurückkommen   5. aufstehen
2. einschlafen   6. verkaufen wollen
3. bestellen   7. erklären können
4. anrufen

3 **Schreiben** Write two sentences about each picture using the prompts you hear.

> **Beispiel**
> *You see:* die Mutter
> *You hear:* im Supermarkt einkaufen
> *You write:* Die Mutter kauft im Supermarkt ein.
> *You hear:* heute einkaufen müssen
> *You write:* Die Mutter muss heute einkaufen.

Susis Hund

1. _____

2. _____

Frau Neumann

3. _____

4. _____

Kapitel 4   Lektion 4B

1 **Was passt?** For each word you hear, indicate the word that is logically associated with it.

1. Brötchen   Nachtisch   hausgemacht
2. Tasse   Esslöffel   Speisekarte
3. Glas   Suppe   Geschmack
4. Vorspeise   Serviette   Rindfleisch
5. Beilage   Frühstück   Wasser
6. Bier   schwer   Messer

2 **Fragen** Answer each question in a complete sentence by selecting the appropriate word or phrase. Repeat the correct response after the speaker.

> *Beispiel*
>
> *You hear:* Wer arbeitet im Restaurant?
> *You see:* der Koch / der Saft
> *You say:* Der Koch arbeitet im Restaurant.

1. der Kellner / die Serviette
2. der Snack / die Milch
3. die Tischdecke / die Hauptspeise
4. das Besteck / ein Glas Wasser
5. schmecken / fade
6. zwei Glas Wasser bestellen / süß und lecker

3 **Antworten** Look at the picture to answer the questions you hear. Repeat the correct response after the speaker. (*5 items*)

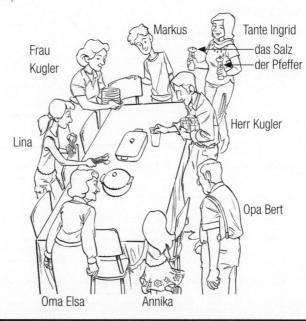

(picture labels: Frau Kugler, Markus, Tante Ingrid, das Salz, der Pfeffer, Lina, Herr Kugler, Oma Elsa, Annika, Opa Bert)

Lab Manual

Name _____   Datum _____

The German *s* in combination with other letters

The letter combination **sch** is pronounced like the *sh* in the English word *fish*.

| Fisch | Schinken | Geschäft | Fleisch | Schule |

When an **s** appears at the beginning of a word in front of the letter **p** or **t**, it is also pronounced like the *sh* in *fish*. A prefix added to the word will not change the pronunciation of the **s**. However, if the **sp** or **st** letter combination occurs in the middle or at the end of a word, the **s** is pronounced like the **s** in the English word *restore*.

| Speise | stoppen | versprechen | Aspirin | Fenster |

In a few words borrowed from other languages, **sh** and **ch** are also pronounced like the *sh* in *fish*.

| Chauffeur | Cashewnuss | Shampoo | Champignon | charmant |

At the beginning of a word, the letter combination **tsch** is pronounced like the *ch* in *chat*. In the middle or at the end of a word, **tsch** is pronounced like the *tch* in *catch*.

| tschüss | Tschad | Tschechien | Rutsch | Klatschbase |

1 **Aussprechen** Wiederholen Sie die Wörter, die Sie hören.

1. Schaft
2. waschen
3. Sport
4. Strudel
5. aufstehen
6. Kasten
7. Aspekt
8. Putsch
9. platschen
10. Kutscher

2 **Nachsprechen** Wiederholen Sie die Sätze, die Sie hören.

1. Im Lebensmittelgeschäft kaufst du Schinken und Fisch.
2. In der Schule schwimmen alle Schüler im Schwimmbad.
3. Studenten spielen gern Videospiele.
4. Auf der Speisekarte steht Käsespätzle.
5. Der Tscheche sagt nicht mal tschüss.
6. Ich wünsche dir einen guten Rutsch ins neue Jahr!

3 **Sprichwörter** Wiederholen Sie die Sprichwörter, die Sie hören.

1. Besser spät als nie.
2. Reden ist Silber; Schweigen ist Gold.

4 **Diktat** You will hear six sentences. Each will be read twice. Listen carefully and write what you hear.

1. _____
2. _____
3. _____
4. _____
5. _____
6. _____

Lab Manual

STRUKTUREN

4B.1 The dative

1   **Wer macht was?** You will hear six sentences with indirect objects. Restate each sentence, replacing the indirect object with the one you see. Repeat the correct answer after the speaker.

> **Beispiel**
>
> *You hear:* Das Kind bringt seinem Freund einen Apfel.
> *You see:* seine Lehrerin
> *You say:* Das Kind bringt seiner Lehrerin einen Apfel.

1. die Lehrerin
2. unsere Freunde
3. meine Schwestern
4. meine Mutter
5. der junge Hund
6. der Student

2   **Wem... ?** You will hear six sentences. Restate each sentence, replacing the indirect object with the one you hear. Repeat the correct answer after the speaker.

> **Beispiel**
>
> *You hear:* Der Mann gibt seinem Hund den Ball. (seine Tochter)
> *You say:* Der Mann gibt seiner Tochter den Ball.

3   **Was fehlt?** Complete the sentences with the correct dative form of the words you hear.

> **Beispiel**
>
> *You hear:* meine schöne Cousine
> *You see:* Architekt Wagner kauft _____ einen Ring.
> *You write:* Architekt Wagner kauft *meiner schönen Cousine* einen Ring.

1. Die Konditorei Hoffmann empfiehlt _____ ihren Kuchen.

2. Der Koch kocht _____ ein gutes Essen.

3. Der Vater gibt _____ eine große Serviette.

4. Die Nachbarn helfen _____ am Wochenende.

5. Die Kellnerin will _____ nicht helfen.

6. _____ fällt eine Gabel vom Tisch.

7. Die Bäckerei soll _____ fünfhundert Brötchen backen.

8. Mutter macht _____ ein Käsebrot mit Tomaten.

9. Wir kaufen _____ eine Wurst.

10. Die Kinder erklären _____ die Speisekarte.

Lab Manual

4B.2 Prepositions with the dative

1 **Welche Präpositionen?** Listen to the sentences and mark which prepositions you hear.

	aus	außer	bei	mit	nach	seit	von	zu
1.	___	___	___	___	___	___	___	___
2.	___	___	___	___	___	___	___	___
3.	___	___	___	___	___	___	___	___
4.	___	___	___	___	___	___	___	___
5.	___	___	___	___	___	___	___	___
6.	___	___	___	___	___	___	___	___
7.	___	___	___	___	___	___	___	___
8.	___	___	___	___	___	___	___	___
9.	___	___	___	___	___	___	___	___
10.	___	___	___	___	___	___	___	___

2 **Neue Sätze** You will hear six sentences. Restate each sentence, replacing the object of the preposition with the words you see. Repeat the correct answer after the speaker.

Beispiel

You hear: Ich arbeite beim Restaurant Wagner.
You see: ein italienisches Restaurant
You say: Ich arbeite bei einem italienischen Restaurant.

1. das Café
2. der zwanzigste August
3. die Uni
4. meine Freundin
5. die Vorlesung
6. seine Frau

3 **Nach, seit oder zu?** Complete each sentence using the information you hear with the preposition **nach**, **seit**, or **zu**. Use contractions where necessary.

Beispiel

You see: Ich _____.
You hear: gehen / das Fußballtraining.
You write: Ich *gehe zum Fußballtraining* .

1. Du _____.
2. Wir _____.
3. Er _____.
4. Die Studenten _____.
5. Ihr _____.
6. Ich _____.

Kapitel 5

Lektion 5A

1 **Was passt?** Mark the chart with an **X** for the events the people are celebrating.

	Geburt	Geburtstag	Hochzeit	Rente	Silvester	Weihnachten
1. die Frischvermählten	_____	_____	_____	_____	_____	_____
2. Frau Arslan	_____	_____	_____	_____	_____	_____
3. Wolfgang	_____	_____	_____	_____	_____	_____
4. Kiara	_____	_____	_____	_____	_____	_____
5. die Eltern	_____	_____	_____	_____	_____	_____
6. Baby Emma	_____	_____	_____	_____	_____	_____

2 **Sprechen** Today is Peter's birthday. Look at the pictures and answer the questions you hear. Repeat the correct response after the speaker. (*7 items*)

3 **Antworten** Listen to the story and answer the questions.

> **Beispiel**
>
> *You see:* Was sind Sabine und Nina?
> *You hear:* Sabine und Nina sind Schwestern.
> *You write:* Sie sind Schwestern.

1. Was planen die Schwestern? _____

2. Wann ist die Party? _____

3. Was muss Sabine schnell machen? _____

4. Wer ist die Gastgeberin? _____

5. Außer Cola, welche Getränke will Nina kaufen? _____

6. Was sollen alle Gäste haben? _____

Lab Manual

AUSSPRACHE UND RECHTSCHREIBUNG

The consonantal *r*

To pronounce the German consonant **r**, start by placing the tip of your tongue against your lower front teeth. Then raise the back of your tongue toward the roof of your mouth. Let air flow from the back of your throat over your tongue creating a soft vibrating sound from the roof of your mouth.

Rock   **rot**   **Brille**   **Freund**   **Jahrestag**

Note that the consonant **r** sound always precedes a vowel.

Orange   **frisch**   **fahren**   **Rucksack**   **Paprika**

When the German **r** comes at the end of a word or a syllable, it sounds more like a vowel than a consonant. This *vocalic* **r** sound will be discussed in **Lektion 9A**.

1 Aussprechen Wiederholen Sie die Wörter, die Sie hören.

1. Rente
2. rosa
3. reden
4. Schrank
5. schreiben
6. sprechen
7. Sprudel
8. Straße
9. gestreift
10. frisch
11. Bruder
12. tragen
13. grau
14. Haare
15. Amerika
16. studieren

2 Nachsprechen Wiederholen Sie die Sätze, die Sie hören.

1. Veronika trägt einen roten Rock.
2. Mein Bruder schreibt einen Brief.
3. Rolf reist mit Rucksack nach Rosenheim.
4. Regensburg und Bayreuth liegen in Bayern.
5. Warum fahren Sie nicht am Freitag?
6. Marie und Robert sprechen Russisch.
7. Drei Krokodile fressen frische Frösche.
8. Im Restaurant bestellt die Frau Roggenbrot mit Radieschen.

3 Sprichwörter Wiederholen Sie die Sprichwörter, die Sie hören.

1. Rede, so lernst du reden.
2. Der Krug geht so lange zum Brunnen, bis er bricht.

4 Diktat You will hear six sentences. Each will be read twice. Listen carefully and write what you hear.

1. _____
2. _____
3. _____
4. _____
5. _____
6. _____

Lab Manual

STRUKTUREN

5A.1 The *Perfekt* (Part 1)

1 **Was haben Sie gemacht?** Listen to each sentence and indicate whether the verb is in the present tense or the **Perfekt**.

	Present	*Perfekt*
1.	○	○
2.	○	○
3.	○	○
4.	○	○
5.	○	○
6.	○	○
7.	○	○
8.	○	○

2 **Üben Sie** Change the sentences you hear from the present to the **Perfekt**. Repeat the correct response after the speaker. (*6 items*)

> *Beispiel*
>
> *You hear:* Ich finde die Geburtstagsballons.
> *You say:* Ich habe die Geburtstagsballons gefunden.

3 **Sätze bilden** Build sentences in the **Perfekt** using the cues you hear.

> *Beispiel*
>
> *You see:* Ich _____.
> *You hear:* das Auto / gestern / waschen
> *You write:* Ich habe gestern das Auto gewaschen.

1. Ich _____.

2. Der Kellner _____.

3. Die Familie _____.

4. Du _____.

5. Die Restaurantköchin _____.

6. Nina und Paul _____.

7. Der Gastgeber _____.

8. Ihr _____.

5A.2 Accusative pronouns

1 **Was passt?** Listen and indicate the accusative pronoun you hear.

> **Beispiel**
>
> *You hear:* Opa und Oma Hartmann sind nett. Wir mögen sie.
> *You see:* sie / ihn
> *You mark:* ~~sie~~

1. euch / mich

2. dich / Sie

3. Sie / sie

4. dich / euch

5. es / ihn

6. sie / uns

2 **Anders gesagt** Listen and rephrase each sentence using an accusative pronoun. Repeat the correct response after the speaker. (*6 items*)

> **Beispiel**
>
> *You hear:* Diese Party ist für Frank.
> *You say:* Diese Party ist für ihn.

3 **Antworten** Answer the questions you hear using accusative pronouns.

1. Ja, sie mag _____ sehr.

2. Ja, sie macht _____ täglich.

3. Ja, sie mögen _____.

4. Nein, sie möchten _____ nicht bestellen.

5. Nein, er braucht _____ nicht.

6. Ja, er möchte _____ haben.

Lab Manual

5A.3 Dative pronouns

1   **Was passt?** Identify the dative pronoun that correctly replaces the dative object in the sentences you hear.

> **Beispiel**
>
> *You hear:* Mutters neue Teller gefallen dir und mir.
> *You see:* a. euch
>   b. uns
> *You choose:* b. uns

1. a. ihm   b. ihr

2. a. euch   b. ihnen

3. a. euch   b. uns

4. a. sie   b. ihr

5. a. Ihnen   b. ihr

6. a. euch   b. sie

2   **Sagen Sie es noch einmal** Restate the sentence you hear using a dative pronoun. Repeat the correct response after the speaker. (*6 items*)

> **Beispiel**
>
> *You hear:* Anne dankt Peter für das Geschenk.
> *You say:* Anne dankt ihm für das Geschenk.

3   **Antworten** Answer the questions about the pictures using dative pronouns. There are two questions for each picture. Repeat the correct response after the speaker.

1. Ja, ...   3. Ja, ...   5. Ja, ...   7. Nein, ...

2. Ja, ...   4. Ja, ...   6. Nein, ...   8. Ja, ...

Lab Manual

     Kapitel 5 Lab Activities   **43**

Kapitel 5

Lektion 5B

KONTEXT

1 **Wer will was?** Listen to Lina and Holger talk about clothing. Then indicate whether the statements are **richtig** or **falsch**.

	richtig	falsch
1. Lina braucht zwei Röcke.	○	○
2. Lina möchte eine weite Jeans.	○	○
3. Lina will Turnschuhe kaufen.	○	○
4. Holger möchte einen gestreiften Pullover.	○	○
5. Holger zieht blaue Socken an.	○	○
6. Holger will ein Sweatshirt und eine rote Mütze kaufen.	○	○

2 **Wem gefällt was?** Greta and her mother are shopping for a trip to Italy. Listen to what they say and answer the questions. Repeat the correct responses after the speaker.

Beispiel

You hear: Wie findest du das dunkle Kleid?
You see: Ist das Kleid hell oder dunkel?
You say: Das Kleid ist dunkel.

1. Ist die Seidenbluse einfarbig oder gestreift?
2. Ist der Baumwollpullover braun oder rosa?
3. Welche Farbe hat der Hut?
4. Soll der Badeanzug grün oder rot sein?
5. Ist das T-Shirt langärmlig oder kurzärmlig?
6. Ist die Sonnenbrille günstig oder teuer?

3 **Im Geschäft** Answer the questions about each photo. Repeat the correct response after the speaker. (*5 items*).

Beispiel

You hear: Ist das erste Foto ein Geschäft für Frauen?
You say: Nein, das erste Foto ist ein Geschäft für Männer.

Lab Manual

AUSSPRACHE UND RECHTSCHREIBUNG

The letter combination *ch* (Part 1)

The letter combination **ch** has two distinct pronunciations, which depend on its placement within a word. To pronounce the **ch** after the vowels **a, o, u**, and **au**, start by pressing the tip of your tongue against your lower front teeth and raising the back of the tongue to the roof of the mouth. Then blow out air through the small space between the back of the tongue and the roof of the mouth.

Nachname	Tochter	Buch	brauchen	acht

In loanwords, **ch** may appear at the beginning of a word. In these words, the **ch** is sometimes pronounced like the *k* in the English word *king*. It may also be pronounced like the *sh* in the English word *ship*.

Chaos	Chor	Christ	Chance	Chef

1 Aussprechen Wiederholen Sie die Wörter, die Sie hören.

1. lachen
2. nach
3. auch
4. gesprochen
5. geflochten
6. brauchen
7. fluchen
8. Tuch
9. flache

2 Nachsprechen Wiederholen Sie die Sätze, die Sie hören.

1. Wir haben schon wieder Krach mit den Nachbarn.
2. Christians Tochter macht die Nachspeise.
3. Die Kinder waren nass bis auf die Knochen.
4. Hast du Bauchweh?
5. Der Schüler sucht ein Buch über Fremdsprachen.
6. Jochen kocht eine Suppe mit Lauch.

3 Sprichwörter Wiederholen Sie die Sprichwörter, die Sie hören.

1. Wo Rauch ist, da ist auch Feuer.
2. Vorgetan und nachgedacht hat manchem großes Leid gebracht.

4 Diktat You will hear six sentences. Each will be read twice. Listen carefully and write what you hear.

1. _____
2. _____
3. _____
4. _____
5. _____
6. _____

Lab Manual

Kapitel 5 Lab Activities

STRUKTUREN

5B.1 The *Perfekt* (Part 2)

1 **Eine Reise nach Italien** Listen to each sentence and indicate whether the verb is in the present tense or the **Perfekt**.

	Present	*Perfekt*
1.	○	○
2.	○	○
3.	○	○
4.	○	○
5.	○	○
6.	○	○
7.	○	○
8.	○	○
9.	○	○
10.	○	○

2 **Im Perfekt, bitte** Listen and restate each sentence in the **Perfekt**. Repeat the correct response after the speaker. (*7 items*)

Beispiel

You hear: Dilara reist nach Leipzig.
You say: Dilara ist nach Leipzig gereist.

3 **Sprechen** Create sentences in the **Perfekt** combing the subject pronouns you see with the verb phrases you hear. Repeat the correct response after the speaker.

Beispiel

You hear: zwei Brötchen essen
You see: ich
You say: Ich habe zwei Brötchen gegessen.

1. wir
2. sie (*sing.*)
3. ich
4. ihr
5. sie (*pl.*)
6. du / ?
7. was / ?
8. Sie (*form., sg.*) / ?

5B.2 *Wissen* and *kennen*

1 **Wissen Sie es?** Listen and restate each sentence using the subject provided. Repeat the correct response after the speaker.

1. Annes Eltern

2. ihr

3. mein Bruder

4. Thomas

5. ich

6. Maria und Lara

7. Frau Neumann

8. du und Anna

2 **Sprechen** Rewrite each sentence you hear using the **Perfekt**. (*6 items*)

> **Beispiel**
>
> *You hear:* Ich weiß deine Adresse nicht.
> *You write:* Ich habe deine Adresse nicht gewusst.

1. _____

2. _____

3. _____

4. _____

5. _____

6. _____

3 **Kennen oder wissen?** Create sentences in the present tense combining the subject pronouns you see, the phrases you hear, and the appropriate form of **wissen** or **kennen**. Repeat the correct response after the speaker.

> **Beispiel**
>
> *You see:* ihr / ?
> *You hear:* die Telefonnummer
> *You say:* Wisst ihr die Telefonnummer?

1. ich

2. wir

3. Sie (*form.*) / ?

4. du / ?

5. ihr / ?

6. sie (*pl.*)

7. du / ?

8. er

Lab Manual

5B.3 Two-way prepositions

1 **Was fehlt?** Listen to the conversation and fill in the missing prepositions. Then listen again to check your answers.

HASAN Hallo Simon, wohin gehst du?

SIMON Ich gehe (1) _____ die Sporthalle. Unser Team trainiert
(2) _____ den Seminaren.

HASAN Ihr wollt wirklich (3) _____ Platz Eins? Ich kaufe
(4) _____ dem Spiel (5) _____ der Sporthalle ein Ticket.
Ich will (6) _____ Renate sitzen. Unsere Freunde können
(7) _____ uns sitzen.

2 **Sprechen** Complete the sentences using the preposition you hear with the correct accusative or dative form of the definite article. Use contractions where appropriate.

> *Beispiel*
> *You see:* Du sitzt _____.
> *You hear:* in
> *You write:* Du sitzt ___im___ Zug.

1. Die Freundinnen gehen _____ Geschäft.
2. Die Rechtsanwältin sitzt _____ Schreibtisch.
3. Ihre Papiere liegen _____ Tisch.
4. Sie laufen jeden Morgen _____ Park.
5. Drei schöne T-Shirts sind _____ Bett gefallen.
6. Das Fischgeschäft liegt _____ zwei Bäckereien.
7. Irene stellt die Teller _____ Torte.
8. Der Verkäufer legt die Pullover _____ Rock.
9. Lisa trifft ihre Freundin _____ Mensa.
10. Der Tennisball fliegt _____ Spielfeld.

3 **Wo und wohin** Answer each question you hear with a two-way preposition and the accusative or dative case, as appropriate. Then, repeat the correct response after the speaker.

> *Beispiel*
> *You hear:* Wohin gehen Marthas Cousinen gern?
> *You see:* der Wald
> *You say:* Marthas Cousinen gehen gern in den Wald.

1. unter / der Tisch
2. in / die Wäsche
3. vor / die Tafel
4. in / das Restaurant
5. hinter / die guten Studenten
6. an / die Tür
7. in / das Wasser
8. auf / der Schreibtisch

Lab Manual

Kapitel 6   Lektion 6A

KONTEXT

---

1 **Wo machen sie was?** Listen to the conversation and indicate where each activity takes place.

1. Alexandra und Matthias frühstücken _____.   im Esszimmer   in der Küche
2. Matthias arbeitet _____.   im Wohnzimmer   im Arbeitszimmer
3. Alexandra wäscht den Hund _____.   im Badezimmer   im Keller
4. Das neue Sofa kommt _____.   ins Schlafzimmer   ins Wohnzimmer
5. Der Nachttisch muss _____.   auf den Dachboden   in den Keller
6. Sie stellen die Kommode _____.   ins Schlafzimmer   auf den Dachboden

---

2 **Die Wohnung** Answer the questions you hear using the locations you see. Repeat the correct response after the speaker.

> **Beispiel**
>
> *You hear:* Jutta arbeitet nicht im Schlafzimmer. Wo arbeitet sie?
> *You see:* im Arbeitszimmer
> *You say:* **Sie arbeitet im Arbeitszimmer.**

1. im Sessel   4. im Keller
2. im Bett im Schlafzimmer   5. im Badezimmer
3. in der Küche   6. an der Wand

---

3 **Beschreiben Sie** Answer the questions about the picture in complete sentences.

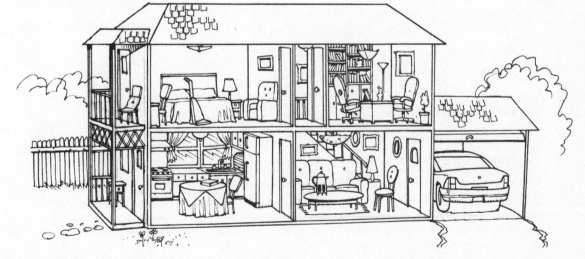

1. _____
2. _____
3. _____
4. _____
5. _____

Lab Manual

AUSSPRACHE UND RECHTSCHREIBUNG

The letter combination *ch* (Part 2)

To pronounce the soft **ch** after the vowel sounds **i/ie, e, ä, ö, ü,** or **ei,** start by placing the tip of your tongue behind your lower teeth. Then pronounce the *h* sound while breathing out forcefully.

Chemie	rechts	Teppich	Küche	leicht

Use the same soft **ch** sound when pronouncing the **g** in the suffix **-ig** at the end of a word. However, when there is an adjective ending after the **-ig**, the **g** is pronounced like the hard *g* in the word *garden*. In the combination **-iglich**, the **g** is pronounced like the *k* in the word *kind*. The soft **ch** is also used in the suffix **-lich**, whether or not there is an ending after it.

dreckig	schmutzig	billige	königlich	freundlichen

When **ch** appears before an **s**, the letter combination is pronounced like the *x* in the word *fox*. Do not confuse **chs** with the combination **sch**, which is pronounced like the *sh* in the word *shade*.

sechs	wachsen	schlafen	waschen	Dachs

When **ch** appears at the beginning of loanwords, its pronunciation varies.

Charakter	Chip	Chef	Charterflug	Chronik

1 **Aussprechen** Wiederholen Sie die Wörter, die Sie hören.

1. Bücher
2. freundlich
3. China
4. zwanzig
5. braunhaarige
6. lediglich
7. höchste
8. Achsel
9. Ochse
10. Chaos
11. checken
12. Charme

2 **Nachsprechen** Wiederholen Sie die Sätze, die Sie hören.

1. Die königliche Köchin schläft wieder in der Küche.
2. Mein neugieriger Nachbar will täglich mit mir sprechen.
3. Den Rechtsanwalt finden wir freundlich und zuverlässig.
4. Der Chef schickt mich nächstes Jahr nach China.
5. Der Dachs hat einen schlechten Charakter.

3 **Sprichwörter** Wiederholen Sie die Sprichwörter, die Sie hören.

1. Liebe deinen Nächsten wie dich selbst.
2. Jedem Tierchen sein Pläsierchen.

4 **Diktat** You will hear five sentences. Each will be read twice. Listen carefully and write what you hear.

1. _____
2. _____
3. _____
4. _____
5. _____

Lab Manual

STRUKTUREN

6A.1 The *Präteritum*

1 **Was hören Sie?** Listen and indicate the verb form you hear.

1. kochtest	kocht	kochte
2. dürfen	durften	durftet
3. mochte	mögen	möchte
4. schliefen… ein	schliefst… ein	schlief… ein
5. schriebt	schrieb	schrieben
6. waren	warst	wart
7. hatte	haben	hatten
8. überraschtest	überraschen	überraschten

2 **Sprechen** Restate each sentence using the **Präteritum** form of the verb. Repeat the correct response after the speaker. (*6 items*)

> *Beispiel*
> *You hear:* Ich wohne in einer Wohnung.
> *You say:* Ich wohnte in einer Wohnung.

3 **Was machten sie?** Respond to each statement, saying whether the person indicated did the same activity. Repeat the correct response after the speaker.

> *Beispiel*
> *You hear:* Wir gingen angeln.
> *You see:* Tony / nicht
> *You say:* Tony ging nicht angeln.

1. ich
2. wir
3. du / nicht
4. sie (*pl.*) / nicht
5. er
6. Sie (*formal*)
7. ich / nicht
8. ihr / nicht

6A.2 *Da-*, *wo-*, *hin-*, and *her*-compounds

1 **Markieren Sie** You will hear eight sentences. Mark **X** under the compounds you hear.

> **Beispiel**
>
> *You hear:* Wohin geht ihr?
> *You mark:* an X under wohin

	daran	dafür	darin	darunter	hinauf	wohin	worauf	wozu
Beispiel						X		
1.								
2.								
3.								
4.								
5.								
6.								
7.								
8.								

2 **Sprechen** You will hear six sentences. Choose the correct follow-up sentence from the list. Say the new sentence and repeat the correct response after the speaker. (*6 items*)

> **Beispiel**
>
> *You hear:* Wir sind im Erdgeschoss.
> *You say:* Wir gehen die Treppe ins fünfte Stockwerk hinauf.

> Bitte wartet davor auf mich, ok?
> Ich habe sie herunter ins Wohnzimmer getragen.
> Ich habe sie vom Garten herauf gebracht.
> Ich danke dir dafür!
> Kannst du sie darunter sehen?
> ~~Wir gehen die Treppe ins fünfte Stockwerk hinauf.~~
> Wohin zieht ihr um, in die Ringstraße?

3 ***Wo*-Fragen** You will hear six statements. For each one, write a question using a **wo**-compound.

1. _____
2. _____
3. _____
4. _____
5. _____
6. _____

Lab Manual

6A.3 Coordinating conjunctions

1 **Was passt?** Mark **X** under the coordinating conjunction you hear.

	aber	denn	oder	sondern	und
1.					
2.					
3.					
4.					
5.					
6.					
7.					

2 **Sprechen** Combine the clauses you see and those you hear using the appropriate coordinating conjunction. Say the complete sentence aloud. Then, repeat the correct response after the speaker.

> **Beispiel**
>
> *You see:* Die Vase steht nicht unter dem Tisch, _____.
> *You hear:* darauf
> *You say:* Die Vase steht nicht unter dem Tisch, sondern darauf.

1. Willst du das rote Kleid anziehen _____?

2. Der braune Gürtel ist schön, _____.

3. Öffne die Kellertür, bitte, _____.

4. Unsere neue Wohnung ist sehr angenehm _____.

5. Rita wohnt nicht im Erdgeschoss, _____.

3 **Was fehlt?** You will hear six pairs of sentences. Restate each pair of prompts as a single sentence using a coordinating conjunction. Repeat the correct response after the speaker. (*6 items*)

> **Beispiel**
>
> *You hear:* Willst du Brokkoli essen? Willst du Kuchen essen?
> *You say:* Willst du Brokkoli oder Kuchen essen?

Lab Manual

Kapitel 6

Lektion 6B

KONTEXT

1 **Logisch oder unlogisch?** Indicate whether each statement you hear is **logisch** or **unlogisch**.

	logisch	unlogisch
1.	○	○
2.	○	○
3.	○	○
4.	○	○
5.	○	○
6.	○	○
7.	○	○
8.	○	○

2 **Eriks Hausarbeit** Respond to each prompt you hear with a complete sentence about Erik's chores. Repeat the correct response after the speaker. (*6 items*)

Beispiel

You hear: spülen, das schmutzige Geschirr
You say: Erik spült das schmutzige Geschirr.

3 **Nach dem Besuch** Birgit's messy friends have gone back home after a short visit. Look at the picture and answer the questions you hear using complete sentences.

1. _____

2. _____

3. _____

4. _____

5. _____

Lab Manual

AUSSPRACHE UND RECHTSCHREIBUNG

The German *k*-sound

The German **k** is pronounced like the *k* in the English word *kind*. At the end of a syllable, this sound may be written as a **ck**.

Kaffee	Laken	Decke	Frack	Kreide

In a few loanwords, the **c** at the beginning of a word is pronounced like a **k**. In other loanwords, the initial **c** may be pronounced similarly to the *ts* in *cats* or the *c* in *cello*.

Computer	Caravan	Couch	Celsius	Cello

When the consonant combination **kn** appears at the beginning of a word, both letters are pronounced. In the combination **nk**, the sound is very similar to the *nk* in the English word *thank*.

Knie	knusprig	Knödel	danken	Schrank

Remember that the **ch** sound and the **k/ck** sound are pronounced differently.

dich	dick	Bach	Back

1 Aussprechen Wiederholen Sie die Wörter, die Sie hören.

1. Keller	4. Container	7. knackig	10. Hockey
2. Keramik	5. Cola	8. Knallfrosch	11. lach
3. Stock	6. Celsius	9. Bank	12. Lack

2 Nachsprechen Wiederholen Sie die Sätze, die Sie hören.

1. In der Küche bäckt man Kekse.
2. Deine Kleider hängen im Kleiderschrank.
3. In Frankfurt essen glückliche Kinder knackige Bockwürste.
4. Mein Lieblingsmöbelstück ist diese knallrote Couch.
5. Wir kaufen das Cabriolet in Köln.
6. Kann Klaus Knödel kochen?

3 Sprichwörter Wiederholen Sie die Sprichwörter, die Sie hören.

1. Klappern gehört zum Handwerk.
2. Kommt Zeit, kommt Rat.

4 Diktat You will hear six sentences. Each will be read twice. Listen carefully and write what you hear.

1. _____
2. _____
3. _____
4. _____
5. _____
6. _____

Lab Manual

STRUKTUREN

6B.1 *Perfekt* versus *Präteritum*

1 **Was hören Sie?** Listen and indicate the tense you hear.

	Perfekt	Präteritum	Present		Perfekt	Präteritum	Present
1.	○	○	○	5.	○	○	○
2.	○	○	○	6.	○	○	○
3.	○	○	○	7.	○	○	○
4.	○	○	○	8.	○	○	○

2 **Präteritum oder Perfekt?** You will hear five sentences. Write each verb you hear in the appropriate column. Sometimes, both verbs in a sentence belong in the same column.

> **Beispiel**
> *You hear:* Als ich jung war, habe ich keine Hausarbeit gemacht.
> *You write:* war under Präteritum and habe gemacht under Perfekt

	Präteritum	Perfekt
Beispiel	*war*	*habe gemacht*
1.		
2.		
3.		
4.		
5.		

3 **Antworten** Answer the questions you hear about each picture. Then repeat the correct response after the speaker.

> **Beispiel**
> *You see:* schmutzig sein
> *You hear:* Warum wolltest du die Wäsche waschen?
> *You say:* Ich wollte die Wäsche waschen, denn sie war schmutzig.

schmutzig sein

1. die Waschmaschine nicht verstehen können

2. ihn anrufen

3. mir die Waschmaschine erklären

4. mir helfen

Lab Manual

6B.2 Separable and inseparable prefix verbs in the *Perfekt*

1   **Ordnen Sie die Verben ein** You will hear eight infinitives. Write the 3rd person singular **Perfekt** form in the appropriate column. Include both the auxiliary and the past participle.

> **Beispiel**
>
> *You hear:* aufräumen
> *You write:* <u>hat aufgeräumt</u> under separable prefix

	separable prefix	inseparable prefix
Beispiel	*hat aufgeräumt*	
1.		
2.		
3.		
4.		
5.		
6.		
7.		
8.		

2   **Antworten** You will hear a question about each picture. Answer each question in the present perfect using the logical verb phrase. Repeat the correct response after the speaker.

> **Beispiel**
>
> *You see:* ihr Lieblingsbuch entdecken / die Bücher abstauben
> *You hear:* Was hat die Bibliothekarin gemacht?
> *You say:* **Die Bibliothekarin hat ihr Lieblingsbuch entdeckt.**

1. einen Freund anrufen / einen Freund besuchen
2. die Professorin bezahlen / die Professorin nicht verstehen
3. aus Italien zurückkommen / den Müll hinausbringen
4. ein Café besuchen / eine Blume mitbringen

3   **Im Perfekt, bitte** Rewrite each sentence you hear using the **Perfekt**.

1. _____
2. _____
3. _____
4. _____
5. _____
6. _____
7. _____

     Kapitel 6 Lab Activities   **57**

Lab Manual

Kapitel 7

Lektion 7A

KONTEXT

1 **Das Wetter** You will hear eight statements. Write the number of each statement you hear below the picture it describes. There are two statements for each picture.

a. _____ _____

b. _____ _____

c. _____ _____

d. _____ _____

2 **Was passt zusammen?** You will hear six groups of words. For each group, write the word that is unrelated to the others.

> **Beispiel**
> *You hear:* der Frühling, der Winter, der Monat
> *You write:* ___der Monat___

1. _____ 4. _____

2. _____ 5. _____

3. _____ 6. _____

3 **Antworten** You will hear a statement followed by a question. Answer the question with a complete sentence.

> **Beispiel**
> *You hear:* So ein Sturm, mit Blitz und Donner! Wie ist das Wetter?
> *You say:* Das Wetter ist schlecht.

AUSSPRACHE UND RECHTSCHREIBUNG

Long and short vowels

German vowels can be either long or short. Long vowels are longer in duration and typically occur before a single consonant, before the letter **h**, or when the vowel is doubled. Short vowels are shorter in duration and usually occur before two consonants.

    Meter   **mehr**   **Meer**   **Messer**   **melden**

The long **a** is pronounced like the *a* in the English word *calm*, but with the mouth wide open. The short **a** sounds almost like the long **a**, but it is held for a shorter period of time and pronounced with the mouth more closed.

    mahnen   **Mann**   **lasen**   **lassen**

The long **e** sounds like the *a* in the English word *late*. The short **e** sounds like the *e* in *pet*. The long **i** may be written as **i** or **ie**. It is pronounced like the *e* in *be*. The short **i** is pronounced like the *i* in *mitt*.

    wen   **wenn**   **Visum**   **fliegen**   **Zimmer**

The long **o** is pronounced like the *o* in *hope*, but with the lips firmly rounded. The short **o** is pronounced like the *o* in *moth*, but with the lips rounded. The long **u** is pronounced like the *u* in *tuna*, but with the lips firmly rounded. The short **u** is pronounced like the *u* in *put*, but with the lips rounded.

    Zoo   **Zoll**   **Flug**   **Hund**

1   **Aussprechen** Wiederholen Sie die Wörter, die Sie hören.

1. Haken / hacken	5. buchen / Bucht	9. wohne / Wonne	13. Linie / Linde
2. den / denn	6. Nase / nass	10. Humor / Hummer	14. Lot / Lotto
3. Bienen / binnen	7. fehl / Fell	11. Wagen / Wangen	15. Mus / muss
4. Sohn / Sonne	8. Miete / Mitte	12. Zehner / Zentner	

2   **Nachsprechen** Wiederholen Sie die Sätze, die Sie hören.

1. Viele machen im Sommer Urlaub am Strand.
2. Wolf und Monika wollen den ganzen Tag in der Sonne liegen.
3. Sabine und Michael schwimmen lieber im Meer.
4. Alle sieben Studenten übernachten in einer Jugendherberge.
5. Hast du den Flug schon gebucht?
6. Wenn das Wetter schlecht ist, gehen wir ins Museum.

3   **Sprichwörter** Wiederholen Sie die Sprichwörter, die Sie hören.

1. Liebe geht durch den Magen.   2. Ende gut, alles gut.

4   **Diktat** You will hear seven sentences. Each will be read twice. Listen carefully and write what you hear.

1. _____

2. _____

3. _____

4. _____

5. _____

6. _____

7. _____

Lab Manual

STRUKTUREN

7A.1 Separable and inseparable prefix verbs (*Präteritum*)

1 **Ordnen Sie die Verben ein** You will hear eight infinitives. Write their **Präteritum** forms in the appropriate columns of the chart.

> **Beispiel**
>
> *You hear:* anrufen
> *You see:* ich
> *You write:* ich rief an under *separable prefix*

		separable prefix	inseparable prefix
Beispiel	ich	*ich rief an*	
1.	wir		
2.	er		
3.	ihr		
4.	du		
5.	sie (pl.)		
6.	ich		
7.	du		
8.	Sie (form.)		

2 **Sprechen** Answer the questions you hear using the **Präteritum** with the information provided.

> **Beispiel**
>
> *You hear:* Was machtest du heute Morgen?
> *You see:* das Zimmer aufräumen
> *You say:* Ich räumte das Zimmer auf.

1. nach 10 Uhr aufstehen
2. ihr Auto verkaufen
3. den Zweiten Weltkrieg besprechen
4. in der Innenstadt einkaufen
5. früh einschlafen
6. mit Freunden ausgehen
7. fernsehen
8. viel Zeit mit seiner Professorin verbringen

3 **Im Präteritum, bitte** Rewrite the sentences you hear using the **Präteritum**.

1. Vor dem Essen _____.
2. Wir _____.
3. Ich _____.
4. Sie _____.
5. Du _____.
6. Uwe _____.
7. _____?
8. Matthias _____.

Lab Manual

Name _____   Datum _____

7A.2 Prepositions of location; Prepositions in set phrases

1 | **Standort oder Richtung?** Decide whether the preposition in each sentence you hear refers to a **location** or a **direction**.

	location	*direction*		*location*	*direction*
1.	○	○	5.	○	○
2.	○	○	6.	○	○
3.	○	○	7.	○	○
4.	○	○	8.	○	○

2 | **Paulas Zimmer** Answer each question about the picture using the preposition **an, auf, hinter, in,** or **neben** with the location provided. Repeat the correct response after the speaker.

> **Beispiel**
>
> *You hear:* Wo ist der Fernseher?
> *You see:* die Wand
> *You say:* Der Fernseher ist an der Wand.

1. der Schrank   5. das Bett

2. das Bett   6. Karin

3. die Wand   7. die Decke

4. der Schreibtisch   8. die CDs

3 | **Was machen sie?** Write sentences combining the verb expression you hear with the words provided.

> **Beispiel**
>
> *You hear:* Angst haben vor
> *You see:* Daniel / der Hund _____
> *You write:* Daniel hat Angst vor dem Hund.

1. wir / der Sommer _____

2. die Architektin / der Rechtsanwalt _____

3. Oma und Opa / ihre Hochzeit _____

4. der Meteorologe / das schlechte Wetter _____

5. Inga / unsere Adresse _____

6. Niklas und Nina / Hausarbeit _____

7. ich / meine Freunde _____

Lab Manual (side margin)

Kapitel 7

Lektion 7B

Lab Manual

1 **Bilder beschreiben** For each picture, you will hear two statements. Choose the statement that describes the action shown in the picture.

1. a. _____ b. _____   2. a. _____ b. _____   3. a. _____ b. _____

2 **Im Reisebüro** Answer the travel agent's questions using the cues provided.

> **Beispiel**
> *You hear:* Wohin möchten Sie reisen?
> *You see:* nach Deutschland
> *You say:* Ich möchte nach Deutschland reisen.

1. in Italien
2. am Strand
3. eine Kreuzfahrt
4. Touristenklasse
5. mit dem Auto
6. eine Jugendherberge
7. für eine Woche
8. ja, schon

3 **Was passt nicht?** You will hear eight sets of words. For each set, write the word or phrase that does not belong.

1. _____
2. _____
3. _____
4. _____
5. _____
6. _____
7. _____
8. _____

AUSSPRACHE UND RECHTSCHREIBUNG

Pure vowels versus diphthongs

You learned in **2B** that German has three diphthongs: **au**, **ai/ei**, and **eu/äu**. In these vowel combinations, two vowel sounds are pronounced together in the same syllable.

Haus	Mai	meine	scheu	läuft

All other German vowel sounds are pure vowels. Whether long or short, they never glide into another vowel sound.

kalt	Schnee	Spiel	Monat	Schule

Be sure to pronounce the vowels in German words as pure vowel sounds, even when they resemble English words with similar pronunciations.

kann	Stereo	Apfel	Boot	Schuh

1 **Aussprechen** Wiederholen Sie die Wörter, die Sie hören.

1. Hagel	5. minus	9. Januar	13. Zeit
2. wann	6. Winter	10. Geburtstag	14. heute
3. Regen	7. Oktober	11. August	15. Häuser
4. Wetter	8. Sommer	12. Mai	16. Gasthaus

2 **Nachsprechen** Wiederholen Sie die Sätze, die Sie hören.

1. Es hat fast den ganzen Tag geregnet.
2. Im Juli ist es am Nachmittag zu heiß.
3. Im Winter gehe ich gern Ski laufen.
4. Trink eine Tasse Tee, damit du wieder wach wirst.
5. Im Mai wird es schön warm und sonnig.
6. Im Sommer schwimmen die Kinder im See.
7. Im Herbst muss Max sein Segelboot reparieren lassen.
8. Meine Freundin besucht mich heute.

3 **Sprichwörter** Wiederholen Sie die Sprichwörter, die Sie hören.

1. Morgen, morgen, nur nicht heute, sagen alle faulen Leute.
2. Nach Regen kommt Sonnenschein.

4 **Diktat** You will hear six sentences. Each will be read twice. Listen carefully and write what you hear.

1. _____
2. _____
3. _____
4. _____
5. _____
6. _____

Lab Manual

7B.1 Infinitive expressions and clauses

1 **Was fehlt?** Complete the sentences with the information you hear.

1. Wir buchen unsere Reise, _____.

2. Es macht Spaß, _____.

3. Wir müssen _____.

4. Der junge Mann hilft mir, _____.

5. Du hast vergessen, _____.

6. _____, müssen wir pünktlich am Schiff sein.

2 **Sätze bilden** Form sentences with the cues you see and the infinitive expressions you hear. Repeat the correct response after the speaker. (6 *items*)

> **Beispiel**
> *You see:* Ich habe Lust...
> *You hear:* in Urlaub fahren
> *You say:* Ich habe Lust, in Urlaub zu fahren.

1. Ich habe vergessen,...
2. Es ist nicht einfach,...
3. Es macht keinen Spaß,...
4. Es ist Zeit,...
5. Es ist wichtig,...
6. Jetzt ist es schon zu spät,...

3 **Antworten** Answer each question using the information provided. Repeat the correct response after the speaker.

> **Beispiel**
> *You hear:* Haben Sie etwas vergessen?
> *You see:* meinen Personalausweis / mitbringen
> *You say:* Ja, ich habe vergessen, meinen Personalausweis mitzubringen.

1. mir / mit meinem Koffer / helfen
2. um / im Reisebüro mein Hotel / buchen
3. im Hotelschwimmbad / schwimmen
4. um / Ihnen den Zimmerschlüssel / geben
5. keinen Urlaub / machen
6. um / ein Zimmer / bekommen
7. durch die Passkontrolle / kommen
8. nur zwei Monate / warten

7B.2 Time expressions

1 **Was ist richtig?** For each sentence you hear, mark the logical response.

1. ____ a. War es einfach, das Kino zu finden?
   ____ b. Das war ein langer Film.

2. ____ a. Schwimmt er im Meer?
   ____ b. Am Strand sind viele Touristen.

3. ____ a. Das Flugzeug fliegt am 17. Juli.
   ____ b. Diesmal habe ich es schon vor drei Monaten gekauft.

4. ____ a. Die Kreuzfahrt macht sehr viel Spaß.
   ____ b. Seit Wochen wollten sie neue Kleider für die Reise kaufen.

5. ____ a. Letztes Jahr.
   ____ b. Am Dienstag, dem 21. Juni.

6. ____ a. Du wartest schon so lange auf deine Urlaubsreise.
   ____ b. Ich bekomme keinen Urlaub.

2 **Wie oft?** You will hear six sentences. Restate each sentence adding the appropriate time expression. Repeat the correct response after the speaker.

> **Beispiel**
> *You hear:* Gehen Sie angeln?
> *You see:* manchmal / zum letzten Mal
> *You say: Gehen Sie manchmal angeln?*

1. dreimal täglich / sechs Monate
2. manchmal / zum ersten Mal
3. einmal / diesmal

4. zum letzten Mal / einmal
5. zweimal in der Woche / manchmal
6. niemals / zweimal jährlich

3 **Was ist passiert?** You will hear a story about Klara and Erik's first day of vacation. Match the pictures with the sequence of events in the story by writing the adverb **zuerst, dann, danach,** or **zuletzt** under each picture.

a. _____ b. _____ c. _____ d. _____

7B.3 Indefinite pronouns

1 **Was hören Sie?** Listen to each sentence and mark an **X** under the indefinite pronoun you hear.

	alles	etwas	jemand	man	nichts	niemand
1.	_____	_____	_____	_____	_____	_____
2.	_____	_____	_____	_____	_____	_____
3.	_____	_____	_____	_____	_____	_____
4.	_____	_____	_____	_____	_____	_____
5.	_____	_____	_____	_____	_____	_____
6.	_____	_____	_____	_____	_____	_____

2 **Das ist unklar** Restate each sentence you hear using the indefinite pronoun provided. Add any necessary case endings. Repeat the correct response after the speaker.

> **Beispiel**
>
> *You hear:* Ich habe Stefan von meinem Urlaub erzählt.
> *You see:* niemand
> *You say:* Ich habe niemandem von meinem Urlaub erzählt.

1. alles

2. jemand

3. etwas

4. man

5. alles

6. jemand

3 **Was fehlt?** Based on the information you hear, complete each sentence with the appropriate indefinite pronoun: **alle, etwas, jemand, man, nichts,** or **niemand**. Add the appropriate case endings as needed.

> **Beispiel**
>
> *You hear:* Alle blieben lange auf der Party.
> *You see:* _____ ging früh nach Hause.
> *You write:* ___Niemand___ ging früh nach Hause.

1. _____ steht vor der Tür und möchte sie besuchen.

2. _____ hilft ihnen.

3. Er isst zweimal von _____ auf dem Tisch.

4. Sie hat heute noch _____ gegessen.

5. Gib mir bitte _____ davon.

6. _____ feiert jeden Tag eine große Party.

Lab Manual

Kapitel 8

Lektion 8A

1 Logisch oder unlogisch? Listen to each statement and indicate whether it is **logisch** or **unlogisch**.

> **Beispiel**
> *You hear:* Das Fahrrad braucht Benzin.
> *You mark:* unlogisch

	logisch	unlogisch
1.	O	O
2.	O	O
3.	O	O
4.	O	O
5.	O	O
6.	O	O
7.	O	O
8.	O	O

2 Frage und Antwort Jan has seen an ad for a used car and is calling the owner to get more information. Match each of his questions with the appropriate answer.

> **Beispiel**
> *You hear:* 1. Wie alt ist das Auto?
> *You see:* a. Sechs Jahre alt.
> *You write:* the number 1 next to the letter a

_____ a. Sechs Jahre alt.

_____ b. Es ist rot.

_____ c. 9.500 Euro.

_____ d. So um die 22 Liter.

_____ e. Einen V6.

_____ f. Vier Türen.

_____ g. Eigentlich sehr groß, etwa zwei Quadratmeter.

3 Antworten Answer the questions you hear using expressions from the list in the correct case and with the correct verb form. Repeat the correct response after the speaker. (*5 items*)

> **Beispiel**
> *You hear:* Wo wartet der Student?
> *You see:* die Bushaltestelle
> *You say:* Der Student wartet an der Bushaltestelle.

die Bremsen reparieren	ein Bußgeld	rechts abbiegen
~~die Bushaltestelle~~	die Fahrkarten entwerten	die Tankstelle

Lab Manual

AUSSPRACHE UND RECHTSCHREIBUNG

Long and short vowels with an *Umlaut*

You have already learned that adding an **Umlaut** to the vowels **a**, **o**, and **u** changes their pronunciation. Vowels with an **Umlaut** have both long and short forms.

Räder	Männer	löhnen	löschen	Züge	fünf

The long **ä** is pronounced similarly to the *a* in the English word *bay*, without the final *y* sound. The short **ä** is pronounced like the *e* in *pet*.

Faxgerät	Unterwäsche	Fahrpläne	Spaziergänge

To produce the long **ö** sound, start by saying the German long **e**, but round your lips as if you were about to whistle. To produce the short **ö** sound, start by saying the short **e**, but keep your lips rounded.

Öl	öffentlich	schön	Töchter

To produce the long **ü** sound, start by saying the German long **i**, but round your lips tightly. To produce the short **ü** sound, make the short **i** sound, but with tightly rounded lips. In some loanwords, the German **y** is pronounced like the **ü**. In other loanwords, the German **y** is pronounced like the English consonant *y*.

Schüler	zurück	Typ	Physik

1 **Aussprechen** Wiederholen Sie die Wörter, die Sie hören.

1. Rad / Räder
2. Kopf / Köpfe
3. Zug / Züge
4. Käse / Kästchen
5. mögen / möchten
6. fühlen / füllen
7. kämen / kämmen
8. lösen / löschen
9. Dünen / dünn
10. typisch
11. MP3-Player
12. Handy

2 **Nachsprechen** Wiederholen Sie die Sätze, die Sie hören.

1. In der Küche kocht die Köchin mit einem großen Kochlöffel.
2. Sie ändern morgen alle Fahrpläne für die Züge in Österreich.
3. Lösch alles auf der Festplatte, bevor du deinen PC verkaufst.
4. Jürgen fährt mit öffentlichen Verkehrsmitteln zur Universität.
5. Grüne Fahrräder sind schöner als rote oder schwarze Fahrräder.
6. Der blonde Typ da hat sein Handy verloren.

3 **Sprichwörter** Wiederholen Sie die Sprichwörter, die Sie hören.

1. Ein goldener Schlüssel öffnet alle Türen.
2. Der Apfel fällt nicht weit vom Stamm.

4 **Diktat** You will hear five sentences. Each will be read twice. Listen carefully and write what you hear.

1. _____
2. _____
3. _____
4. _____
5. _____

Lab Manual

STRUKTUREN

8A.1 *Das Plusquamperfekt*

1 *Plusquamperfekt* **oder** *Präteritum?* Write the two verbs you hear in each sentence in the column for the corresponding tense.

> **Beispiel**
>
> *You hear:* Als ich das dritte Stück Pizza nahm, hatte ich schon genug (*enough*) gegessen.
> *You write: nahm* under *Präteritum*, and *hatte gegessen* under *Plusquamperfekt*

	Präteritum	Plusquamperfekt
Beispiel	*nahm*	*hatte gegessen*
1.	_____	_____
2.	_____	_____
3.	_____	_____

	Präteritum	Plusquamperfekt
4.	_____	_____
5.	_____	_____
6.	_____	_____

2 **Sprechen** Change each sentence you hear from the **Perfekt** to the **Plusquamperfekt**. Repeat the correct answer after the speaker. (*6 items*)

> **Beispiel**
>
> *You hear:* Ich bin in die Schule gegangen.
> *You say:* Ich war in die Schule gegangen.

3 **Was fehlt?** Complete the sentences with the **Plusquamperfekt** form of the verb you hear.

1. Nachdem Tina im Urlaub _____ _____, zeigte sie ihren Freunden die Fotos.
2. Als sie Tinas Fotos anschauten, _____ die Freunde schon von ihrer nächsten Reise _____.

3. Bevor Frank zur Arbeit ging, _____ er in der Bäckerei _____.
4. Nachdem Frank ein schönes Brötchen _____ _____, verkaufte ihm Ina auch ein Brot.

5. Nachdem der Kaffee schon kalt war, _____ alle noch bei der Arbeit _____.
6. Nachdem sie lang am Computer _____ _____, war Martina sehr müde.

7. Hermanns _____ ihre neue Kleidung _____, bevor sie essen gingen.
8. Hermanns waren müde, nachdem sie nach Mitternacht nach Hause _____ _____.

Kapitel 8 Lab Activities   **69**

Lab Manual

8A.2 Comparatives and superlatives

1 **Gut, besser, am besten** You will hear nine sentences. Write the comparative or superlative you hear in the appropriate column.

> **Beispiel**
> *You hear:* Inas Haar ist länger als Emmas.
> *You write:* *länger* in the *comparative* column

	comparative	superlative
Beispiel	*länger*	
1.	_____	_____
2.	_____	_____
3.	_____	_____
4.	_____	_____

	comparative	superlative
5.	_____	_____
6.	_____	_____
7.	_____	_____
8.	_____	_____
9.	_____	_____

2 **Sprechen** You will hear eight statements. Make a comparison based on each statement you hear and the information you see. Repeat the correct response after the speaker.

> **Beispiel**
> *You hear:* Ich bin 1,80 Meter groß.
> *You see:* + / Mein Vater
> *You say:* Mein Vater ist größer als ich.

> = *exactly the same as*
> ≠ *not as … as*
> + *more than*

1. + / Beates Freundin
2. + / Manfred
3. + / ich
4. = / Onkel Willi

5. + / das Badezimmer
6. ≠ / der Porsche
7. = / Michaels Haus
8. ≠ / der Hut

3 **Was fehlt?** Complete each statement with the appropriate superlative form based on the information you hear. (*7 items*)

> **Beispiel**
> *You hear:* Sebastian liebt seine Katze mehr als seinen Fisch.
> *You see:* Aber er liebt seinen Hund _____.
> *You write:* ____am meisten____

1. Maria ist _____ Schwester.
2. Sie läuft _____.
3. Es ist _____ Kunstmuseum in Deutschland.
4. Aber Tennis spielen wir _____.
5. Aber ich finde, es ist _____, einen Informatikabschluss zu haben.
6. Aber Februar ist _____ Monat.
7. Aber _____ Flughafen zu uns ist Hanau.

Kapitel 8

Lektion 8B

1   **Was passt?** Match each word you hear with its function.

    1. _____   a. am Computer schreiben

    2. _____   b. anmachen und ausmachen

    3. _____   c. Programme im Fernsehen zeigen

    4. _____   d. eine Notiz mit dem Handy schreiben

    5. _____   e. Informationen speichern

    6. _____   f. Websites und Dokumente sehen

    7. _____   g. auf eine Datei klicken

    8. _____   h. Fotos machen

2   **Wer sagt das?** Listen as Sara and Florian compare their new smartphones. Then indicate whether each feature listed applies to Sara's phone, Florian's phone, or both.

Das Smartphone ...	Saras	Florians	Saras und Florians
1. ist silber und extrem dünn.	○	○	○
2. hat unbegrenztes (*unlimited*) Datenvolumen.	○	○	○
3. hat 78 Euro gekostet.	○	○	○
4. hat einen Micro-SD-Slot.	○	○	○
5. hat ein kleineres Display.	○	○	○

3   **Was ist richtig?** Choose the logical answer to each question you hear.

    1. _____ a. Sie wollen neue Filme anschauen.

        _____ b. Sie löschen Informationen von einer Datei.

    2. _____ a. Sie sieht gern fern.

        _____ b. Sie will beim Sport Musik hören.

    3. _____ a. Es hat ein Mikrofon und eine Kamera.

        _____ b. Er will viele SMS schreiben.

    4. _____ a. Sie braucht ihn für ihre Arbeit.

        _____ b. Sie startet das Programm.

    5. _____ a. Sie hat ein neues Programm heruntergeladen.

        _____ b. Sie hat jetzt einen neuen Laptop.

    6. _____ a. Er braucht sie, um den Fernseher anzumachen.

        _____ b. Lisa will seine laute Musik nicht hören.

    7. _____ a. Die Handybatterie ist immer leer.

        _____ b. Das Telefon klingelt.

Lab Manual

AUSSPRACHE UND RECHTSCHREIBUNG

The German *l*

To pronounce the German **l**, place your tongue firmly against the ridge behind your top front teeth and open your mouth wider than you would for the English *l*.

| lang | Laptop | Telefon | normal | stellen |

Unlike the English *l*, the German **l** is always produced with the tongue in the same position no matter what sound comes before or after it. Practice saying **l** after the following consonants or consonant clusters.

| Platten | schlafen | Kleid | pflegen | fleißig |

Practice saying **l** at the end of words or before the consonants **d, m,** and **n**. Be sure to use the German **l**, even in words that are spelled the same in English and German.

| Ball | Spiel | Wald | Film | Zwiebeln |

Practice saying the German **l** in front of the consonant clusters **sch** and **ch**.

| solch | falsch | Milch | Kölsch | Elch |

---

1 **Aussprechen** Wiederholen Sie die Wörter, die Sie hören.

1. Lenkrad
2. Fahrplan
3. Öl
4. Klasse
5. schlank
6. Geld
7. Köln
8. welch

---

2 **Nachsprechen** Wiederholen Sie die Sätze, die Sie hören.

1. Viele warten an der Bushaltestelle auf den letzten Bus nach Ludwigsfelde.
2. Luise, kannst du das Nummernschild von dem LKW lesen?
3. Lothar hatte leider einen Platten auf einer verlassenen Landstraße.
4. Man soll den Ölstand im Auto regelmäßig kontrollieren.
5. Natürlich hat der Laptop einen DVD-Player und eine Digitalkamera.
6. Klicken Sie auf das Bild, um den Film herunterzuladen.

---

3 **Sprichwörter** Wiederholen Sie die Sprichwörter, die Sie hören.

1. Wer im Glashaus sitzt, sollte nicht mit Steinen werfen.
2. Ein Unglück kommt selten allein.

---

4 **Diktat** You will hear six sentences. Each will be read twice. Listen carefully and write what you hear.

1. _____
2. _____
3. _____
4. _____
5. _____
6. _____

Lab Manual

STRUKTUREN

8B.1 The genitive case

1 **Was hören Sie?** Indicate the word or phrase you hear in each sentence.

1. des Restaurants / das Restaurant
2. die Computerprogramme / der Computerprogramme
3. in die Stadt / der Stadt
4. seinem Neffen / seines Neffen
5. Martinas / Martina

6. Thomas' / Thomas
7. einem Handy / eines Handys
8. der Computer / des Computers
9. einer Computerdatei / eine Computerdatei
10. lauter Bands / lauten Bands

2 **Antworten** You will hear a question about each picture. Answer each question using the genitive form of the words provided. Repeat the correct response after the speaker.

1. der langweilige Lehrer   2. ihr glücklicher Vater   3. ein schlechter Mechaniker

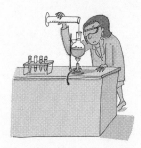  

4. die neue Chemielehrerin   5. der kleine Junge   6. Meline

3 **Was fehlt?** You will hear six statements. Complete each sentence using the prepositional phrase you hear after each statement.

> **Beispiel**
>
> *You hear:* Es regnet, aber Martin und Susanne gehen spazieren. (trotz)
> *You write:* Martin und Susanne gehen ___*trotz des Regens*___ spazieren.

1. Moritz läuft den Marathon _____.

2. Margareta findet ihren Hund _____.

3. Herr Weber arbeitet an seinem Laptop _____.

4. _____ kann Gabriele nichts hören.

5. Rita nimmt den Bus _____.

6. Ich trage die Regenjacke _____.

Lab Manual

8B.2 Demonstratives

1 **Was hören Sie?** Listen to the statements and identify the noun that each demonstrative refers to.

> **Beispiel**
>
> *You hear:* Wir suchen Kunstbücher. Die brauchen wir für unsere Diplomarbeit.
> *You see:* die Kunstbücher / die Diplomarbeit
> *You mark:* **die Kunstbücher**

1. der blaue Ball / der rote Ball
2. die Bäckerei / die Brötchen
3. der kurze Mantel / der Wollmantel
4. der Lehrer / die Eins
5. Wolfgang Puck / das Essen
6. das Haus / die Möbel
7. der Müll / die Blumenvase
8. Leute / Partys

2 **Was ist richtig?** Based on the statement you hear, choose the appropriate demonstrative pronoun to complete each sentence.

> **Beispiel**
>
> *You hear:* Wir suchen einen jungen, netten Hund.
> *You see:* Wir möchten (das / den / die) hier adoptieren, bitte.
> *You mark:* **den**

1. (Der / Den / Dem) gefällt das.
2. (Das / Dessen / Die) müssen wir reparieren.
3. (Denen / Deren / Dem) können wir helfen.
4. (Das / Der / Die) hören wir beim Sport an.
5. (Des / Dessen / Deren) Batterie muss geladen werden.
6. (Den / Die / Das) putzt sie heute.

3 **Antworten** Answer the questions using the words provided. Use the appropriate case endings for demonstratives and adjectives. Repeat the correct response after the speaker.

> **Beispiel**
>
> *You hear:* Welcher Laptop ist kaputt?
> *You see:* dies- / alt-
> *You say:* **Dieser alte Laptop ist kaputt.**

1. jed- / Schokoladentorte
2. ja / solch- / schwarz-
3. dies- / heiß-
4. manch- / arm-
5. manch- / historisch-
6. dies- / müde-

Kapitel 9   **Lektion 9A**

1   **Logisch oder unlogisch?** Mark each statement you hear as **logisch** or **unlogisch**.

	logisch	unlogisch
1.	○	○
2.	○	○
3.	○	○
4.	○	○
5.	○	○
6.	○	○
7.	○	○
8.	○	○

2   **Antworten** Respond to each question you hear using a word from the list. Repeat the correct response after the speaker. (*6 items*)

Bart	Lippenstift	Shampoo
Haartrockner	~~Seife~~	sich anziehen
Handtuch		

> **Beispiel**
>
> *You hear:* Womit wäscht sich Andreas die Hände?
> *You say:* Andreas wäscht sich die Hände mit Seife.

3   **Körperteile** You will hear the names of fifteen body parts. First, write the words you hear. Then, label each body part with the corresponding number.

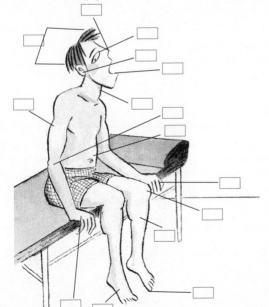

1. _____   9. _____
2. _____   10. _____
3. _____   11. _____
4. _____   12. _____
5. _____   13. _____
6. _____   14. _____
7. _____   15. _____
8. _____

Lab Manual

AUSSPRACHE UND RECHTSCHREIBUNG

Vocalic *r*

After a vowel, the German **r** often sounds more like a vowel than a consonant. When the syllable **er** occurs at the end of a word, it is pronounced with the *vocalic* **r** sound, similar to letter *a* in the English word *sofa*.

Schulter   Pfleger   Schwester   guter   Badezimmer

The vocalic **r** also appears in unstressed prefixes, such as **er-**, **ver-**, or **zer-**. In these prefixes, the sound of the **e** and the vocalic **r** are pronounced as separate sounds, blended together in a single syllable.

Verletzung   Erkältung   zerbrechen   verstauchen   erklären

The vocalic **r** also appears at the end of words after a long vowel sound. After the long **a** sound, the vowel and the vocalic **r** blend together. Otherwise, the long vowel and the vocalic **r** are pronounced as two separate sounds in a single syllable.

Ohr   vier   sehr   Haar   Bart

1 Aussprechen Wiederholen Sie die Wörter, die Sie hören.

1. Mutter
2. Vater
3. Rasierer
4. schwanger
5. verstopft
6. erkälten
7. zerstechen
8. verstehen
9. Paar
10. schwer
11. hier
12. Fahrt

2 Nachsprechen Wiederholen Sie die Sätze, die Sie hören.

1. Mir tut das rechte Ohr weh.
2. Die Krankenschwester und der Krankenpfleger suchen den Rasierer.
3. Mein kleiner Bruder hatte eine verstopfte Nase und Fieber.
4. Ohne Haar und ohne Bart wird es im Winter viel kälter.
5. Wie konnte Oliver mit dem verstauchten Fuß den 400-Meter-Lauf gewinnen?
6. Der erkältete Busfahrer hat eine lange Fahrt vor sich.

3 Sprichwörter Wiederholen Sie die Sprichwörter, die Sie hören.

1. Es ist alles in Butter.
2. Verbotene Früchte schmecken am besten.

4 Diktat You will hear six sentences. Each will be read twice. Listen carefully and write what you hear.

1. _____
2. _____
3. _____
4. _____
5. _____
6. _____

STRUKTUREN

9A.1 Reflexive verbs with accusative reflexive pronouns

1 **Was hören Sie?** You will hear six sentences. Write the number of each sentence under the picture it describes.

a. _____

b. _____

c. _____

d. _____

e. _____

f. _____

2 **Neue Sätze** Listen and form a new sentence using the subject pronoun provided. Repeat the correct answer after the speaker.

> **Beispiel**
> *You hear:* Willi zieht sich an.
> *You see:* ich
> *You say:* Ich ziehe mich an.

1. wir
2. du
3. er
4. ihr
5. Sie (*form.*)
6. wir
7. sie (*sing.*)
8. ich

3 **Sprechen** Form sentences in the tenses indicated using the reflexive verb phrases you hear with the pronouns you see. Repeat the correct responses after the speaker.

> **Beispiel**
> *You hear:* sich hinsetzen
> *You see:* (Präsens) Frau Müller
> *You say:* Frau Müller setzt sich hin.

1. (Präsens) die Studenten
2. (Imperativ) du
3. (Perfekt) Markus
4. (Perfekt) du / ?
5. (Präsens) ihr / ?
6. (Präteritum) ich

Lab Manual

9A.2 Reflexive verbs with dative reflexive pronouns

1 **Antworten** Answer the questions using the cues you see. Repeat the correct answer after the speaker.

> **Beispiel**
>
> *You hear:* Kaufst du dir ein Brötchen?
> *You see:* nein / ein großes Brot
> *You say:* Nein, ich kaufe mir ein großes Brot.

1. nein / das Gesicht

2. nein / die Haare

3. eine Gemüsesuppe

4. nein / die Augen

5. diese tolle Sonnenbrille

6. viel Zeit

7. mein neues Kleid

8. schöner

2 **Sprechen** You will hear seven sentences. Change each one by adding a reflexive pronoun to say that the subject did the action for himself or herself. Repeat the correct response after the speaker. (*7 items*)

> **Beispiel**
>
> *You hear:* Ich habe ein neues Handy gekauft.
> *You say:* Ich habe mir ein neues Handy gekauft.

3 **Ja oder nein?** Answer the questions with **ja** or **nein**, according to the cues provided. Use a direct object pronoun and a reflexive pronoun in your answer.

> **Beispiel**
>
> *You hear:* Kaufst du dir den schwarzen Mantel?
> *You see:* ja: _____
> *You write:* Ja, ich kaufe ihn mir.

1. ja: _____

2. nein: _____

3. ja: _____

4. ja: _____

5. nein / nie: _____

6. ja: _____

9A.3 Reciprocal verbs and reflexives used with prepositions

1 **Entscheiden Sie** Listen and indicate whether the verb you hear is reflexive or reciprocal.

> **Beispiel**
>
> *You hear:* Du wäschst dir jeden Tag die Haare.
> *You mark:* reflexive

	reflexive	reciprocal			reflexive	reciprocal
1.	○	○		5.	○	○
2.	○	○		6.	○	○
3.	○	○		7.	○	○
4.	○	○		8.	○	○

2 **Sprechen** Form sentences in the present tense using the cues you see and the reciprocal verbs you hear. Repeat the correct response after the speaker.

> **Beispiel**
>
> *You hear:* sich treffen
> *You see:* wir / im Café
> *You say:* Wir treffen uns im Café.

1. Stefan und seine Freundin / über ihren Hund
2. die Schwestern / zum Geburtstag
3. Martin und Martina / schon seit dem Kindergarten
4. wir / seit zwei Jahren
5. sie (*pl.*) / auf einer Kreuzfahrt
6. Frau Maier und Frau Weber / mit ihren neuen Nachbarn (*neighbors*)

3 **Verstehen Sie?** Write the number of each statement you hear under the picture it describes. There will be two statements about each picture. (*12 items*)

a. _____
   _____

b. _____
   _____

c. _____
   _____

d. _____
   _____

e. _____
   _____

f. _____
   _____

Lab Manual

Kapitel 9

KONTEXT

1 **Was stimmt?** You will hear two statements for each picture. Indicate the statement that describes the picture.

1. a. b.   2. a. b.   3. a. b.   4. a. b.

---

2 **Was denken Sie?** Indicate the appropriate response to each statement you hear.

> **Beispiel**
>
> *You hear:* Bernd fühlt sich krank.
> *You see:* a. Er sollte zum Arzt gehen.
>   b. Er sollte sich den Fuß brechen.
> *You mark:* a. zum Arzt gehen

1. a. Sie hat starke Zahnschmerzen.
   b. Sie hat starke Rückenschmerzen.
2. a. Sie hat hohes Fieber.
   b. Sie hat sich den Finger gebrochen.
3. a. Der Krankenpfleger hilft ihr dabei.
   b. Der Patient hilft ihr dabei.
4. a. Die Ärztin gibt ihm ein Rezept für Schmerztabletten.
   b. Die Ärztin gibt ihm ein Pflaster.
5. a. Er braucht jetzt ein Pflaster.
   b. Er braucht jetzt eine Tablette.

---

3 **Sprechen** Answer the questions logically using words from the list. Use the appropriate cases and tenses. Repeat the correct responses after the speaker. (6 *items*)

Arzt	Medikamente	sich verletzen	~~Zahnarzt~~
Grippe	gesund	verstopft	

> **Beispiel**
>
> *You hear:* Sebastian tun die Zähne weh. Wohin geht er?
> *You see:* Zahnarzt
> *You say:* Er geht zum Zahnarzt.

AUSSPRACHE UND RECHTSCHREIBUNG

Syllabic stress

When a syllable in a word is stressed, it is pronounced with more emphasis than the other syllables. In German, the main stress is usually on the first syllable of a word.

Seife   Nase   Auge   Techniker   fernsehen

You have already learned that separable prefixes are always stressed, while inseparable prefixes are never stressed.

aufwachen   ankommen   besprechen   Verkehr   wiedersehen

In compound words, the first part of the compound is usually stressed.

Schlafanzug   Speisekarte   Bademantel   Zahnpasta   Hausschuh

In words borrowed from other languages, the placement of stress varies. In nouns ending with **-ei** or **-ie**, the final syllable is stressed. In verbs ending in **-ieren**, the stress is on the **ie** sound.

Computer   Student   Bäckerei   Allergie   rasieren

1 Aussprechen Wiederholen Sie die Wörter, die Sie hören.

1. Rücken	4. Einkauf	7. überraschen	10. Hotel
2. duschen	5. Gesicht	8. Handtuch	11. Metzgerei
3. anziehen	6. verlieren	9. Bauchschmerzen	12. Psychologie

2 Nachsprechen Wiederholen Sie die Sätze, die Sie hören.

1. Ich nehme immer eine Zahnbürste, Zahnpasta und saubere Unterwäsche mit.
2. Mein Arzt verschreibt mir solche Medikamente nicht.
3. Robert rasiert sich nur mit Rasierschaum.
4. Die Studenten lernen am liebsten in der Bäckerei.
5. In den Ländern war die Demokratie nicht nur Theorie.
6. Wenn ich zu früh aufstehe, bekomme ich Kopfschmerzen.

3 Sprichwörter Wiederholen Sie die Sprichwörter, die Sie hören.

1. Was du heute kannst besorgen, das verschiebe nicht auf morgen.
2. Aller Anfang ist schwer.

4 Diktat You will hear six sentences. Each will be read twice. Listen carefully and write what you hear.

1. _____
2. _____
3. _____
4. _____
5. _____
6. _____

Lab Manual

STRUKTUREN

9B.1 *Der Konjunktiv II*

1 **Konjunktiv oder nicht?** Indicate whether the sentences you hear use the **Konjunktiv II** or the **Indikativ**.

> **Beispiel**
> *You hear:* Ich hätte gerne ein Brötchen, Frau Meier.
> *You write:* an *X* under Konjunktiv II

	Konjunktiv II	Indikativ
Beispiel	X	
1.		
2.		
3.		
4.		
5.		
6.		
7.		
8.		

2 **Was wäre, wenn…?** Restate each sentence you hear using the **Konjunktiv II**. Repeat the correct response after the speaker. (*6 items*)

> **Beispiel**
> *You hear:* Wenn ich Zeit habe, schreibe ich E-Mails.
> *You say:* Wenn ich Zeit hätte, schriebe ich E-Mails.

3 **Antworten** For each question and answer you hear, expand the answer by saying what you would have done under different circumstances. Then repeat the correct response after the speaker.

> **Beispiel**
> *You hear:* —Bist du gesund?
> —Ja, ich bin gesund.
> *You see:* ich / zum Arzt gehen
> *You say:* —Wenn ich nicht gesund wäre, ginge ich zum Arzt.

1. du / mir einen Kuss geben
2. ich / Allergien haben
3. ich / schnell in die Apotheke gehen
4. gesünder leben / keine Grippe haben
5. mehr Zeit haben / heute zum Arzt gehen

Lab Manual

9B.2 *Würden* with the infinitive

1 **Was ist richtig?** Write the form of **würden** you hear in each sentence.

> **Beispiel**
>
> *You hear:* In der Notaufnahme würde ich nicht arbeiten.
> *You write:* würde

1. _____
2. _____
3. _____
4. _____
5. _____

2 **Würden Sie...?** Write the number of each statement or question you hear under the corresponding picture. (*6 items*)

a. _____

b. _____

c. _____

d. _____

e. _____

f. _____

3 **Was würden Sie tun?** Answer the questions you hear using **würden** with the cues you see. Repeat the correct response after the speaker.

> **Beispiel**
>
> *You hear:* Ina hat sich den Fuß verstaucht.
> *You see:* ich / zum Arzt gehen
> *You say:* An ihrer Stelle würde ich zum Arzt gehen.

1. sich hinlegen
2. in Urlaub fahren
3. ein Kleid anziehen
4. einen heißen Tee trinken
5. mehr trainieren
6. für ein Semester nach Mexiko gehen

Lab Manual

Kapitel 10

KONTEXT

Lektion 10A

1 **Wo macht man was?** You will hear eight sentences about errands. Write the name of the appropriate place for each one. One location will be used twice.

> die Bank   der Kiosk   die Post
>
> ~~das Blumengeschäft~~   der Kosmetiksalon   das Schreibwarengeschäft
>
> das Juweliergeschäft   die Polizeiwache

> **Beispiel**
>
> *You hear:* Frank hat Blumen gekauft.
> *You write:* <u>das Blumengeschäft</u>

1. _____   5. _____
2. _____   6. _____
3. _____   7. _____
4. _____   8. _____

2 **Sprechen** Listen to each statement. Restate its meaning using an expression from the list. Repeat the correct response after the speaker.

> **Beispiel**
>
> *You hear:* Erik braucht Geld.
> *You see:* Geld von seinem Bankkonto abheben
> *You say:* Erik hebt Geld von seinem Bankkonto ab.

> bar bezahlen   Geld auf ihr Konto einzahlen
>
> das Formular ausfüllen   mit der Karte bezahlen
>
> das Formular unterschreiben   Besorgungen machen müssen
>
> ~~Geld von seinem Bankkonto abheben~~

3 **Was ist richtig?** Mark the correct answers to the questions you hear.

> **Beispiel**
>
> *You hear:* Was füllt man aus?
> *You see:* a. ein Formular b. einen Geldautomaten
> *You mark:* a. ein Formular

1. a. eine Adresse   b. eine Postkarte
2. a. im Blumengeschäft   b. auf der Post
3. a. eine Briefmarke   b. ein Kiosk
4. a. Konto   b. Kleingeld
5. a. ein Paket   b. ein Briefumschlag
6. a. ein Briefträger oder eine Briefträgerin   b. ein Mechaniker oder eine Mechanikerin

Lab Manual

AUSSPRACHE UND RECHTSCHREIBUNG

The glottal stop

The glottal stop is the sound you hear in the middle of the English phrase *uh oh*. In German, there is a glottal stop before all words that begin with a vowel.

| obwohl | Ampel | Innenstadt | abbiegen | einkaufen |

Glottal stops occur within words, when one syllable ends with a vowel and the next syllable begins with a vowel. They also occur in compound words, when the second part of the compound begins with a vowel.

| geradeaus | beeilen | Geldautomat | Zahnarzt | Wochenende |

A glottal stop also occurs when one syllable of a word ends with a consonant and the next syllable begins with a vowel.

| nachahmen | überall | nebenan | überaus | bergab |

---

1   **Aussprechen** Wiederholen Sie die Wörter, die Sie hören.

1. abheben
2. Orte
3. einzahlen
4. Ecke
5. bearbeiten
6. Schlafanzug
7. Hausaufgaben
8. Freizeitaktivität
9. Mittagessen
10. hinab
11. fortan
12. bergauf

---

2   **Nachsprechen** Wiederholen Sie die Sätze, die Sie hören.

1. Auch am Abend kann man Geld vom Geldautomaten abheben.
2. Am Wochenende arbeitet Amanda in der Apotheke.
3. Im Internetcafé essen acht Engländer Erdbeereis.
4. Auf dem Briefumschlag steht die Adresse allerdings nicht.
5. Fortan bearbeitet ihr alles vor Ort.
6. Das Nadelöhr am Autobahndreieck wird ab morgen ausgebaut.

---

3   **Sprichwörter** Wiederholen Sie die Sprichwörter, die Sie hören.

1. Erst die Arbeit, dann das Vergnügen.
2. Unkraut vergeht nicht.

---

4   **Diktat** You will hear six sentences. Each will be read twice. Listen carefully and write what you hear.

1. _____
2. _____
3. _____
4. _____
5. _____
6. _____

Lab Manual

STRUKTUREN

10A.1 Subordinating conjunctions

1 **Was hören Sie?** Write the number of each statement you hear below the picture it describes.

a. _____ b. _____ c. _____

d. _____ e. _____ f. _____

2 **Sätze verbinden** Complete each compound sentence with the sentence you hear, paying attention to the placement of the verb. Repeat the correct response after the speaker.

> **Beispiel**
>
> *You see:* Obwohl Paul Lisas Adresse wusste, ...
> *You hear:* Er schrieb ihr keinen Brief.
> *You say:* Obwohl Paul Lisas Adresse wusste, schrieb er ihr keinen Brief.

1. Während Annette im Kosmetiksalon war, ...
2. Ich mache schnell meine Besorgungen, damit ...
3. Weil er eine Zeitschrift kaufen wollte, ...
4. Die Teenager sitzen im Internetcafé, bis ...
5. Wenn es regnet, ...
6. Seit wir umgezogen sind, ...

3 **Indirekte Fragen** Change each direct question you hear into an indirect question using the introduction you see. Repeat the correct response after the speaker.

> **Beispiel**
>
> *You see:* Bitte sag mir, ...
> *You hear:* Wie gefällt dir dieser Ring?
> *You say:* Bitte sag mir, wie dir dieser Ring gefällt.

1. Kannst du mir sagen, ...
2. Sie möchten gern wissen, ...
3. Ich frage mich, ...

4. Ich weiß nicht, ...
5. Könnten Sie mir sagen, ...
6. Wissen Sie, ...

10A.2 Adjectives used as nouns

1 **Schreiben** Write down the adjectival nouns you hear.

> **Beispiel**
>
> *You hear:* Alex sieht seiner Verlobten in die Augen.
> *You write:* Verlobten

1. _____
2. _____
3. _____
4. _____
5. _____
6. _____

2 **Anders gesagt** You will hear six phrases containing an adjective and a noun. Write the corresponding adjectival nouns.

> **Beispiel**
>
> *You hear:* das rote T-Shirt
> *You write:* das Rote

1. _____
2. _____
3. _____
4. _____
5. _____
6. _____

3 **Sprechen** Answer the questions with an adjectival noun based on the cue. Repeat the correct response after the speaker.

> **Beispiel**
>
> *You hear:* Was ist gestern passiert?
> *You see:* nichts, besonder-
> *You say:* Gestern ist nichts Besonderes passiert.

1. etwas, süß-
2. nichts, traurig-
3. lieber, etwas, hell-
4. nie, etwas, schmutzig-
5. immer, etwas, bunt-
6. etwas, italienisch-

Kapitel 10 Lab Activities **87**

Lab Manual

10A.3 *Das Futur I*

1 **Logisch oder unlogisch?** Listen and indicate whether each statement you hear is **logisch** or **unlogisch**.

	logisch	unlogisch
1.	○	○
2.	○	○
3.	○	○
4.	○	○
5.	○	○
6.	○	○

2 **Sprechen** Restate each sentence you hear using **Futur I**. Repeat the correct response after the speaker. (*6 items*)

Beispiel

You hear: Morgen gehen wir tanzen.
You say: Morgen werden wir tanzen gehen.

3 **Sagen Sie es noch einmal** Rewrite the questions you hear using **Futur I**.

Beispiel

You hear: Wann öffnet die Post morgen früh?
You write: Wann wird die Post morgen früh öffnen?

1. _____

2. _____

3. _____

4. _____

5. _____

6. _____

7. _____

Lab Manual

Kapitel 10

Lektion 10B

1 **Logisch oder unlogisch?** Listen and indicate whether the sentences you hear are **logisch** or **unlogisch**.

	logisch	unlogisch			logisch	unlogisch
1.	○	○		5.	○	○
2.	○	○		6.	○	○
3.	○	○		7.	○	○
4.	○	○		8.	○	○

2 **Antworten** Answer the questions based on the picture. Repeat the correct response after the speaker. (6 *items*)

> **Beispiel**
>
> *You hear:* Gibt es auf dem Bild eine Treppe?
> *You say:* Nein, auf dem Bild gibt es keine Treppe.

3 **In welche Richtung?** Complete the paragraph with the directional information you hear.

Herr und Frau Weber sind amerikanische Touristen. Sie wollen die Goethestatue im Goethe-Park sehen. Sie fragen einen Fußgänger nach dem Weg. Der sagt: „Der Park ist leider nicht hier (1) _____. Er ist ziemlich (2) _____ hier. Gehen Sie die Hauptstraße (3) _____ bis zur (4) _____ Ringstraße und Baumallee. Dann zweimal links (5) _____. Dort sehen Sie das Rathaus. Direkt (6) _____ vom Rathaus ist der Goethe-Park. Im Park (7) _____ Sie dem kleinen Fluss, immer (8) _____, bis Sie die Statue (9) _____ der Kirche sehen."

Lab Manual

AUSSPRACHE UND RECHTSCHREIBUNG

Loan words (Part 1)

Some German words borrowed from other languages retain elements of their original pronunciation. For example, the German consonant **v** is normally pronounced like the *f* in the English word *fan*. But in certain loan words, the **v** is pronounced like the *v* in *van*.

| Investor | Universität | Ventilator | Advokat | Vegetarier |

The **ch** letter combination has a variety of pronunciations in loan words. Depending on the word, it may be pronounced like the *k* in *kitten*, like the *sh* in *shop*, or with a sound similar to the *j* in *jungle*. In some loan words, it is pronounced like the **ch** in the word **ich**.

| Charakter | Chef | checken | Chemie | China |

The **sk** in the German word **Ski** and related compound words is pronounced like the *sh* in *shirt*.

| Skilift | Skier | Skiläufer | Skipiste | Skiurlaub |

---

1 Aussprechen Wiederholen Sie die Wörter, die Sie hören.

1. Interview
2. Vase
3. Video
4. investieren
5. Chaos
6. Champignon
7. Charter
8. Chance
9. chinesisch
10. Skifahrer
11. Skihütte
12. Skispringen

---

2 Nachsprechen Wiederholen Sie die Sätze, die Sie hören.

1. Der kreative und aktive Vegetarier war wirklich ein Vampir.
2. Mit den chaotischen Zuständen in China kommt der Chef nicht zurecht.
3. Die Skiläufer fahren mit dem Skilift zu den Skipisten.
4. Das Interview mit dem Investor von der Bank war sehr informativ.
5. Auch im Winter essen wir oft Vanilleeis in unserer Villa in Venedig.
6. Der charmante Chemiker war ein Mann von Charakter.

---

3 Sprichwörter Wiederholen Sie die Sprichwörter, die Sie hören.

1. Auf dem Vulkan tanzen.
2. „Wer nichts als Chemie versteht, versteht auch die nicht recht.“
   —Georg Christoph Lichtenberg

---

4 Diktat You will hear six sentences. Each will be read twice. Listen carefully and write what you hear.

1. _____
2. _____
3. _____
4. _____
5. _____
6. _____

Lab Manual

STRUKTUREN

10B.1 Prepositions of direction

1 **Was passt?** Match the number of each sentence you hear with the corresponding picture, and then write the preposition + noun phrase that you hear below each picture.

Beispiel

You hear: 1. Die Krankenschwester hat die Blumenvase auf den Tisch gestellt.
You write: a. <u>1, auf den Tisch</u>

b. _____   c. _____   d. _____

e. _____   f. _____

2 **Sprechen** You will hear six questions followed by a location. Answer each question with the location preceded by a preposition of direction. Repeat the correct response after the speaker. (*6 items*)

| an | auf | aus | in | in | ~~nach~~ | über |

Beispiel

You hear: Wohin fahren wir? (Düsseldorf)
You say: Wir fahren nach Düsseldorf.

3 **Wo sind sie und was machen sie?** You will hear six brief statements. Choose the logical description for each one.

Beispiel

You hear: Ich sitze in meinem Wohnzimmer und sehe fern.
You see: a. Sonja geht nach Hause.   b. Sonja ist zu Hause.
You mark: b. Sonja ist zu Hause.

1. a. Daniel geht zum Bäcker.   b. Daniel ist beim Bäcker.
2. a. Stefan muss in Deutschland bleiben.   b. Stefan kann nach England fliegen.
3. a. Thomas und Ina sind in Australien.   b. Thomas und Ina reisen nach Australien.
4. a. Ina gefällt es nicht auf der Party.   b. Ina muss nach der Party aufräumen.
5. a. Frau Herrmann steht auf der Straße.   b. Frau Herrmann möchte über die Straße gehen.
6. a. Er kommt aus der Schweiz.   b. Er kommt in die Schweiz.

Lab Manual

10B.2 Talking about nationality

1 **Woher kommt ihr?** Listen and mark each person's nationality in the chart.

> **Beispiel**
>
> *You hear:* Guten Tag. Ich komme aus München.
> *You mark:* Deutsche

	Chinese	Deutsche	Franzose	Kanadierin	Mexikaner	Russin	Schweizerin
Beispiel		X					
1.							
2.							
3.							
4.							
5.							
6.							

2 **Sprechen** Identify the native language of each person. Repeat the correct answer after the speaker. (*6 items*)

> **Beispiel**
>
> *You hear:* Luli ist Chinesin und wohnt in Beijing.
> *You say:* Luli spricht Chinesisch.

3 **Nein, das stimmt nicht** You will hear seven statements about people's nationalities. For each one, say that the other person does not have that nationality.

> **Beispiele**
>
> *You hear:* Michelle ist Französin.
> *You see:* Stefan
> *You say:* Stefan ist nicht Franzose.

1. Oleg

2. Johanna

3. Svetlana

4. Lena

5. Tim

6. Niklas

7. Daniela

Lab Manual

Kapitel 11   Lektion 11A

KONTEXT

---

1 **Welche Arbeit?** Listen to the sentences and identify what job each person has.

1. _____   a. der Assistent
2. _____   b. die Geschäftsführerin
3. _____   c. der Personalchef
4. _____   d. die Angestellte
5. _____   e. der Bewerber

---

2 **Antworten** Answer the questions based on the information provided. Then repeat the correct response after the speaker.

> **Beispiel**
>
> *You hear:* Was macht der Personalchef?
> *You see:* den Bewerber zum Vorstellungsgespräch einladen
> *You say:* Der Personalchef lädt den Bewerber zum Vorstellungsgespräch ein.

1. ihre Referenzen in den Lebenslauf schreiben

2. einen Termin vereinbaren

3. den Lebenslauf ans Personalbüro weitergeben

4. eine Stelle mit höherem Gehalt suchen

5. eine Nachricht für den Personalchef hinterlassen

6. ein Praktikum und ein Empfehlungsschreiben

---

3 **Das Arbeitsleben** You will hear two statements for each drawing. Choose the statement that corresponds to the picture.

1.

a. b.

2.
a. b.

3.
a. b.

4.
a. b.

5.
a. b.

Vielen Dank. Ich freue mich.
6.
a. b.

Lab Manual

Kapitel 11 Lab Activities   **93**

AUSSPRACHE UND RECHTSCHREIBUNG

Loan words (Part 2)

You have already learned that the main stress in German words usually falls on the first syllable. However, in words borrowed from other languages, the first syllable may not be stressed.

Kandidat   **Immobilien**   **Karriere**   **Politiker**   **Fabrik**

Some loan words in German are pronounced similarly to their English equivalent.

Computer   **Sektor**   **Komma**   **Semester**

In other loan words, the stress falls on a different syllable in German than it does in English.

Referenz   **Assistent**   **Psychologe**   **Material**

The stress in a loan word may shift to a different syllable in the plural form of a word, or in the feminine form of a noun.

Doktor   **Doktorin**   **Doktoren**   **Sektor**   **Sektoren**

---

1 **Aussprechen** Wiederholen Sie die Wörter, die Sie hören.

1. Jurist	4. Hotel	7. Sekretär	10. Student
2. Kosmetik	5. Laptop	8. Temperatur	11. Faktor
3. Identität	6. Thermometer	9. Akrobat	12. Faktoren

---

2 **Nachsprechen** Wiederholen Sie die Sätze, die Sie hören.

1. Am Computer sitzt der Student im ersten Semester.

2. Die Kandidaten werden vor der Wahl sehr nervös.

3. Der Atlas, den du suchst, liegt unter den anderen Atlanten.

4. In dem Sektor findet man weniger Arbeitslosigkeit als in den anderen Sektoren.

5. Die Assistentin kocht sich oft eine Tomatensuppe im Labor.

6. Aus diesem Katalog kann man sehr günstig Büromaterial bestellen.

---

3 **Sprichwörter** Wiederholen Sie die Sprichwörter, die Sie hören.

1. Je ärgrer Student, je frömmerer Pastor.

2. Schlaf ist die beste Medizin.

---

4 **Diktat** You will hear six sentences. Each will be read twice. Listen carefully and write what you hear.

1. _____

2. _____

3. _____

4. _____

5. _____

6. _____

STRUKTUREN

11A.1 Relative pronouns

1 **Was hören Sie?** Listen to the sentences and identify the relative pronouns.

> **Beispiel**
>
> *You hear:* Das ist die Firma in Berlin, in der ich gearbeitet habe.
> *You write:* der

1. _____
2. _____
3. _____
4. _____
5. _____
6. _____

2 **Sätze ergänzen** Combine the sentences you hear with the sentences you see. Repeat the correct response after the speaker.

> **Beispiel**
>
> *You hear:* Hans spricht mit der Personalchefin.
> *You see:* Er kennt sie von der Uni.
> *You say:* Hans spricht mit der Personalchefin, die er von der Uni kennt.

1. Der Personalchef ist der Vater ihrer Freundin.
2. Der Terminkalender zeigt immer die richtigen Termine.
3. Sie hat ihr Praktikum in der Firma gemacht.
4. Herr Franz hat eine Stelle in der Zeitung gesehen.
5. Der Termin ist sehr wichtig.
6. Ihre Referenzen stehen auf dem Lebenslauf.

3 **Sprechen** You will hear two sentences for each item. Combine them into one sentence using a relative pronoun. Repeat the correct response after the speaker. (*6 items*)

> **Beispiel**
>
> *You hear:* Ich sitze an meinem Schreibtisch. Ich arbeite oft am Schreibtisch.
> *You say:* Ich sitze an meinem Schreibtisch, an dem ich oft arbeite.

Lab Manual

11A.2 *The past tenses* (review)

1 ***Perfekt, Präteritum oder Plusquamperfekt?*** Identify the tense you hear in each sentence.

	Perfekt	Präteritum	Plusquamperfekt			Perfekt	Präteritum	Plusquamperfekt
1.	○	○	○		5.	○	○	○
2.	○	○	○		6.	○	○	○
3.	○	○	○		7.	○	○	○
4.	○	○	○		8.	○	○	○

2 **Sprechen** You will hear six sentences. Restate them in the **Präteritum**. Repeat the correct response after the speaker.

> **Beispiel**
>
> *You hear:* Die Assistentin ist auf die Bank gegangen, um Geld abzuheben.
> *You say:* Die Assistentin ging auf die Bank, um Geld abzuheben.

3 **Antworten** For each picture you will hear a question. Answer each question using the same verb tense, based on what you see. Repeat the correct response after the speaker.

> **Beispiel**
>
> *You see:* die Verkäuferin
> *You hear:* Wer hat Frau Braun geholfen, Kleider zu kaufen?
> *You say:* Die Verkäuferin hat Frau Braun geholfen, Kleider zu kaufen.

die Verkäuferin

1. Briefe voneinander   2. ihr Professor   3. ein Vorstellungstermin

4. die Stellenangebote   5. Urlaub

Lab Manual

Kapitel 11

Lektion 11B

KONTEXT

1   **Wer macht was?** Match the description you hear with the profession.

1. _____   a. Bauer
2. _____   b. Buchhalterin
3. _____   c. Gärtner
4. _____   d. Immobilienmakler
5. _____   e. Klempner
6. _____   f. Politiker
7. _____   g. Tierärztin

2   **Was ist richtig?** Listen to each question and choose the more logical answer.

1. a. Ja, die Gewerkschaft möchte, dass die Fabrikarbeiter nur 7 Stunden am Tag arbeiten.
    b. Ja, die Gewerkschaft möchte, dass die Fabrikarbeiter besser verdienen.

2. a. Die Karriere eines Richters ist anspruchsvoll.
    b. Ein Richter muss zuverlässig sein.

3. a. Eine Hausfrau ist schnell mit ihrer Arbeit fertig.
    b. Der Beruf der Hausfrau ist so anstrengend wie ein anderer Beruf.

4. a. Ein LKW-Fahrer transportiert oft gefährliche Materialien.
    b. Ein LKW-Fahrer fährt viele Stunden auf der Autobahn.

5. a. Ja, Tierärzte helfen ihren Patienten, gesund zu werden.
    b. Nein, Tierärzte haben keine Praxis, in der sie Tieren helfen.

6. a. Wissenschaftler lösen wichtige Probleme der Medizin.
    b. Wissenschaftler erforschen die Überbevölkerung.

3   **Die Familie Lehlbach** Listen as Ursula describes what different people in her family do for a living. Then read each statement and indicate if it is **richtig** or **falsch**.

	richtig	falsch
1. Annas Vater ist Taxifahrer.	O	O
2. Er arbeitet für die Stadt.	O	O
3. Ihre Mutter arbeitet als Buchhalterin in einer Bank.	O	O
4. Die Firma ihrer Mutter gibt es nicht mehr.	O	O
5. Annas Mutter arbeitet ganztags.	O	O
6. Annas Schwester möchte Politikerin werden.	O	O
7. Ihr Bruder verkauft Häuser.	O	O
8. Annas Großeltern arbeiten nicht mehr.	O	O

Lab Manual

AUSSPRACHE UND RECHTSCHREIBUNG

Recognizing near-cognates

Because English and German belong to the same language family, the two languages share some related sounds. Knowing these relationships makes it easier to recognize English and German cognates. For example, for many English words that contain a *d* sound, the German equivalent has a **t** in the same position.

Tag	unter	Brot	rot	Tür

For many English words that contain a *p* sound, the German equivalent has an **f** or **pf** in the same position, while a *t* sound in an English word may correspond to a German **z** or **s** sound.

Pfanne	Schiff	zwei	aus	essen

In some German words, the **ch** corresponds to an English *k* or *gh*.

machen	Buch	lachen	Nacht	hoch

In many German words, the **d** corresponds to the English *th* sound, and in a few words, the **g** corresponds to an English *y*.

Bruder	Donner	Leder	gestern	gelb

1 Aussprechen Wiederholen Sie die Wörter, die Sie hören.

1. trinken
2. Wort
3. sitzen
4. zu
5. Pfeffer
6. Apfel
7. helfen
8. brechen
9. denken
10. Bad
11. recht
12. Garn

2 Nachsprechen Wiederholen Sie die Sätze, die Sie hören.

1. Der alte Koch arbeitet nur noch halbtags.
2. Die Gärtnerin findest du unter einem großen Baum im Hinterhof.
3. Ich suche gerade seine Telefonnummer in meinem Adressbuch.
4. Wir wollen nicht den ganzen Tag vor einem Computer sitzen.
5. Es ist besser, länger zu schlafen, als so viel Kaffee zu trinken.
6. Seit einer Woche leitet sie das Büro.

3 Sprichwörter Wiederholen Sie die Sprichwörter, die Sie hören.

1. Wo sich Fuchs und Hase gute Nacht sagen.
2. Die Nacht zum Tage machen.

4 Diktat You will hear six sentences. Each will be read twice. Listen carefully and write what you hear.

1. _____
2. _____
3. _____
4. _____
5. _____
6. _____

STRUKTUREN

11B.1 *Das Futur II*

1   *Futur II, Futur I* oder *Perfekt*? You will hear six sentences. Indicate whether each sentence is in the **Futur II**, the **Futur I**, or the **Perfekt**.

> **Beispiel**
>
> *You hear:* Ich werde schon gekündigt haben.
> *You mark:* an X under Futur II

	Futur II	Futur I	Perfekt
Beispiel	X	_____	_____
1.	_____	_____	_____
2.	_____	_____	_____
3.	_____	_____	_____
4.	_____	_____	_____
5.	_____	_____	_____
6.	_____	_____	_____

2   **Was werden sie gemacht haben?** Restate the sentences you hear in the **Futur II** using the phrases provided. Repeat the correct response after the speaker.

> **Beispiel**
>
> *You hear:* Ich komme aus dem Urlaub zurück.
> *You see:* bis nächste Woche
> *You say:* Bis nächste Woche werde ich aus dem Urlaub zurückgekommen sein.

1. bis Ende des Sommers
2. der Chef denkt
3. wohl nie
4. sicher
5. bis nächstes Jahr
6. bis Mittag

3   **Antworten** Answer the questions you hear using the information provided. Repeat the correct response after the speaker.

> **Beispiel**
>
> *You hear:* Was wird der Kunstprofessor bis heute Abend getan haben?
> *You see:* das Bild fertig malen
> *You say:* Er wird das Bild bis heute Abend fertig gemalt haben.

1. mit der Kandidatin sprechen
2. den Vertrag erklären
3. den Hund operieren
4. die Studenten auf die Prüfung vorbereiten
5. aufwachen
6. Fahrrad fahren lernen

Lab Manual

11B.2 Adjective endings (review)

1 **Was ist richtig?** Indicate the form of the adjective that you hear in each sentence.

1. gute	gutem	gutes
2. alte	alter	altes
3. lange	langem	langer
4. guter	gutes	guten
5. gestreifte	gestreiften	gestreifter
6. schöne	schönem	schönes

2 **Was fehlt?** Complete the sentences with the adjectives you hear, including the appropriate adjective endings.

1. Ein Koch trägt meist _____ Kleidung.

2. Der Polizist liebt seinen _____ Polizeihund sehr.

3. Für Ingenieure gibt es dieses Jahr viele _____ Stellenangebote.

4. Der Angestellte erhält einen _____ Brief vom Personalchef.

5. Die Immobilienmaklerin zeigt dem _____ Kunden das Haus.

6. Viele Wissenschafter besuchen diese _____ Konferenz.

3 **Bilder beschreiben** Restate each sentence you hear using the adjective you see in a logical position. Repeat the correct answer after the speaker.

> **Beispiel**
> *You hear:* Der junge Mann ist Geschäftsführer.
> *You see:* zuverlässig
> *You say:* Der zuverlässige junge Mann ist Geschäftsführer.

zuverlässig

1. stolz

2. dynamisch

3. fleißig

4. faul

5. lang

Lab Manual

Name _____   Datum _____

Kapitel 12   Lektion 12A

KONTEXT

---

1 **Was passt nicht?** Indicate the word that is <u>not</u> logically associated with the word you hear.

   1. die Insel   der Mond   der See
   2. untergehen   erforschen   aufgehen
   3. Pferde   Mäuse   Berge
   4. die Klippen   das Schaf   der Wasserfall
   5. der Busch   das Meer   der Baum
   6. der Fisch   der Berg   das Feld

---

2 **Logisch oder unlogisch?** Listen to each statement and indicate whether it is **logisch** or **unlogisch**.

	logisch	unlogisch		logisch	unlogisch
1.	○	○	5.	○	○
2.	○	○	6.	○	○
3.	○	○	7.	○	○
4.	○	○	8.	○	○

---

3 **Richtig oder falsch?** Based on the picture, indicate whether each statement you hear is **richtig** or **falsch**.

	richtig	falsch
1.	○	○
2.	○	○
3.	○	○
4.	○	○
5.	○	○
6.	○	○

Lab Manual

AUSSPRACHE UND RECHTSCHREIBUNG

Intonation

Intonation refers to the rise and fall of the voice in speaking. In German, different intonation is used for different types of questions and statements.

Es regnet.   **Es regnet?**   **Wenn es regnet...**

In general, statements and commands end with a drop in pitch. A speaker may use rising intonation at the end of a command or statement to communicate a friendly or encouraging tone.

Werfen Sie das nicht weg!   **Bring doch deine Schwester mit.**

Yes-or-no questions typically end with a rising intonation. Questions that begin with a question word end with falling intonation. In questions where multiple options are presented, the pitch rises before each pause and falls at the end of the last option.

Schwimmst du gern?   **Wo liegt diese Insel?**   **Ist das gut oder schlecht?**

The pitch neither rises nor falls at the end of incomplete sentences. It remains flat or neutral. This is also the case before a comma in a complex sentence. The final clause in a complex sentence usually ends with a drop in pitch.

Und wenn die Blätter bunt werden...   **Wenn die Sonne scheint, fahren wir.**

1 Aussprechen Wiederholen Sie die Sätze, die Sie hören.

1. Der Müllwagen kommt zweimal in der Woche.
2. Wie retten wir uns vor der Erderwärmung?
3. Schlagen Sie eine bessere Lösung vor!
4. Warst du schon mal auf einem Bauernhof?
5. Willst du die Schafe, Kühe oder die Pferde sehen?
6. Wenn du nicht gleich ins Bett gehst, geht bald die Sonne auf.

2 Nachsprechen Wiederholen Sie die Sätze, die Sie hören.

1. Machen wir heute ein Picknick im Wald?
2. Ich weiß nicht, ob ich kommen kann.
3. Bleib stehen! Siehst du die Schlange nicht?
4. Wohnst du lieber in den Bergen oder an der Küste?

3 Sprichwörter Wiederholen Sie die Sprichwörter, die Sie hören.

1. Wo ein Wille ist, ist auch ein Weg.   2. Es ist noch kein Meister vom Himmel gefallen.

4 Diktat You will hear six sentences. Each will be read twice. Listen carefully and write what you hear.

1. _____
2. _____
3. _____
4. _____
5. _____
6. _____

STRUKTUREN

12A.1 *Der Konjunktiv der Vergangenheit*

1 **Was hören Sie?** You will hear six sentences. Identify whether the verbs you hear are in the **Konjunktiv der Vergangenheit** or in the **Plusquamperfekt**.

	Konjunktiv der Vergangenheit	Plusquamperfekt
1.	_____	_____
2.	_____	_____
3.	_____	_____
4.	_____	_____
5.	_____	_____
6.	_____	_____

2 **Was passt?** You will hear two sentences for each picture. Indicate which sentence corresponds to the image.

1. a. b.

2. a. b.

3. a. b.

4. a. b.

5. a. b.

6. a. b.

3 **Was wäre gewesen, wenn?** Restate each sentence you hear, beginning with the phrase you see and using the **Konjunktiv der Vergangenheit**. Repeat the correct response after the speaker.

Beispiel

You hear: Wir haben mehr Zeit, weil unsere Gäste um 10 Uhr gehen.
You see: Wir hätten mehr Zeit gehabt, wenn...
You say: Wir hätten mehr Zeit gehabt, wenn unsere Gäste um
           10 Uhr gegangen wären.

1. Du hättest Frühstück gemacht, wenn...
2. Wir hätten den Wetterbericht gehört, wenn...
3. Es wäre schön gewesen, wenn...
4. Wir wären pünktlich angekommen, wenn...
5. Wir wären nass geworden, wenn...
6. Wir hätten ein Picknick gemacht, wenn...

Lab Manual

12A.2 *Das Partizip Präsens*

1 **Was hören Sie?** Listen and write down the present participle you hear in each sentence.

1. _____
2. _____
3. _____
4. _____
5. _____
6. _____
7. _____
8. _____

2 **Sätze ergänzen** Restate each sentence you hear adding the **Partizip Präsens** of the infinitive you see. Repeat the correct response after the speaker.

> **Beispiel**
> *You hear:* Das Auto steht im Parkverbot.
> *You see:* warten
> *You say:* Das wartende Auto steht im Parkverbot.

1. abfliegen
2. lieben
3. zuschauen
4. gut aussehen
5. schlecht hören
6. lachen

3 **Neue Sätze** Rewrite the sentences you hear using a present participle.

> **Beispiel**
> *You hear:* Die Eichhörnchen spielen und klettern auf den Baum.
> *You write:* Die spielenden Eichhörnchen klettern auf den Baum.

1. _____
2. _____
3. _____
4. _____
5. _____
6. _____

Lab Manual

Kapitel 12   Lektion 12B

KONTEXT

1 **Richtig oder falsch?** Indicate whether each statement you hear is **richtig** or **falsch**.

	richtig	falsch
1.	○	○
2.	○	○
3.	○	○
4.	○	○
5.	○	○
6.	○	○

2 **Was sehen Sie?** Answer the questions you hear about the picture. Repeat the correct response after the speaker. (*6 items*)

3 **Antworten** Write answers to the questions you hear.

Beispiel

> *You hear:* Ist es eine gute oder eine schlechte Idee, Müll auf die Straße zu werfen?
> *You write:* Es ist eine schlechte Idee, Müll auf die Straße zu werfen.

1. _____
2. _____
3. _____
4. _____
5. _____
6. _____

Lab Manual

AUSSPRACHE UND RECHTSCHREIBUNG

Tongue twisters

Zungenbrecher (*Tongue twisters*) are a part of German culture. Mastering a tongue twister means being able to say it quickly several times in a row. One popular type of tongue twister reverses sounds, syllables, or words.

Rauchlachs mit Lauchreis.   **Allergischer Algerier, algerischer Allergiker.**

Other tongue twisters repeat syllables, words, or phrases that contain similar sounds.

In Ulm, um Ulm und um Ulm herum.   **Der dicke Dachdecker deckte das dicke Dach.**

German allows for the construction of very long compound words. Many such compounds appear in tongue twisters, sometimes as nonsense words.

Postkutschkasten   **Fichtendickicht**   **Kirschenmirschen**

1 **Aussprechen** Wiederholen Sie die Zungenbrecher, die Sie hören.

1. zwischen zwei Zwetschgenzweigen
2. ein krummer Krebs kroch
3. der Cottbuser Postkutscher
4. allergischer Algerier

2 **Nachsprechen** Wiederholen Sie die Sätze, die Sie hören.

1. Hinter Hermann Hansens Haus hängen hundert Hemden raus.
2. Esel essen Nesseln nicht, Nesseln essen Esel nicht.
3. Der Cottbuser Postkutscher putzt den Cottbuser Postkutschkasten blank.
4. Fischers Fritz fischt frische Fische, frische Fische fischt Fischers Fritz.
5. Zehn Ziegen zogen zehn Zentner Zucker zum Zoo.
6. Es klapperten die Klapperschlangen, bis ihre Klappern schlapper klangen.

3 **Sprichwörter** Wiederholen Sie die Sprichwörter, die Sie hören.

1. Blaukraut bleibt Blaukraut und Brautkleid bleibt Brautkleid.
2. Zwischen zwei Zwetschgenzweigen zwitschern zwei Schwalben.

4 **Diktat** You will hear six tongue twisters. Each will be read twice. Listen carefully and complete each tongue twister with the words you hear.

1. Gelbe Blumen blühen beim Birnbaum. _____?
2. _____ Dirk durch den dicken, tiefen Dreck.
3. Früh fressen freche Frösche Früchte. _____.
4. _____ essen Jana und Julia Johannisbeeren.
5. _____, lachen lustige Leute auch beim Laufen.
6. Als Anna abends aß, _____.

Lab Manual

STRUKTUREN

12B.1 *Der Konjunktiv I* and indirect speech

1 **Was hören Sie?** Identify the present, past, or future **Konjunktiv I** in the indirect speech statements you hear, and write them down.

> **Beispiel**
>
> *You hear:* Das Radio berichtete, dass die Stellen nicht gefährdet seien.
> *You write:* gefährdet seien

1. _____   4. _____

2. _____   5. _____

3. _____   6. _____

2 **Was hat man gesagt?** You will hear six statements reporting the gist of what someone said or wrote. Choose the correct original statement and say it. Repeat the correct response after the speaker.

> **Beispiel**
>
> *You hear:* Vater sagt, der saure Regen sei nicht gut für die Umwelt.
> *You see:* a. Saurer Regen ist nicht gut für die Umwelt.
>   b. Saurer Regen macht der Umwelt nichts.
> *You say:* Saurer Regen ist nicht gut für die Umwelt.

1. a. Man kann hier rauchen.
   b. Das Rauchen ist verboten.

2. a. Umweltfreundliche Energie hilft der Landschaft nicht.
   b. Umweltfreundliche Energie erhält die Landschaft.

3. a. Kann ich morgen die Bewerbungsschreiben sehen?
   b. Ich wollte die Bewerbungsschreiben gestern gesehen haben.

4. a. Alle Praktikanten sollten genug Licht haben.
   b. Alle Praktikanten sollten Energie sparen.

5. a. Ich habe eine Lösung vorgeschlagen.
   b. Ich werde eine Lösung vorschlagen.

3 **Indirekte Rede** Restate each sentence you hear in indirect speech using the **Konjunktiv I**. Repeat the correct response after the speaker. (*6 items*)

> **Beispiel**
>
> *You hear:* Hans sagt: „Ich werde Inga heiraten."
> *You say:* Hans sagt, dass er Inga heiraten werde.

Lab Manual

12B.2 The passive voice

1 **Aktiv oder passiv?** Indicate whether each sentence you hear is in the **active** voice or the **passive** voice.

	aktiv	passiv
1.	○	○
2.	○	○
3.	○	○
4.	○	○
5.	○	○
6.	○	○

2 **Welches Bild?** Write the number of each statement you hear below the corresponding picture.

a. _____

b. _____

c. _____

d. _____

3 **Sprechen** Change the active statements you hear to passive statements using **von** when necessary. Repeat the correct response after the speaker. (*6 items*)

> **Beispiel**
> *You hear:* Man entwickelt eine Lösung für die Überbevölkerung.
> *You say:* Eine Lösung für die Überbevölkerung wird entwickelt.

Lektion 1A, Folge 1   Fotoroman

Willkommen in Berlin!

1   **Richtig oder falsch?** Indicate whether each statement is **richtig** (*true*) or **falsch** (*false*).

	richtig	falsch
1. George cannot open the apartment door.	○	○
2. Once inside his apartment, he calls his father.	○	○
3. Hans runs into Meline in the street.	○	○
4. In her purse are a brush, a bunch of keys, and a cell phone.	○	○
5. George has problems understanding Hans.	○	○

2   **Wer ist das?** According to the video, which character says each line: **George**, **Hans**, **Meline**, or **Sabite**?

_____ 1. Hier sind die Schlüssel.

_____ 2. Willkommen in Deutschland.

_____ 3. Ah, Kreuzberg.

_____ 4. Gern geschehen. Keine Ursache. Bis später.

_____ 5. Entschuldigung. Was für ein Chaos!

3   **Sie sind dran** Write a short dialogue in which you meet and greet one of the characters in the episode.

_____

_____

_____

_____

_____

_____

_____

_____

_____

_____

_____

_____

_____

_____

_____

_____

_____

_____

Video Manual

Lektion 1B, Folge 2

Oh, George!

Fotoroman

1 **Sortieren Sie** Number these events in the order in which they occur.

_____ a. Lukas and Meline break up.

_____ b. Hans unfolds a map of Berlin.

_____ c. The waitress tells George she has a boyfriend.

_____ d. Sabite wants to know what's in George's backpack.

_____ e. George orders a coffee and a piece of strudel.

2 **Was passt?** Match the first part of each sentence with the correct ending.

_____ 1. Hast du...   a. drin?

_____ 2. Er ist...   b. Stück Strudel.

_____ 3. Was ist da...   c. einen Freund?

_____ 4. Einen Kaffee und ein... d. Freund mehr.

_____ 5. Ich habe keinen...   e. Ordnung?

_____ 6. Ist alles in...   f. Student.

3 **Sie sind dran** In this episode, George shows his friends the items in his backpack. What would be in your bag if you met the characters after school? Make a list in German.

_____

_____

_____

_____

_____

_____

_____

_____

_____

_____

_____

_____

_____

_____

_____

_____

_____

Lektion 2A, Folge 3

Fotoroman

Checkpoint Charlie

1 **Was fehlt?** Circle the option that best completes each sentence.

1. Straubing ist in _____.
   a. Österreich   b. Bayern   c. Liechtenstein

2. In Straubing leben _____ Menschen.
   a. 100.000   b. 1.000.000   c. 10.000

3. Der Zeitunterschied nach Milwaukee ist sieben _____.
   a. Stunden   b. Tage   c. Minuten

4. Hans studiert Politikwissenschaft und _____.
   a. Chemie   b. Biologie   c. Geschichte

5. _____ kommt aus Prenzlauer Berg.
   a. Meline   b. Sabite   c. Hans

6. Meline studiert BWL (*Business*) im _____ Semester.
   a. zweiten   b. dritten   c. vierten

2 **Was passt?** Match the first part of each sentence with the correct ending.

_____ 1. Wie viele Menschen...   a. in Geschichte.

_____ 2. Wieviel Uhr...   b. nachmittags Kurse.

_____ 3. Ich plane einen Abschluss...   c. ist es dort?

_____ 4. Ich habe morgens und...   d. schwierig.

_____ 5. Meline ist...   e. Kunst und Mode.

_____ 6. Sie liest Bücher über...   f. leben dort?

3 **Sie sind dran** Give your opinion about four of your classes. Use a variety of adjectives to describe them.

1. _____ ist _____.

2. _____ ist _____.

3. _____ ist _____.

4. _____ ist _____.

Video Manual

Kapitel 2 Fotoroman Activities   **3**

Lektion 2B, Folge 4

Fotoroman

Ein Picknick im Park

1 **Wer ist das?** Select the name of the person that each statement describes.

1. Er spielt in der Freizeit Baseball.
   a. Hans   b. George   c. Torsten

2. Sie fährt Ski und spielt Tennis.
   a. Meline   b. Sabite   c. Zeynep

3. Sie kommt aus der Bibliothek.
   a. Sabite   b. Anke   c. Meline

4. Er hat eine Vorlesung.
   a. George   b. Torsten   c. Hans

5. Er wandert und klettert.
   a. George   b. Torsten   c. Hans

6. Ihre Mutter macht Sauerbraten.
   a. Sabite   b. Anke   c. Meline

2 **Richtig oder falsch?** Indicate whether each statement is **richtig** (*true*) or **falsch** (*false*).

	richtig	falsch
1. George und Sabite machen ein Picknick.	○	○
2. Das Fußballspiel beginnt um halb acht.	○	○
3. Torstens Familie fährt Ski.	○	○
4. Meline und Sabite sind Mitbewohnerinnen und Freundinnen.	○	○
5. Meline trennt keine Paare.	○	○
6. Hans weiß, dass Sabite einen Freund hat.	○	○

3 **Sie sind dran** In your own words, describe what activities you like and which ones you don't like. Use **nicht** and **kein**.

_____

_____

_____

_____

_____

_____

_____

_____

_____

_____

_____

Video Manual

Lektion 3A, Folge 5

Fotoroman

Ein Abend mit der Familie

1 **Korrigieren** Each statement below contains one piece of false information. Underline the incorrect word(s), and write the correct word(s) in the space provided.

1. Torstens Onkel ist Professor in München. _____

2. Hans hat einen älteren Bruder. _____

3. Faiks Familie kommt aus Istanbul. _____

4. Lukas studiert in Heidelberg. _____

5. Sabites Mutter kocht Bratwurst. _____

6. Zeynep ist Sabites jüngere Nichte. _____

7. Meline hat zwei ältere Schwestern. _____

8. Georges Cousine heißt Olivia. _____

9. Max spielt gern Tennis. _____

10. Torstens Schwester und sein Bruder leben in Salzburg. _____

2 **Antworten** Answer the questions in complete sentences.

1. Wer öffnet George die Tür?

_____

2. Wie findet Meline Frau Yilmaz' Sauerbraten?

_____

3. Was gibt es bei Familie Yilmaz zum Dessert?

_____

4. Woher kommt Faiks Familie?

_____

5. Warum kommt Hans so spät?

_____

3 **Sie sind dran** In your own words, describe the Yilmaz family (Anke, Faik, Sabite, and Zeynep). Include as many details as possible.

_____

_____

_____

_____

_____

_____

_____

Video Manual

Kapitel 3 Fotoroman Activities **5**

Lektion 3B, Folge 6   Fotoroman

Unsere Mitbewohner

1   **Sortieren** Number these events in the order in which they occur.

_____ a. George beschreibt seinen Mitbewohner Hans.

_____ b. Hans hilft Sabite bei ihrer Kunst.

_____ c. Meline will durch die Wilhelmstraße gehen.

_____ d. Sabite baut das „Brandenburger Tor".

_____ e. Meline trifft George im Museum.

2   **Richtig oder falsch?** Indicate whether each statement is **richtig** or **falsch**.

	richtig	falsch
1. Meline will „Zwei Jahrtausende deutsch-jüdischer Geschichte" sehen.	O	O
2. Hans liest und sieht fern bis Mitternacht.	O	O
3. Jungen finden Meline faszinierend.	O	O
4. Hans findet Melines Augen schön.	O	O
5. Meline ist eine gute Mitbewohnerin.	O	O
6. George macht sich Sorgen (*worries*) um seine Noten.	O	O
7. Meline findet Sabites Kunst schön.	O	O
8. Fritz Sommer hat blonde Haare.	O	O

3   **Sie sind dran** In your own words, write a brief description of two people you know. Use adjectives to talk about their physical appearance and personality.

_____

_____

_____

_____

_____

_____

_____

_____

_____

_____

_____

_____

_____

_____

_____

_____

Video Manual

Lektion 4A, Folge 7

Börek für alle

Fotoroman

---

1 **Wer ist das?** Select the person each statement describes.

1. Er/Sie backt Weihnachten gern Stollen.
   a. Hans   b. George   c. Sabite

2. Er/Sie kann nicht sehr gut kochen.
   a. Hans   b. George   c. Meline

3. Er/Sie isst gern Fleisch.
   a. Sabite   b. Hans   c. Meline

4. Er/Sie isst gern Tofu mit Erdbeeren und Pilzen.
   a. Sabite   b. Hans   c. Meline

5. Er/Sie macht heute Abend Börek.
   a. Meline   b. Hans   c. George

6. Er/Sie brät Eier und Kartoffeln.
   a. Sabite   b. George   c. Meline

---

2 **Erklären Sie** What is each character in this scene thinking? Write at least one sentence about each character.

1. Meline _____

_____

2. Hans _____

_____

3. George _____

_____

4. Sabite _____

_____

---

3 **Sie sind dran** Describe three of your favorite foods. What are their ingredients? Where do you usually eat them? Can you make them yourself?

_____

_____

_____

_____

_____

Video Manual

Lektion 4B, Folge 8

Die Rechnung, bitte!

Fotoroman

1   **Korrigieren Sie** Each statement below contains one piece of false information. Underline the incorrect word(s), and write the correct word(s) in the space provided.

1. Der Kellner bietet eine hausgemachte Bohnensuppe an. _____

2. Torsten nimmt die Suppe und das Wiener Schnitzel. _____

3. Sabite schläft bis nach Mittag. _____

4. Meline bestellt ein Stück Schwarzwälder Kirschtorte. _____

5. Sabite studiert Musik. _____

6. Sabite möchte ein Semester lang in der Schweiz studieren. _____

7. Die Suppe schmeckt sehr leicht und ein bisschen scharf. _____

8. Sabite findet die Suppe zu fad. _____

2   **Antworten Sie** Answer the questions in complete sentences.

1. Warum ist Meline keine gute Mitbewohnerin?

_____

_____

2. Warum möchte Sabite nicht ins Studentenwohnheim ziehen (*move*)?

_____

_____

3. Warum möchte Meline keinen Nachtisch?

_____

_____

4. Welche Kunst mag Sabite?

_____

_____

5. Warum ist Torsten nicht froh?

_____

_____

6. Warum möchte Sabite in der Türkei studieren?

_____

_____

3   **Sie sind dran** Imagine that you have invited some friends for dinner. Describe what you will prepare for them and what ingredients you will need.

_____

_____

_____

Video Manual

Lektion 5A, Folge 9

Fotoroman

Frohes neues Jahr!

1 **Was passt?** Match the first part of each sentence with the correct ending.

_____ 1. Torsten möchte an Silvester...   a. gesehen.

_____ 2. Meline und Lorenzo wollen...   b. gekommen.

_____ 3. George und Hans haben Licht...   c. eingeladen.

_____ 4. Sie sind von einer Party in Kreuzberg...   d. lernen.

_____ 5. Hans' Eltern haben George zu Ostern...   e. gebacken.

_____ 6. Hans hat einen Stollen...   f. essen gehen.

2 **Antworten Sie** Answer the questions in complete sentences.

1. Warum ist Sabite traurig?

_____

_____

2. Welche Pläne haben Meline und Lorenzo?

_____

_____

3. Warum will Sabite nicht zum Brandenburger Tor gehen?

_____

_____

4. Warum kommen Hans und George in die Wohnung von Meline und Sabite?

_____

_____

5. Was bringen sie mit?

_____

_____

3 **Sie sind dran** Write a description of a birthday party you attended. Who was invited? What foods were served? What did people wear? What gifts were given?

_____

_____

_____

_____

_____

_____

_____

_____

Video Manual

Lektion 5B, Folge 10

Fotoroman

Sehr attraktiv, George!

1   **Sortieren Sie** Number the events in the order in which they occur.

_____ a. George probiert neue Kleidung an.

_____ b. Meline findet eine schöne Handtasche.

_____ c. George sieht ein hübsches Mädchen.

_____ d. George und Meline gehen zur Kaiser-Wilhelm-Gedächtnis-Kirche.

_____ e. Meline trifft Esteban Aurelio Gómez de la Garza.

2   **Wer ist das?** Select the person each statement describes.

1. Er ist unhöflich zu Meline gewesen.
   a. Torsten   b. George   c. Lorenzo

2. Er ist den Skulpturenboulevard entlang spaziert.
   a. George   b. Hans   c. Lorenzo

3. Er weiß viel über Architektur.
   a. Torsten   b. Lukas   c. George

4. Er studiert VWL in Österreich.
   a. George   b. Torsten   c. Lukas

5. Er arbeitet im Bereich internationale Finanzen.
   a. Lorenzo   b. Torsten   c. Lukas

6. Er studiert Geschichte.
   a. Torsten   b. Hans   c. Lukas

3   **Sie sind dran** Imagine that you are invited to a costume party. Describe what you are wearing to the party.

_____

_____

_____

_____

_____

_____

_____

_____

_____

_____

_____

Video Manual

Lektion 6A, Folge 11   Fotoroman

Besuch von Max

1 Richtig oder falsch? Indicate whether each statement is **richtig** or **falsch**.

	richtig	falsch
1. Max bleibt übers Wochenende in Berlin.	○	○
2. Bis Sonntagabend muss er wieder in Straubing sein.	○	○
3. George muss noch Mathematik lernen.	○	○
4. Die Lampen und Vorhänge in der Wohnung gehören Meline.	○	○
5. Am Weihnachtsmorgen ging George in die Garage.	○	○
6. Er überraschte Opa Otto mit der Weihnachtsgans.	○	○
7. Er rannte schnell aus der Küche.	○	○
8. Die ganze Familie kennt das Rezept für die Weihnachtsgans.	○	○

2 Erklären Sie After Max meets Meline, there seems to be some tension between the two brothers. Describe what Hans and Max are each feeling in this scene, and why.

_____
_____
_____
_____
_____
_____
_____

3 Sie sind dran Imagine you are going to spend a year in Germany. What city would you like to live in? Describe where you will live and what you want your apartment or house to be like.

_____
_____
_____
_____
_____
_____

Video Manual

Kapitel 6 Fotoroman Activities   **11**

Lektion 6B, Folge 12

Fotoroman

Ich putze gern

1 **Sortieren Sie** Number the events in the order in which they occur.

_____ a. George hilft Meline bei der Hausarbeit.

_____ b. Meline telefoniert mit ihrer Freundin Beatrice.

_____ c. Meline muss die Wäsche bügeln.

_____ d. Sabite und Meline wollen die Wohnung aufräumen.

_____ e. Meline geht zum Tee zur Großmutter von Beatrice.

2 **Korrigieren Sie** Each statement below contains one piece of false information. Underline the incorrect word(s), and write the correct word(s) in the space provided.

1. Meline trifft ihre Schwester Beatrice in einer halben Stunde. _____

2. Beatrice besucht ihre Mutter in Wilmersdorf. _____

3. Sabite muss den Abfall rausbringen. _____

4. George hatte als Kind ein Zimmer mit seiner Halbschwester. _____

5. Georg hilft Meline bei der Hausarbeit. _____

6. Meline möchte am Abend einen Rock anziehen. _____

3 **Sie sind dran** Imagine that you are dividing household chores with your roommate. Write a conversation in which you discuss which chores you will each do. Mention at least six tasks.

_____
_____
_____
_____
_____
_____
_____
_____
_____
_____
_____
_____
_____
_____
_____

Video Manual

Lektion 7A, Folge 13   Fotoroman

Berlin von oben

1 **Was passt?** Match the first part of these sentences with the correct endings.

_____ 1. Der Lake Michigan...   a. nicht mit Frauen befreundet.

_____ 2. Der Frühling ist Georges...   b. viele Architekturbilder gesehen.

_____ 3. George probiert...   c. beeinflusst das Klima in Milwaukee.

_____ 4. George ist in den USA...   d. höchste Gebäude in Deutschland.

_____ 5. Der Fernsehturm ist das...   e. Lieblingsjahreszeit.

_____ 6. George hat...   f. einen neuen Kleidungsstil aus.

2 **Antworten Sie** Answer these questions in complete sentences.

1. Warum ist der Frühling Georges Lieblingsjahreszeit?

_____

_____

2. Warum probiert George neue Kleidung an?

_____

_____

3. Wobei hat George Sabite geholfen?

_____

_____

4. Worauf kann man vom Dach des Hotels sehen?

_____

_____

5. Warum war Torsten überrascht?

_____

_____

3 **Sie sind dran** What is your favorite season? Give reasons for your answer.

_____

_____

_____

_____

_____

_____

_____

_____

Video Manual

Lektion 7B, Folge 14   Fotoroman

Ein Sommer in der Türkei?

1 | **Richtig oder falsch?** Indicate whether each statement is **richtig** or **falsch**.

	richtig	falsch
1. Familie Yilmaz will den Sommer in der Türkei verbringen.	○	○
2. Sabite und Zeynep waren seit drei Jahren nicht mehr im Ausland.	○	○
3. Sie wollen in der Türkei etwas über Architektur erfahren.	○	○
4. Zeynep möchte Zimmerservice bestellen.	○	○
5. Am Flughafen möchte sie die Passagiere fotografieren.	○	○
6. Anke glaubt, dass es bei Problemen zwischen Partnern nie nur um eine Sache geht.	○	○
7. Sabite glaubt, dass Torsten ihre Kunst nicht verstehen möchte.	○	○
8. Meline versteht Sabites Kunst.	○	○

2 | **Erklären Sie** Do you think Sabite's relationship with Torsten could be improved? Explain your answer.

_____

_____

_____

_____

_____

_____

_____

3 | **Sie sind dran** List four places where you would like to go on vacation. Then list two activities you might do in each place. Do not list the same activity more than once.

Ziel	Aktivität 1	Aktivität 2
1. _____	_____	_____
2. _____	_____	_____
3. _____	_____	_____
4. _____	_____	_____
5. _____	_____	_____

Video Manual

Lektion 8A, Folge 15

Fotoroman

Ein Ende mit Schrecken

1   **Richtig oder falsch?** Indicate whether each statement is **richtig** or **falsch**.

	richtig	falsch
1. Milwaukee hat ein sehr gutes S-Bahn-System.	○	○
2. George fährt mit seinem Auto zur Uni und zurück.	○	○
3. Auf deutschen Autobahnen gibt es keine Geschwindigkeitsbegrenzung.	○	○
4. Georges Mutter fährt gern sehr schnell.	○	○
5. Sabite hat im Restaurant mit Lorenzo über Architektur gesprochen.	○	○
6. Torsten hat Silvester mit Sabite gefeiert.	○	○
7. Sabite findet George, Hans und Meline lustiger als Torsten.	○	○
8. Nachdem sie mit Sabite telefoniert hatten, haben George und Hans die U-Bahn genommen.	○	○

2   **Erklären Sie** Why did Sabite and Torsten break up? Describe at least three things Sabite and Torsten said or did that led to the end of their relationship.

_____

_____

_____

_____

_____

_____

_____

3   **Sie sind dran** Describe a time when you had car trouble, or other problems with transportation. What happened? What did you do?

_____

_____

_____

_____

_____

_____

Video Manual

Lektion 8B, Folge 16   Fotoroman

Ein Spaziergang durch Spandau

1   **Sortieren Sie** Number the events in the order in which they occur.

_____ a. Meline entschuldigt sich bei Hans im Café.

_____ b. George und Sabite treffen ein älteres Paar.

_____ c. George und Sabite besuchen die Zitadelle in Spandau.

_____ d. Hans steht auf und lässt Meline im Café sitzen.

_____ e. Hans klopft an die Tür von Melines Wohnung.

2   **Korrigieren Sie** Each statement below contains one piece of false information. Underline the incorrect word(s), and write the correct word(s) in the space provided.

1. Die Spandauer Zitadelle wurde im 18. Jahrhundert erbaut. _____

2. Die Zitadelle ist das größte Bauwerk in Berlin. _____

3. Sabite hat Torstens Krawatte behalten. _____

4. Meline gibt Hans etwas Geld und eine Jacke. _____

5. Meline schreibt George, dass sie Hans ins Kino geschickt hat. _____

6. Der alte Mann sagt, Berlin ist ein herrlicher Ort, um verheiratet zu sein. _____

7. Die alte Frau sagt, dass Georges Augen leuchten, wenn Sabite redet. _____

8. Meline hat während eines Chats eine Datei gedruckt. _____

3   **Sie sind dran** Name three technological devices or services and write a sentence explaining how you use each one.

1. _____
   _____
   _____

2. _____
   _____
   _____

3. _____
   _____
   _____

Video Manual

Lektion 9A, Folge 17   Fotoroman

Guten Morgen, Herr Professor

1   **Was passt?** Match the first part of each sentence with the correct ending.

_____ 1. Meline hat...   a. seinen ersten Unterrichtstag.

_____ 2. Hans hat...   b. sich die Zähne putzen.

_____ 3. Wolfgang macht...   c. aufhören, sich zu küssen.

_____ 4. Hans soll...   d. um halb zehn eine Besprechung.

_____ 5. Hans und Meline sollen...   e. sein Sakko (*suit jacket*) anziehen.

_____ 6. Wolfgang soll...   f. seinen Universitätsabschluss.

2   **Korrigieren Sie** Each statement below contains one piece of false information. Underline the incorrect word(s), and write the correct word(s) in the space provided.

1. Meline sieht fern, als sie einschläft. _____

2. Hans muss sich noch duschen und sich die Haare bürsten. _____

3. Er will noch nicht frühstücken. _____

4. Meline stellt den Wecker auf 30 Minuten später. _____

5. Im Traum sind Meline und Hans verlobt. _____

6. Meline ist stolz auf ihren Enkel Wolfgang. _____

7. Als Meline aufwacht, sieht sie Hans und Sabite. _____

8. Sie hat starke Bauchschmerzen. _____

3   **Sie sind dran** Describe your morning routine using the verbs below.

aufstehen	sich die Haare bürsten	sich duschen	sich schminken
sich anziehen	sich die Zähne putzen	sich rasieren	sich waschen

_____

_____

_____

_____

_____

_____

_____

_____

Video Manual

Lektion 9B, Folge 18

Fotoroman

Im Krankenhaus

1 **Sortieren Sie** Number the events in the order in which they occur.

_____ a. Meline muss eine Nacht im Krankenhaus bleiben.

_____ b. Dr. Klompenhouwer untersucht Meline.

_____ c. Hans und Sabite holen Meline aus dem Krankenhaus ab.

_____ d. George und Sabite bringen Meline ins Krankenhaus.

_____ e. Der Arzt glaubt, dass Meline eine Gehirnerschütterung hat.

2 **Erklären Sie** Write a short paragraph about Meline's feelings in the scene with Dr. Klompenhouwer. How does she behave, and why?

_____

_____

_____

_____

_____

_____

_____

3 **Sie sind dran** When was the last time you or someone you know had to go to the emergency room? What happened? What did the doctors or nurses do? What advice did they give?

_____

_____

_____

_____

_____

_____

_____

_____

_____

_____

_____

_____

Video Manual

Lektion 10A, Folge 19

Fotoroman

Gute Neuigkeiten

1 **Richtig oder falsch?** Indicate whether each statement is **richtig** or **falsch**.

	richtig	falsch
1. Hans möchte Geld auf sein Konto einzahlen.	○	○
2. George zahlt alles mit seiner Bankkarte.	○	○
3. George muss zur Post gehen und ein Päckchen abschicken.	○	○
4. Er hat seiner Schwester verprochen, ihr Gummibärchen zu schicken.	○	○
5. Er wird ein Formular ausfüllen müssen, um ein Paket in die USA zu schicken.	○	○
6. Sabite bekommt einen Anruf von Herrn Kleinedler, als sie gerade mit ihrer Schwester telefoniert.	○	○
7. George möchte für Meline Blumen kaufen.	○	○
8. George glaubt, dass Sabite gute Neuigkeiten hat.	○	○

2 **Erklären Sie** Describe Hans' reaction when he hears about the kiss between George and Sabite. Why does he react that way?

_____
_____
_____
_____
_____
_____
_____
_____

3 **Sie sind dran** Describe a day in which you ran several errands. Tell where you went and what you did at each place. Mention at least four different places.

_____
_____
_____
_____
_____
_____
_____

Video Manual

Lektion 10B, Folge 20   Fotoroman

Sabites Nacht

1 **Sortieren Sie** Number the events in the order in which they occur.

_____ a. Meline, Sabite und George treffen Hans an der U-Bahn-Station.

_____ b. Hans läuft davon.

_____ c. Hans hört Musik und redet mit niemandem.

_____ d. Hans und Meline küssen sich.

_____ e. Meline spricht mit Hans, damit er mit allen essen und tanzen geht.

2 **Korrigieren Sie** Each statement below contains one piece of false information. Underline the incorrect word(s), and write the correct word(s) in the space provided.

1. Hans redet seit einer Woche mit niemandem. _____

2. Die Galerie in der Tor-Straße stellt Sabites Kunst in einem Jahr aus. _____

3. Alle gehen in einem spanischen Bistro essen. _____

4. Danach wollen sie ins Kino gehen. _____

5. Sabite möchte kein koreanisches Essen, sie möchte italienisches Essen. _____

6. Hans hat eine Karte gekauft. _____

3 **Sie sind dran** Give directions from your home to each of these places.

1. So komme ich zum Park: _____
   _____
   _____
   _____

2. So komme ich zum Bahnhof: _____
   _____
   _____
   _____

3. So komme ich zur Post: _____
   _____
   _____
   _____

Video Manual

Lektion 11A, Folge 21   Fotoroman

Sag niemals nie

1 **Was passt?** Match the first part of each sentence with the appropriate ending.

_____ 1. Der Reichstag verkörpert...   a. in Stoff verpackt.

_____ 2. George möchte sich...   b. entschuldigen.

_____ 3. Der Künstler Christo hat den Reichstag...   c. nach Arbeit.

_____ 4. Meline sucht in Wien...   d. zu unterschiedlich sind.

_____ 5. Hans möchte sich bei Meline...   e. deutsche Geschichte.

_____ 6. George glaubt, dass Meline und Hans...   f. für ein Praktikum bewerben.

2 **Antworten Sie** Answer the questions in complete sentences.

1. Was war der Reichstag bis 1918?

_____

_____

2. Was bietet der Reichstag heute?

_____

_____

3. Wie sucht Meline in Wien nach Arbeit?

_____

_____

4. Welche Stelle hat George in Milwaukee gefunden?

_____

_____

5. Wie hat er die Stelle gefunden?

_____

_____

3 **Sie sind dran** Describe a time when you made up with a friend or relative after an argument or misunderstanding.

_____

_____

_____

_____

_____

_____

Video Manual

Lektion 11B, Folge 22

Fotoroman

Schlechte Nachrichten

1 **Richtig oder falsch?** Indicate whether each statement is **richtig** or **falsch**.

	richtig	falsch
1. Sabite musste für die Besprechung mit Herrn Kleinedler einen ganzen Tag Uni ausfallen lassen.	○	○
2. Es ist die dritte Ausstellung in Sabites Karriere.	○	○
3. Herrn Kleinedlers Chef hat den Schwerpunkt der Ausstellung geändert (*changed*).	○	○
4. Die Galerie braucht zehn statt zwei von Sabites Werken.	○	○
5. Diese Werke werden fünf Wochen in der Ausstellung sein.	○	○
6. Die Mutter von Herrn Kleinedler wollte immer, dass er Rechtsanwalt wird.	○	○
7. Hans glaubt nicht, dass er ein guter Politiker wäre.	○	○
8. Hans' Mutter arbeitet als Wissenschaftlerin.	○	○

2 **Erklären Sie** How do you think Sabite felt when she heard the news from Mr. Kleinedler? Explain your answer.

_____

_____

_____

_____

_____

_____

_____

_____

3 **Sie sind dran** List four jobs for which you would like to apply in the future. Then list two goals (**Ziele**) you would like to achieve at each job. Mention eight different goals.

Stelle	Ziel 1	Ziel 2
1.		
2.		
3.		
4.		

Video Manual

Lektion 12A, Folge 23

Fotoroman

In der Kunstgalerie

1   **Wer ist das?** Select the person each statement describes.

1. Er/Sie hat keine formelle Ausbildung als Künstler.
   a. Herr Kleinedler   b. Sabite   c. Karl

2. Er/Sie probiert einen eleganteren Look aus.
   a. Hans   b. George   c. Meline

3. Er/Sie findet Lederhosen nicht besonders schön.
   a. Sabite   b. Hans   c. Meline

4. Er/Sie hat oft Picknicks im Tiergarten gemacht.
   a. Karl   b. Sabite   c. Meline

5. Er/Sie kommt aus einem Tal in der Nähe von Zürich.
   a. Karl   b. Hans   c. Herr Kleinedler

2   **Was passt?** Match the first part of each sentence with the appropriate ending.

_____ 1. Karl findet, dass...

_____ 2. Faik möchte, dass...

_____ 3. Meline glaubt, dass...

_____ 4. George hat gewusst, dass...

_____ 5. Hans meint, dass...

_____ 6. Sabite meint, dass...

a. Karl ihm etwas über seine Arbeit erzählt.

b. Hans' neuer Stil Sabite und Meline nicht gefällt.

c. Hans er selbst sein sollte.

d. Meline schwierig ist.

e. Sabites Werke toll sind.

f. Karl Sabite mag.

3   **Sie sind dran** Describe a park or other natural environment you know well. What natural features can you see there? What kinds of animals can you see? What activities can you do?

_____

_____

_____

_____

_____

_____

_____

_____

_____

_____

_____

_____

Video Manual

Lektion 12B, Folge 24

Fotoroman

Auf Wiedersehen, Berlin!

1 **Antworten Sie** Answer the questions using complete sentences.

1. Woran arbeitet George?

_____

_____

2. Was empfiehlt er Regierungen?

_____

_____

3. Was soll im Biergarten passieren?

_____

_____

4. Woher wusste Sabite, dass Meline zu Hause ist?

_____

_____

5. Was sind Hans' Pläne für den Sommer?

_____

_____

2 **Erklären Sie** Why do you think Meline was avoiding Hans? Explain your answer.

_____

_____

_____

_____

_____

_____

_____

_____

_____

_____

3 **Sie sind dran** In this episode, George and Hans talk about ecological problems. What do you think can be done to preserve the environment where you live?

_____

_____

_____

_____

Video Manual

Every effort has been made to trace the copyright holders of the works published herein. If proper copyright acknowledgment has not been made, please contact the publisher and we will correct the information in future printings.

Photography and Art Credits
All images © Vista Higher Learning unless otherwise noted.

Workbook: 4: (bm) Primusoid/Shutterstock; **12:** (bm) Lineartestpilot/Shutterstock; **36:** (all) Anne Loubet; **38:** (t) Ray Levesque; (bl) O_sa/iStockphoto; (bml) RJ Grant/Big Stock Photo; (bmr) Anne Loubet; (br) Ana Cabezas Martin; **40:** (tr) Oliveromg/Shutterstock; (tl) Ilolab/Shutterstock; (ml) Tiero/Fotolia; (mr, b) Martín Bernetti; **44:** (t) Digital Vision/Getty Images; (ml) Martín Bernetti; (mr) Burke/Triolo Productions/Getty Images; (bl) Sergey Fedenko/Shutterstock; (br) Katie Wade; **50:** (t) Martín Bernetti; (bl) Rafael Rios; (bm, br) Anne Loubet; **54:** (t, mm, br) Martín Bernetti; (ml) Anna Kaminska/Shutterstock; (mr) Gudrun Hommel; (bl) Pascal Pernix; **56:** (ml) Lineartestpilot/Shutterstock; (mr) Arbit/Shutterstock; **58:** (t) Fancy Photography/Veer; (ml) Janet Dracksdorf; (mr) Vanessa Bertozzi; (bl) Sergey Fedenko/Shutterstock; (br) Martín Bernetti; **66:** (t) David N. Madden/Shutterstock; (ml) Larry Lilac/Alamy; (mm) Photolibrary/Index Open; (mr) Subbotina Anna/Big Stock Photo; (bl) Olexandr/Fotolia; (bm) Martín Bernetti; (br) Karandaev/Fotolia; **74:** (bml, br) Gudrun Hommel; (bl) Nicole Winchell; (t) Pixtal/AGE Fotostock; (bmr) Martín Bernetti; **90:** Xavier Roy; **92:** (t) Altafulla/Big Stock Photo; (ml) Aspen Stock/AGE Fotostock; (mm) Monkey Business Images/Shutterstock; (mr) Martín Bernetti; (bl) Anne Loubet; (br) Haveseen/Shutterstock; **114:** (t) Lineartestpilot/Shutterstock; **116:** (br) Lineartestpilot/Shutterstock; **118:** Martín Bernetti; **140:** Martín Bernetti; **144:** Anne Loubet; **146:** Gudrun Hommel; **154:** (t, br) Nicole Winchell; (ml) Pixtal/AGE Fotostock; (mr) Gudrun Hommel; (bl) Martín Bernetti; **158:** (t) Medioimages/Photodisc/Getty Images; (ml, mr) Gudrun Hommel; (bl, br) Lauren Krolick; **164:** (l) Nicole Winchell; (ml, mr) Gudrun Hommel; (r) Vanessa Bertozzi; **167:** (t, bl, bml) Gudrun Hommel; (bmr, br) Nicole Winchell.

Lab Manual: 44: (all) Katie Wade.